NANA HEYMANN UND SEBASTIAN LEBER

Nachts sind alle Katzen blau

W0090005

GOLDMANN
Lesen erleben

Das Buch

Fürs Bowling braucht man spezielle Schuhe. Tennisspieler dürfen beim Aufschlag die Linie nicht übertreten. Aber welche Regeln im Nachtleben gelten, sagt einem keiner. Dabei gibt es auch beim Feiern Konventionen. Wer ausgeht, sollte wissen, wie er sich clever verhält. Nur wer die Fallen und Fettnäpfchen kennt, kann sie vermeiden.

Held oder Hampelmann – nirgends ist der Grat schmaler als im Nachtleben. Wer sich danebenbenimmt, macht sich gesellschaftlich unmöglich. Doch wer sich auskennt, erlebt Abenteuer, lernt Leute kennen und kann sogar der großen Liebe begegnen.

Höchste Zeit, ein paar Dinge zu klären. Welcher Platz in der Kneipe der beste ist, wie man sich am Türsteher vorbeischleicht, wie es auch ohne Rhythmusgefühl auf der Tanzfläche klappt. Was die Wahl des Cocktails über einen verrät, welche Praktiken beim One-Night-Stand keinen Spaß machen, wie man den nächsten Morgen übersteht.

»Nachts sind alle Katzen blau« liefert 200 Antworten auf die drängendsten Fragen.

Die Autoren

Sebastian Leber ist Redakteur beim Berliner »Tagesspiegel«. Er wuchs im Rheinland auf, studierte in Hamburg und lebt heute in Berlin-Kreuzberg. Er ist Betreiber des Blogs »Tiere sind Freaks«. 2013 erscheint bei Goldmann außerdem sein Buch »Ernie gegen Bert und 99 andere Duelle«.

Nana Heymann ist gebürtige Ost-Berlinerin und verbrachte einen Teil ihrer Kindheit in Moskau. Sie arbeitet beim »Tagesspiegel« und schreibt außerdem für das »ZEITmagazin« und die »zitty«.

Seit Jahren berichten die beiden Autoren für den »Tagesspiegel« über das Nachtleben der Hauptstadt, recherchieren in Clubs und Szenebars und feiern auch selbst ausgiebig mit.

NANA HEYMANN
UND SEBASTIAN LEBER

Nachts sind alle Katzen BLAU

FEIERN FÜR FORTGESCHRITTENE

GOLDMANN

Originalausgabe

Verlagsgruppe Random House FSC-DEU-0100
Das FSC®-zertifizierte Papier *Holmen Book Cream* für dieses Buch
liefert Holmen Paper, Hallstavik, Schweden.

1. Auflage
Copyright © 2013 by Wilhelm Goldmann Verlag, München,
in der Verlagsgruppe Random House GmbH
Abbildungen im Innenteil: Nana Heymann und Sebastian Leber
Umschlaggestaltung: UNO Werbeagentur, München
Umschlagabbildung © by FinePic®
JS / DF · Herstellung: Str.
Layout und Satz: Julia Hoffmann
Druck und Einband: GGP Media GmbH, Pößneck
Printed in Germany
ISBN: 978-3-442-15733-4

www.goldmann-verlag.de

Für Odile, Tigran und H. P. Baxxter

INHALT

DAS VORGLÜHEN

IN DER KNEIPE ODER BAR

AUF DER PRIVATPARTY

AUSGEH-ALTERNATIVEN

IN DER WARTESCHLANGE

IM CLUB

FLIRTEN UND KENNENLERNEN

AUFBRUCH NACH HAUSE

DER ONE-NIGHT-STAND

DER NÄCHSTE MORGEN

VORWORT – WISSEN IST NACHT

Als wir uns fragten, ob die Party jetzt nicht besser zu beenden sei, war es irgendwie schon zu spät. Fußabdrücke auf der Tapete, eine Bierlache im Treppenhaus, in der Küche hatte jemand Schloss Neuschwanstein aus Kochutensilien nachgebaut. Gesamteindruck: desolat.

Ein Außenstehender hätte annehmen können, hier habe eine Horde sturzbesoffener Punks eine Neuauflage der legendären Chaos-Tage versucht. Dabei waren es bloß ein paar Dutzend Studenten – die meisten von ihnen angehende Geisteswissenschaftler, die sich an einem gewöhnlichen Freitagabend in einer gewöhnlichen WG im beschaulichen Hamburger Stadtteil Eimsbüttel versammelt hatten. Wir hatten extra das Schlafzimmer ausgeräumt und zur Tanzfläche erklärt, ein Bekannter lieh uns seine Miniatur-Lichtanlage mit einer roten und einer blauen Glühbirne. Freunde brachten Wein und Gin mit, auf dem Balkon wurde geraucht.

Als wir am nächsten Morgen auf ebendiesen traten, um uns einen Überblick über das Ausmaß der Verwüstung zu verschaffen, entdeckten wir in der Ecke zwischen halb leeren Chipstüten einen stinkenden Haufen. Diesen Haufen hatte, soweit waren wir uns einig, kein Hund gesetzt.

Man könnte sich nun fragen, was da schiefgelaufen ist – welcher Auslöser die Party hatte eskalieren lassen. Was hatten wir als Gastgeber falsch gemacht? Hatte vielleicht die Geschlechtermischung nicht gestimmt? Lag es an der Weigerung einzelner Gäste, im Flur ihre Schuhe auszuziehen? Hätte der DJ besser weniger Linkin Park gespielt?

Man kann aber auch eine ganz andere steile These aufstellen: Muss eine gute Party womöglich im Desaster enden, um allen Teilnehmern als historisches Ereignis in Erinnerung zu bleiben?

Jedenfalls waren wir uns nach dieser Party einig: Richtiges Feiern ist eine Wissenschaft. Es sollte ein eigener Fachbereich an der Uni dafür eingerichtet werden. Mit Seminaren zu den Themenfeldern »Privatparty«, »Kneipe« und »Club«. Mit Praxiseinheiten zu gekonntem Styling und Vorglühen. Das alles gibt es leider nicht. Stattdessen ist jeder, der den Kosmos Nachtleben erkunden will, mehr oder weniger auf sich allein gestellt. Dabei erwarten ihn zahllose Fettnäpfchen und Fallstricke, und wer jemals am Wochenende eine Großraumdisko besucht hat, der weiß: Über-30-Jährige mit viel Ausgeherfahrung können sich genauso blamieren wie Teenager.

Aus Fehlern lernt man, heißt es. Zum Glück auch aus den Fehlern der anderen. Man muss nicht erst nach einer durchzechten Nacht mit aufgemaltem Hitlerbart im Gesicht aufwachen, um zu wissen, wie viel Alkohol man verträgt.

Man braucht sich nicht die Knochen brechen zu lassen, um herauszufinden, wie sich eine Kneipenschlägerei am effektivsten vermeiden lässt.

Auch wir, die Autoren dieses Buches, haben Fehler gemacht. Sehr viele und sehr schreckliche. Einige davon werden auf den folgenden Seiten ausführlich analysiert.

Außerdem haben wir diejenigen befragt, die wissen, wie es besser geht: Kneipen- und Clubbetreiber, DJs, Türsteher, Taxifahrer, Barkeeper und Klofrauen. Anderthalb Jahre lang wollten wir die ungeschriebenen Gesetze, die geheimen Regeln des Nachtlebens erkunden und zusammentragen. Wir haben Fachliteratur gewälzt, aktuelle psychologische Studien durchgesehen und eigene Umfragen unter Bekannten und Kollegen initiiert. Das Ergebnis heißt »Nachts sind alle Katzen blau«.

Unsere Erkenntnisse sollen nicht belehren, sondern Spaß bringen. So viel Spaß wie eine gelungene Reise durch die Nacht in Begleitung von Freunden, mit blinkenden Diskokugeln und wummernden Boxen, mit neuen Bekanntschaften und verbotenen Früchten.

Vor mehr als 220 Jahren hat Freiherr Adolph Knigge ein Buch veröffentlicht, in dem er Höflichkeit und Taktgefühl im gegenseitigen Umgang einforderte. Andere schlossen daraus, wie man bei Tisch Messer und Gabel zu halten habe und wem man wie die Hand schüttelt.

Das Problem: Zu Knigges Zeiten existierten weder Techno-Clubs noch Cocktail-Bars, kein Lipgloss und keine Baggy Pants, keine Trash-Motto-Partys, kein Ecstasy und ganz sicher keine Zweisamkeit namens Resteficken. Der Beruf

DJ war noch nicht erfunden, One-Night-Stands zumindest nicht salonfähig. Adolph Knigge und seine Jünger konnten unmöglich wissen, wie im 21. Jahrhundert angemessen gefeiert wird.

Es wird Zeit, dass jemand diese Lücke schließt.

Berlin im Februar 2013
Nana Heymann und Sebastian Leber

BRAUCHE ICH EINEN GUTEN VORSATZ FÜR DIE NACHT?

Sie brauchen gar nichts. Aber es könnte Spaß und Abwechslung bringen, sich etwas Ehrgeiziges oder auch Mutiges vorzunehmen. Fünf Vorschläge:

1. Versuchen Sie, einen ganzen Abend lang auf jede direkte Frage mit »Ja« zu antworten – und entsprechend zu handeln.
2. Erleben Sie im Laufe der Nacht mindestens drei Dinge, die Sie bis jetzt noch nicht getan haben.
3. Suchen Sie einen Ort auf, den Sie unter normalen Umständen nie betreten würden.
4. Probieren Sie, fünf Telefonnummern zu ergattern.
5. Küssen Sie einen fremden Menschen.

MIT WEM GEHE ICH AUS?

Grundsätzlich sollten Sie nur mit Leuten losziehen, in deren Beisein Sie sich wohlfühlen. Leider unterliegt die Zusammensetzung einer Gruppe mitunter gewissen Zwängen. Zum Beispiel: Ein Freund bringt einen Kumpel mit, den Sie abgrundtief unsympathisch finden, aber gegen dessen Anwesenheit Sie der Harmonie wegen nicht protestieren. Sicherzustellen ist in einer solchen Situation unbedingt eine personelle Aufstockung. Ohnehin sollte man nachts nie zu dritt unterwegs sein, denn als Trio wegzugehen klappt ungefähr so problemlos wie die Entsorgung von radioaktivem Müll. Einer wird sich ausgeschlossen fühlen, und sei es nur für ein paar Minuten.

Plant man einen Abend mit mehreren Leuten, besteht die Ausgehtruppe idealerweise aus: einem unkontrollierbaren Irren (für die Überraschungsmomente), einer toleranten, geduldigen und sozial veranlagten Person, die sich mit allen versteht und die Gruppe zusammenhält, einer attraktiven Single-Frau und einem attraktiven Single-Mann (fürs Knistern) und einem Kasper (für die gute Laune). Bei der Zusammenstellung ist es wie beim Cast zu einem guten Film. Menschen müssen bestimmte Rollen und Aufgaben erfüllen, die das Nachtleben vorgibt, damit am Ende alles gut wird. Einziger Unterschied zum Film: Verzichten Sie auf den Schurken. Also den Kumpel, der permanent schlechte Laune hat und alle zehn Minuten darauf hinweist, dass er eigentlich total ungern ausgeht. Außerdem nehmen Sie bitte nie mehr als einen Kasper mit. Sonst droht der Abend so unerträglich zu werden wie der Comedy-Freitag auf Sat.1.

GESCHLECHTERVERTEILUNG BEACHTEN?

Zu einem Bankett bringt man kein Sandwich mit, schon gar nicht, wenn man zu zweit unterwegs ist. Wer als Mann darauf aus ist, Frauen kennenzulernen, tut das besser nicht im Beisein weiblicher Begleitung. Nicht mal in Gegenwart einer guten Freundin. Selbst wenn mit ihr nichts läuft, nie was gelaufen ist und auch nie etwas laufen wird, wird sie sich – trotz anderslautender Beteuerungen – zurückgesetzt und vernachlässigt fühlen. Immer. Wie gefühlskalt muss ein Mensch sein, der glaubt, es sei okay, anderen Frauen hinterherzusteigen, während er die, mit der er gekommen ist, allein an der Bar zurücklässt? Unterschwellig wird es sie verletzen, dass seine Aufmerksamkeit anderen gilt, wo sie doch von einem lustigen Abend zu zweit ausgegangen war. Im umgekehrten Fall wird das nicht anders sein.

Ziehen Sie mit mehreren Personen durch die Nacht, bedenken Sie unbedingt die gruppeninterne Konkurrenz Ihres eigenen Geschlechts. Der gut aussehende, modisch gekleidete Kollege oder die hübsche Praktikantin mögen im Büro nett und unterhaltsam sein. Beim Ausgehen sind sie dennoch Rivalen, mit denen Sie unbewusst um Gesprächs- und Flirtpartner buhlen. Dem spontanen Impuls, sie in die Abendplanung mit Freunden einzubeziehen, sollten Sie daher nur nach sorgfältigem Abwägen nachgeben. Gegen das Beisein attraktiver Begleitpersonen des anderen Geschlechts ist hingegen nichts einzuwenden. Ein Mann inmitten hübscher Frauen steigert in der Außenwirkung seinen Marktwert, eine von gut aussehenden Männern umgebene Frau ebenfalls. Dringend abzuraten ist davon, sich mit lauter gestörten, verhaltensauffälligen und schlecht gekleideten Gestalten zu umgeben. Ihr Marktwert wird schneller in den Keller sausen, als Sie »echte Schönheit kommt von innen« sagen können. Die Intention, als charakterlich gefestigter Gutmensch dazustehen, wird leichter durchschaubar sein als das transparenteste Outfit von Micaela Schaefer.

WANN SOLLTE MAN VERABREDUNGEN FÜRS WOCHENENDE TREFFEN?

Sich zu verabreden ist wie ein Steak zu braten: Aufs richtige Timing kommt es an. Wer sich zu früh festlegt, landet vielleicht auf einer lauen, halb garen Party; wer die Wochenendgestaltung zu spät konkretisiert, kann ebenfalls Pech haben. Schon am Montag dem ehemaligen WG-Mitbewohner zuzusichern, zur Einweihung von dessen neuer Wohnung zu kommen? Geradezu töricht und ein Indiz für planerische Verzweiflung. Am Ende sitzt man zu fünft wortlos vor einer Schüssel mayonnaisegetränktem Nudelsalat, während am anderen Ende der Stadt die Party des Jahres steigt. Sich bis in den späten Freitagabend alle Optionen offenzuhalten, kann aber auch riskant sein. Gut möglich, dass Freunde in der Zwischenzeit Pläne schmieden, in denen man selbst irgendwann keine Rolle mehr spielt.

Als bester Zeitpunkt zum ersten Sondieren der Möglichkeiten erweist sich der Mittwoch. Das vorherige Wochenende liegt dann so weit zurück, dass auch die durstigsten Trinker ihren Rausch auskuriert haben. Andererseits ist der Druck, sich festlegen zu müssen, noch nicht sehr groß. Nun gilt es, ein paar grundsätzliche Fragen zu klären: Nach wessen Gesellschaft, welcher Musik, welchen Drinks steht einem der Sinn? Will man den Abend durchgängig mit ein- und denselben Leuten in ein- und demselben Laden verbringen oder ist einem eher nach Abwechslung zumute?

Je nachdem, wie die Antworten ausfallen, kann man am Donnerstagabend zur Feinabstimmung schreiten und Zusagen aussprechen, Verabredungen treffen. Oder auch nicht. Nur darf man sich dann nicht wundern, wenn man allein durch die Freitag- oder Samstagnacht zieht. Was aber auch sehr reizvoll sein kann.

WIE SCHNELL MUSS ICH EINLADUNGEN ANNEHMEN?

Zu manchen Gelegenheiten wird schriftlich eingeladen. Etwa zu Hochzeiten, runden Geburtstagen, formalen Dinner- oder Cocktailpartys. In der Regel ist in dem Anschreiben ein Datum vermerkt, zu dem der Gastgeber um Rückmeldung bittet. Der Einfachheit halber wird das gern mit der aus dem Französischen stammenden Buchstabenkombination »RSVP« abgekürzt: »Répondez s'il vous plaît« (»Bitte antworten Sie«). Den Absender nicht allzu lang warten zu lassen, scheint nur fair – schließlich braucht er Planungssicherheit. Ihm zwei Stunden nach Erhalt der Einladung per Kurier die Antwort zuzustellen und sich deren Empfang vom Boten quittieren zu lassen, kann aber irritierend wirken und Rückschlüsse auf einen sehr überschaubaren Freundeskreis zulassen. Abzuraten ist auch davon, die Frist voll auszureizen und sich erst auf den letzten Drücker festzulegen. Dies vermittelt dem Gastgeber (nicht ganz zu Unrecht) das Gefühl, in der Rangliste der Begünstigten einen der hinteren Plätze zu belegen. Was also tun? Am besten, Sie antworten im zeitlichen Mittel, also auf halber Strecke zwischen dem Eintreffen der Einladung und dem Feiertermin.

Verbreitet ist auch, Freunde über Facebook zu Partys einzuladen, selbst der bayerische Ministerpräsident Horst Seehofer macht das. Der Gastgeber postet einen Termin, auf den es verschiedene Antwortmöglichkeiten gibt: 1. »Teilnehmen«. 2. »Vielleicht«. 3. »Absagen«. Wobei hier netzspezifische Codes gelten. Wer auf »Teilnehmen« klickt, kommt vielleicht. Wer auf »Vielleicht« klickt, kommt garantiert nicht. Wer sich für »Absagen« entscheidet, will seiner Empörung darüber Ausdruck verleihen, dass der Idiot es überhaupt gewagt hat, ihn einzuladen.

DARF MAN EINE BEREITS ZUGESAGTE EINLADUNG WIEDER ABSAGEN?

Ja. Zumindest wenn es sich bei dem Anlass, zu dem geladen wurde, um einen vergleichsweise beliebigen handelt. Zur wöchentlichen Kneipentour mit der Clique am Freitag kurzfristig verhindert? Egal! Eine kurze, mit Emoticons gespickte Rund-SMS, und die Sache kann gedanklich ad acta gelegt werden. Ähnlich verhält es sich mit dem Clubabend, bei dessen Planung man die zeitgleich stattfindende Party zum bestandenen Studium der eigenen Schwester, nun ja, vergessen hat. Des Familienfriedens wegen werden Freunde es einem nachsehen, dass sie den Kürzeren ziehen.

Anders liegt die Sache bei exklusiveren Einladungen, nämlich Hochzeiten, runden Geburtstagen von engsten Freunden und Verwandten, Essen in kleinem Kreis. Entscheidend ist der Aufwand, den der Gastgeber betreibt. Und die Priorität, die er einem zuweist. Trifft auf beides die Antwort »hoch« zu, sollte die Einladung entsprechend ernst genommen werden. Hat man eine Zusage einmal ausgesprochen, müssen die Gründe für eine Absage schon sehr schwerwiegend sein. Nicht geltend zu machen sind: bessere Einladungsalternativen, plötzliche Lustlosigkeit, die Wiederholung des verpassten »Tatort«. Vortragbar sind höchstens ernste Erkrankungen (Lepra aufwärts) oder wichtige berufliche Verpflichtungen (Afterwork-Partys mit Kollegen zählen nicht). Trifft einer dieser Gründe zu, hat eine Absage immer im direkten Gespräch zu erfolgen. Niemals per Mail, SMS oder Anrufbeantworternachricht. Der Gastgeber hat ein Recht darauf zu erfahren, warum er eine Portion Hummer umsonst gekauft hat.

WIE FÄLSCHE ICH AM BESTEN MEINEN PERSO?

Es gibt ganz unterschiedliche Gründe, seinen Personalausweis fälschen zu wollen: Weil man mit 16 nicht in die Disko ab 18 reinkommt, weil man mit 18 nicht in den Studentenclub ab 21 reinkommt, weil man als Minderjähriger im Kino noch keine Kettensägenmassakerfilme anschauen darf.

In Internetforen finden sich zahllose Vorschläge und Tricks, wie man angeblich garantiert und fast ohne Risiko mit gefälschten Papieren Einlass findet. Aber stimmt das wirklich?

Ein Überblick über die beliebtesten Techniken inklusive Kosten-Nutzen-Analyse.

1. Personalausweis einscannen, das Geburtsdatum photoshoppen, hochwertig ausdrucken und laminieren. Problem: Das ist Urkundenfälschung und somit kein Kavaliersdelikt, sondern eine Straftat. Es drohen bis zu fünf Jahre Knast. Kosten-Nutzen: Das ist es nicht wert.

2. Statt des eigenen Persos einen fremden Studentenausweis, zum Beispiel den internationalen ISIC-Ausweis, einscannen und fälschen. Ist ja kein Regierungsdokument. Problem: Es macht keinen Unterschied, Urkunde bleibt Urkunde und die Fälschung somit eine Straftat. Kosten-Nutzen: Lieber sein lassen.

3. Den Perso von jemandem ausleihen, der einem einigermaßen ähnlich sieht und das richtige Alter hat. Problem: Ist zwar keine Urkundenfälschung, aber Missbrauch von Ausweispapieren und damit wiederum eine Straftat. Immerhin droht einem hier nach § 281 StGB nur maximal ein Jahr Knast, übrigens auch dem, der einem anderen seinen Ausweis überlässt. Kosten-Nutzen: Vor allem da man auch noch einen anderen mit reinzieht – lieber nicht.

4. Perso einscannen, das Geburtsdatum photoshoppen und in Schwarz-Weiß auf einem DIN-A4-Papier ausdrucken. Den Wisch dann dem Türsteher vorzeigen und behaupten, man lasse das Original immer zu Hause, um es nicht zu verlieren. Problem: Theoretisch müsste die Kopie auf der Rückseite beglaubigt werden. Vielen Türstehern ist das aber egal, sie lassen einen trotzdem rein. Achtung: Niemals in Farbe ausdrucken, sonst kann das als Versuch gewertet werden, die Kopie als Original auszugeben. Das

wäre dann wieder Urkundenfälschung. Kosten-Nutzen: Gut – allerdings nur, solange es nicht alle machen und die Türsteher irgendwann dahinterkommen.

Und was ist mit demjenigen, der gar kein höheres Alter vortäuschen möchte, sondern im Gegenteil ein paar Jahre wegmogeln will? Zum Beispiel, um eine neue, augenscheinlich deutlich jüngere Bekanntschaft nicht zu vergraulen. Oder um den Minderjährigen-Rabatt im Kino abzugreifen. Oder um sich auf eine „Unter 30"-Party einzuschleichen, bei der Ausweiskontrollen ebenfalls Pflicht sind. Auch in diesen Fällen wird der Fälschungsversuch leider nicht als Partygag gewertet, die oben beschriebenen Gesetze kommen ebenso zur Anwendung. Es dürfte außerdem um einiges peinlicher werden, seine Motive dem Richter zu erklären. Dann lieber auf andere Strategien zum Jungwirken setzen: Haarspangen für sie, Jeansflicken mit Rennwagenbildern für ihn.

WIE PLANE ICH IN EINER FREMDEN STADT?

In einer fremden Stadt unterwegs zu sein, ist wie Wattwandern: Ohne fachkundige Anleitung geht man leicht baden. Handelsübliche Reiseführer verkaufen einem gern die letzte Absturzkneipe als Szene-Bar und die fragwürdigste Abschleppdisko als angesagten Club. In Wirklichkeit werden diese Orte von Einheimischen nicht mal im Notfall frequentiert. Einen Vorwurf kann man den Verfassern solcher Guides nicht mal machen. Sie recherchieren aus Kostengründen oft nur wenige Tage vor Ort, und bis ihre Tipps niedergeschrieben und gedruckt sind, vergehen zwei Jahre.

Dennoch gibt es Wege, Touristenfallen zu vermeiden. Eine erste Orientierungshilfe bieten Stadtmagazine. Nach deren Lektüre sind immer noch Fragen offen? Dann setzen Sie sich in eine vertrauenerweckende Bar oder Kneipe, direkt an den Tresen. So ergibt sich in einer ruhigen Minute vielleicht ein kurzer Small Talk mit dem Barmann, der einem Tipps und Anlaufpunkte nennen kann. Oder Sie bauen auf die Schwarmintelligenz der Internetgemeinschaft. So mancher Abend wurde schon gerettet, weil auf einen kurzen Facebook-Post oder Tweet auf Twitter à la »Schlaflos in Helsinki – was tun?« tatsächlich zehn nützliche Adressen genannt wurden, und zwar von Leuten, die ähnliche Vorstellungen vom Leben, Ausgehen und Feiern haben wie man selbst.

WIE SCHLEICHE ICH MICH AUF EINE PARTY EIN?

Für manche ist es ein Sport. Woche für Woche sind sie damit beschäftigt, vermeintlich vielversprechende Partys ausfindig zu machen und diese zu infiltrieren. Die Rede ist nicht von so erloschenen Gestalten wie den großbrüstigen Beinahe-Promis, die sich über Umwege auf Filmpremierenpartys schmuggeln und sich so ihre einzige warme Mahlzeit pro Woche sichern. Gemeint sind ganz durchschnittliche Schüler, Studenten und Guerilla-Hedonisten, die sich einen Kick davon versprechen, sich unter Unbekannte zu mischen und mit ihnen zu feiern.

Einige dieser sogenannten *gatecrasher* (»Eindringlinge«) organisieren sich sogar im Internet und überfallen Partys fremder Leute, die bei solchen Überraschungsbesuchen an

Truppenstärke meist klar unterlegen sind. Thessa aus Hamburg kann ein Lied davon singen. Die Schülerin hatte den Termin für ihre Geburtstagsfeier auf Facebook versehentlich nicht als privat angekündigt. 1.600 Gäste stürmten daraufhin das Haus ihrer Eltern und hinterließen eine Schneise der Verwüstung. Selbst 100 Polizeibeamte konnten nicht verhindern, dass die Lage eskalierte, dass Mülltonnen angezündet und Autos demoliert wurden. Dem Geburtstagskind sangen die Partyheuschrecken immerhin ein Ständchen: »Thessa, oh, Thessa, wir kennen uns zwar nicht / Doch uns egal, wir feiern dich und saufen uns jetzt dicht.« Wie gefürchtet solche Spaß-Vandalen mittlerweile sind, beweist eine Gruppierung namens »Facebook Republican Army«. Ein Jahr lang versetzte sie Großbritannien in Angst und Schrecken, die Presse warnte die Bevölkerung vor der »geheimen Internetgesellschaft, die darauf wartet, die Party Ihres Teenagers zu zerstören«. Später stellte sich raus: alles nur ein großer Fake von ein paar Mittzwanzigern, auf den die Medien reingefallen waren.

Für den Fall, dass Ihr Eventkalender noch einige Vakanzen aufweist und Sie keine Berührungsängste vor fremden Menschen haben, nachfolgend ein paar Tricks. Am einfachsten zu knacken sind Partys, auf denen der Besucherandrang groß und die Menge unübersichtlich ist. Je selbstbewusster Ihr Auftreten, desto weniger wird jemand Ihre Anwesenheit in Frage stellen. Als eine Art Türöffner empfiehlt der amerikanische Buchautor Frank Kelly Rich (»Die feine Art des Saufens«) ein Mitbringsel. Ideal sind Alkoholika. Kommt ein Gast mit einer Flasche Tequila in der Hand zur Tür rein, wird niemand an dessen Daseinsberechtigung zweifeln. Falls doch, geben Sie vor, ein Freund von Micha oder eine Bekannte von Anne zu sein. Auf jeden Fall von einer Person mit verbreitetem Namen, die es mit hoher Wahrscheinlichkeit auch unter den Anwesenden geben wird. Anschließend bringen Sie unauffällig den Namen des Gastgebers in Erfahrung. Er dient als Gesprächsgrundlage mit anderen Besuchern. Die Frage »Und woher kennst du Maria?« ist bei einem Small Talk ein guter Einstieg (siehe auch: »Wie spreche ich Fremde an?«). Halten Sie aber bei allem, was Sie tun, Maß. Werden Sie weder übermütig noch unverschämt, nur so bleibt Ihre Tarnung intakt. Also keine falschen Gerüchte über Anwesende streuen oder hemmungslos die Bar leeren. Ohnehin sollten Sie halbwegs nüchtern bleiben. Um mitzubekommen, wann sich die Party dem Ende zuneigt. Dann ist es nämlich auch für Sie an der Zeit zu gehen. Nicht dass Ihnen tatsächlich noch Micha, Anne oder Maria gegenüberstehen und Sie sich erklären müssen.

Deutlich abgebrühter muss man vorgehen, wenn man es auf exklusive Partys und Veranstaltungen schaffen will. Hier kommt es darauf an, vorab den vorgegebenen Dresscode und den Namen des Organisators zu kennen, auf den man sich später berufen wird. Auch eine Begleitperson kann von Vorteil sein. Am Empfang behaupten Sie einfach, auf der Gästeliste des Veranstalters zu stehen. Erwähnen Sie ihn am besten namentlich, das wirkt vertrauenerweckend. Während die Dame oder der Herr hinterm Counter die Liste scannt, werfen Sie ebenfalls einen Blick drauf und prägen sich einen beliebigen, noch nicht abgestrichenen Besuchernamen ein. Nachdem man Sie nicht gefunden hat, nennen Sie den fremden Namen und verweisen auf Ihre Begleitung. Der falsche

Name muss natürlich zum Geschlecht Ihres Partners beziehungsweise Ihrer Partnerin passen. Des Weiteren sollten Sie darauf achten, einen Moment ohne Andrang abzupassen. Nur so lässt sich verhindern, dass derjenige direkt hinter Ihnen steht, für den Sie und Ihre Begleitung sich gerade ausgeben.

DAS OUTFIT

DER RICHTIGE HÄNGEGRAD SEINER JEANS?

Noch vor ein paar Jahren galten *Baggy Jeans* als *state of the art*, zu ihnen gab es keine Alternative. Je tiefer der Bund saß, desto cooler fühlte sich der Träger. In ästhetischer Hinsicht gänzlich schmerzbefreite Männer befestigten ihre Hosen irgendwo zwischen Hintern und Kniekehlen, um so einen Blick auf ihre Unterhose zu gewähren. Zu verstehen war das vermutlich als emanzipatorisches Statement zu den sogenann- ten Maurerdekolletés der Frauen, und in diesem Zusammen- hang hielt der große deutsche Rapper Dendemann in dem Eins-Zwo-Hit »Hand aufs Herz« fest: »Deine Freundin macht es wahnsinnig, wo meine Buchse hängt.« Leider hat dieser Satz keine ewige Gültigkeit. Er stammt aus dem Jahr 1999. Mittlerweile ist modisch das genaue Gegenteil angesagt. Män- ner tragen Jeans, die zwar quietscheng sind, aber trotzdem etwas rutschen. Von hinten erinnert dieser Anblick an ein Kleinkind in schlecht sitzender Strumpfhose – bei Frauen löst der Look bestenfalls Mutterinstinkte aus. Von vorne betrachtet liegt meist die Frage nahe, ob das nicht wehtut. Welche genaue Intention dieser Tragweise zugrunde liegt, ist nicht ganz klar. Möglicherweise soll das Zurschaustellen exponierter Körperregionen potenzielle Geschlechtspartner locken. Mitunter funktioniert dies sogar. Von Heidi Klum ist überliefert, dass sie ihren späteren Ehemann Seal kennenlernte, als dieser gerade in engen Hosen aus dem Fitnessstudio kam. »Ich sah das ganze Paket«, gab Klum in einem Interview zu Protokoll. Amerikaner bezeichnen das ganze Paket umgangssprachlich übrigens als *moose-knuckle*, als »Elchknöchel«. Bekanntlich ist die Ehe zwischen Heidi Klum und Seal gescheitert. Penetrantes Betonen von Kronjuwelen ist also kein Garant für dauerhafte Beziehungen. Komforttechnisch können Sie, lieber Leser, es daher ruhig etwas gelassener angehen. Eine Handbreit Luft im Schritt betont den Körper immer noch ausreichend.

WIE *SKINNY* DÜRFEN IHRE JEANS SEIN?

Eng geschnittene Jeans sind aus den Kleiderschränken von Frauen nicht mehr wegzudenken, und schuld daran ist Kate Moss. Seit das Model vor Jahren zum ersten Mal Skinny Jeans anhatte, gelten sie als sogenanntes *must have*, als unverzichtbares Teil, das selbst in der Garderobe unterdurchschnittlich modeinteressierter Frauen nicht fehlen darf. Und genau das ist das Problem: Mittlerweile werden diese Hosen nicht mehr nur von Laufsteg-Elfen mit einem Body-Mass-Index von 13 getragen, sondern auch von adipösen

Hausfrauen mit Hang zur Fehleinschätzung der eigenen Konfektionsgröße. Der Irrglaube, das Kleidungsstück würde seine Trägerin schlank aussehen lassen, scheint weit verbreitet. Fakt ist: Eng anliegender Stoff kaschiert nichts, im Gegenteil, er betont, was man besser nicht betonen sollte, kräftige Oberschenkel zum Beispiel, breite Hüften oder dicke Waden. Kritisch wird's, wenn Röhrenjeans so eng sitzen, dass sich primäre Geschlechtsmerkmale abzeichnen. Was dem Mann nämlich der *moose-knuckle*, ist für die Frau der *camel toe* – die »Kamelzehe«. Diese bildet sich, wenn der Stoff im Schritt so stramm anliegt, dass sich die Konturen der äußeren Schamlippen – man muss es so deutlich formulieren – w-förmig abzeichnen. Fast so unansehnlich wie die Kamelzehe ist das, was die britische Journalistin Denise Winterman als *muffin top* bezeichnete: überquellendes Hüftgold am Hosenbund, das an die beliebten Minikuchen in Papierförmchen erinnert. Eng anliegender Stoff und ein tiefer, deutlich unterhalb des Bauchnabels sitzender Schnitt definieren diesen weit verbreiteten Look. Entgegen anderslautender Gerüchte lässt er die Trägerin nicht sexy, sondern stillos wirken – da helfen selbst hochhackige Schuhe nicht, die das Bein angeblich optisch strecken und die Silhouette schmaler wirken lassen. Deshalb ist von hautengen Modellen grundsätzlich abzuraten, erst recht von sogenannten Jeggings, also Spandexhosen, deren Aufdruck eine Jeans nur vortäuscht. Streng genommen handelt es sich hierbei um Kompressionskleidung, die man nicht ohne medizinische Indikation tragen sollte.

Ideal sind Jeans, die figurbetont sitzen, bei denen sich der Stoff am Oberschenkel mit den Fingern aber noch ein bis zwei Zentimeter zusammenraffen lässt – auch kräftigere Frauen machen so nichts falsch. Alles andere sollte man besser bleiben lassen.

GIBT ES FÜR MÄNNER GELEGENHEITEN, BEI DENEN KURZE HOSEN GEHEN?

Aber ja:
- am Strand
- bei der Gartenarbeit
- auf dem Tennisplatz
- als Mitglied der Chippendales
- auf dem Spielplatz, wenn man das achte Lebensjahr noch nicht überschritten hat
- auf dem Oktoberfest
- wenn man Charlie Harper heißt
- beim Wandern in den Alpen
- wenn man beabsichtigt, sich an der Wahl zum »Mister Kniescheibe« zu beteiligen
- wenn man in Saudi-Arabien vor ein Scharia-Gericht gestellt werden möchte

Das war es aber auch schon. Im Nachtleben sollten Männer niemals kurze Hosen tragen, wir wiederholen: niemals!

LIEBER ROCK ODER HOSE?

Eines auf jeden Fall nicht: Rock über Hose. Von diesem Look sollte man außerhalb von Umkleidekabinen unbedingt die Finger lassen. Es ist doch so: Kleine Mädchen bekamen von ihren Müttern eine Hose unter den Rock gezogen, wenn es draußen so kalt war, dass eine Strumpfhose allein nicht warm genug gehalten hätte. In der Pubertät verzückte diese Kombination allenfalls gleichaltrige Freundinnen, die – gefragt nach ihrem Urteil – den Mund spitzten und wie beim Anblick von Hundewelpen ein quietschendes »süüüüüß« über die Lippen pressten.

»Süüüüüß«, das ist hoffentlich die letzte Reaktion, die sich eine Frau von einem Mann auf ihr Outfit erhofft. Süß sind Babys mit Kulleraugen und kalorienhaltige Desserts beim Italiener, aber unter keinen Umständen Frauen, die beim Ausgehen ernst genommen werden wollen. Was an über Hosen getragenen Röcken überhaupt süß sein soll, leuchtet ohnehin nicht ein. Die Schichten erzeugen Wülste an Stellen, wo keine Wülste hingehören, sie lassen die mühsam trainierte Taille und die schmal gehungerten Hüften unnötig breit erscheinen. Außerdem wirkt die Trägerin dieser Kombination immer etwas unentschlossen. Wer sie nicht kennt, könnte diese Eigenschaft auch leicht anderen Bereichen ihres Lebens zuschreiben. Doch zurück zur Ausgangsfrage. Rein intuitiv spricht alles für den Rock. Warum? Weil er im Kleiderschrank meist ein Schattendasein fristet – ein Großteil der Frauen greift tagsüber reflexartig zur Hose. Sie ist bequem, unkompliziert zu kombinieren und erfordert keine weiteren Gedanken an das Darunter. Bei einem Rock hingegen muss die Trägerin eine Reihe von Entscheidungen treffen. Kurz oder lang? Mit Strumpfhosen oder ohne? Hohe oder flache Schuhe dazu? Weil das ziemlich zeitaufwendig sein kann, zieht der Rock

in der Hektik des morgendlichen Anziehens oft den Kürzeren. Das ist nicht fair. Und deshalb sollte man ihm seinen
großen Auftritt wenigstens am Abend gönnen.

WIE VIEL DEKOLLETÉ DARF EINE FRAU ZEIGEN?

Bei einem leger getragenen Hemd darf mehr als der oberste
Knopf geöffnet sein; ein Top oder Kleid sollte jedoch nicht
so viel offenbaren, dass der Sitz des Ausschnitts alle drei Minuten überprüft und zurechtgerückt werden muss. Zwingt
der Inhalt des Oberteils den Stoff schonungslos in die Knie,
handelt es sich um einen Fehlkauf, den die Trägerin umgehend reklamieren sollte. In der amerikanischen Showbran-
che wird dieser Umstand lakonisch als *wardrobe malfunction*
bezeichnet, als eine »Fehlfunktion der Garderobe«.

Nicht zu leugnen ist, dass ein hübsch in Szene gesetztes
Dekolleté auf das männliche Geschlecht sehr anziehend
wirkt. Besonders deutlich wurde das bei einem Bankett im
Frühjahr 2012, als der Ehemann der finnischen Staatspräsi-
dentin seiner Sitznachbarin, der dänischen Kronprinzessin
Mary, ungeniert und vor laufenden Kameras sekundenlang
in den Ausschnitt starrte. Die Aufnahmen liefen später in
den Abendnachrichten. Fürs Protokoll: Dezentes Hingucken
ist erwünscht, demonstratives Ignorieren wird von Frauen
hingegen als ebenso unhöflich empfunden wie penetrantes
Glotzen. Männer, die bei Letzterem erwischt werden, haben
also besser eine gute Ausrede parat. Zum Beispiel: »Irre,
genau das gleiche Teil hatte meine Ex-Freundin auch.«
Dass der Anblick von Brüsten, und sei es auch nur im Ansatz,

Männer um den Verstand bringt, macht sich auch die Autoindustrie zunutze. Sie präsentiert neue Modelle auf einschlägigen Messen vorzugsweise im Beisein leicht bekleideter Frauen. Der britische Forscher Desmond Morris glaubt zu wissen, warum weit ausgeschnittene Oberteile bei Männern zu kurzfristigen Geistesaussetzern führen: Das Dekolleté, so seine Theorie, ähnele beim flüchtigen Hinsehen einem Hintern und verspreche somit Sex. Aha.

Keine Frage, abends darf man mehr Haut zeigen als tagsüber im Büro. Aber eine Handbreit Stoff oberhalb der Brustwarzen sollte es schon sein, und nein: keine Kleinkinderhand. Der sparsame Einsatz erotischer Reize unterscheidet die Lady vom Luder. Er ist jedoch noch aus einem anderen Grund empfehlenswert. Ein besonders offensiv zur Schau gestelltes Dekolleté macht nämlich nicht nur Männer rasend, sondern auch Frauen, und zwar im negativen Sinne. Sie reagieren aggressiv und fühlen sich abgestoßen, weil sie die aufgedonnerte Konkurrenz als Bedrohung im Kampf um die männliche Gunst empfinden, das legen zumindest die Ergebnisse einer gemeinsamen Studie der Universität Ottawa und der McMaster Universität nahe. Der Vollständigkeit halber erwähnt sei an dieser Stelle, dass Männer nicht ausschließlich auf notdürftig bedeckte sekundäre Geschlechtsmerkmale ansprechen. Laut einer weiteren Studie sind für 82 Prozent schöne Haare das wichtigste Merkmal sexueller Attraktivität. Nicht repräsentative Umfragen im Bekanntenkreis suggerieren zudem, dass es auf schöne Augen und ein hübsches Gesicht ankommt.

MÄNNER – GEL INS HAAR ODER NICHT?

Generell gilt ja folgender Leitsatz: Frauen haben Frisuren, Männer haben Haare. Ob sie diese mit Gel in Form bringen sollten, hängt überraschenderweise natürlich davon ab, wie sie diese zu präsentieren beabsichtigen. Manche Männer tragen ihre Haare ja durchaus so, dass da jeder Klecks Gel nur stören würde, andere hingegen sollten ohne Gel das Haus nicht verlassen, weil sie ihre Haare ohne Stylingprodukt nicht gebändigt kriegen würden.

Für das Ausgehen gilt logischerweise nicht das, was für das Aufstehen gilt. Morgens duscht der Mann und macht sich fein fürs Büro, das alles geschieht häufig in einer Hektik, die den Kreislauf manchmal fördert, manchmal aber auch belastet. Jedenfalls kann der Morgen-Mann nicht so viel Sorgfalt für die Körperpflege aufbringen wie der Abend-Mann. Das Ergebnis wirkt dann an manchen Tagen suboptimal: Das Hemd passt nicht zum Sakko, die Rasur ist notdürftig, die Haare haben sich durchs Föhnen aufgeplustert. Der Effekt ist nicht der gewünschte, hier hilft Gel also durchaus, die Haare in eine Form zu bringen, mit der man sich vor die Tür trauen kann. Der Abend-Mann kann anders, ruhiger, bedächtiger an die Sache herangehen. Er hat Zeit. Zeit zum Duschen, Zeit für eine ordentliche Rasur, Zeit für die Körperpflege, Zeit auch, um die Haare lufttrocknen zu lassen, was in der Regel immer besser ist – die Zwischenzeit nutzt er für die Wahl der richtigen Garderobe. Nachdrücklich sei an dieser Stelle darauf hingewiesen, dass Haare, so unglaublich das für manchen klingen mag, den jeweiligen Outfits, den jeweiligen Anlässen gerecht werden sollten. Sie müssen zum Rest passen.

Als Faustregel gilt: Je legerer der Abend, desto weniger Gel. Warum? Gel macht die Haare schwer, es verklebt sie und lässt sie schmierig wirken. Das schaut mitunter ziemlich unansehnlich aus – siehe Karl-Theodor zu Guttenberg. Der Gel-Look ist das Erkennungsmerkmal von Internatsschülern, BWL-Studenten und *Bild*-Chefredakteuren. Wer sich für ihn entscheidet, dem haftet ein Stigma an. Darüber hinaus gibt es einen weiteren, sogar zwingenden Grund, warum Männer beim Ausgehen auf Gel in den Haaren nach Möglichkeit verzichten sollten, insbesondere wenn sie darauf aus sind, jemanden kennenzulernen: Frauen mögen Haare zum Drinrumwuscheln. In Beton gegossene Frisuren stoßen ab.

WIE AUSGELATSCHT DÜRFEN SEINE TURNSCHUHE SEIN, OHNE DASS ER SICH SOZIAL UNMÖGLICH MACHT?

Manche Menschen sind der Meinung, dass Turnschuhe erst dann ihre volle Wirkung erzielen, wenn man ihnen ansieht, dass sie oft getragen werden. Mit solchen Menschen sollte man sich grundsätzlich nicht unterhalten. In sogenannten Lifestyle- und Modemagazinen wird oft ähnlicher Unsinn propagiert – was viel über die Qualität dieser Magazine aussagt. Schuhe sollten, egal, um welche Modelle es sich handelt, niemals ausgelatscht aussehen. Für Lederschuhe gibt es Schuhspanner, die das Ausgelatschtaussehen verhindern. Niemand käme auf die Idee, dass ausgelatschte Budapester ein Zeichen für die Kennerschaft ihres Trägers darstellen. Das gilt genauso für Turnschuhe. Im Nachtleben kommen sowieso nur sehr wenige Modelle in Frage – in vielen Clubs und Diskotheken sind Turnschuhe sogar ein Ausschlusskriterium an der Tür. Als eher kontraproduktiv gilt zum Beispiel das Modell »Tiger« des Sportartikelherstellers Asics. Diese Schuhe sollten nur zu bestimmten Anlässen getragen werden, etwa zu Treffen in einer Studentenkneipe, in der die ganze Zeit deutschsprachiger Indie-Rock läuft, während man am Kicker steht und Fußballwerbungsbier aus der Flasche trinkt. Männer, denen man vertrauen kann und die sich im Nachtleben nicht unbedingt bescheuert anstellen, erzählen oft übereinstimmend von einer Situation kurz vor der Pubertät, als sie von ihrer Mutter mal beiseitegenommen wurden und ihnen eine Lektion mit auf den Weg gegeben wurde, die sie niemals vergessen haben, dass Frauen bei Männern nämlich genau auf zwei Dinge achten: auf die Schuhe und auf die Fingernägel. Wenn die Schuhe und die Fingernägel keinen gepflegten Eindruck machen, dann ist der Mann zur Pflege nicht in der Lage – und zwar in allen Bereichen: Freundschaft, Liebe, Geld. Die Beweisführung ist somit erbracht. Je ausgelatschter der Schuh, desto asozialer der Träger.

WIE LÖSE ICH DIE HEIKLE FRAGE DER SOCKENFARBE?

Hier gibt es, wie so oft im Leben, eine einfache Antwort – und eine furchtbar komplizierte. Die einfache lautet: keine Socken, sondern Strümpfe, so verhindert Mann beim Übereinanderschlagen der Beine den unschönen Anblick weißer, haariger Waden. Als Farbe kommt ganz im Ernst und völlig ironiefrei nur rot in Betracht. Rot ist die Farbe des Herzens, die Farbe der Leidenschaft, und so viel Wagemut, so viel modische Exzentrik darf sich ein Mann an den Füßen durchaus erlauben. Einzige Ausnahme – und schon hier wird es kompliziert – ist das Tragen eines schwarzen Anzugs, was man übrigens seltener tun sollte, als man denkt. In diesem Fall haben die Strümpfe natürlich schwarz zu sein. Wenn Männer noch Jungs sind, dann tragen sie Socken, und die Socken, die sie tragen, sind weiß, denn das Leben eines Jungen besticht im Vergleich zum Leben eines Mannes durch Einfachheit. Aus dieser Einfachheit wird Schlichtheit, wenn Jungs, sobald sie älter werden, nicht damit aufhören. Das sind dann die Männer, die ihr gesamtes Outfit um die Tennissocke herum komponieren. Sie tragen ausgelatschte Turnschuhe und Jeans, die unten enger zulaufen, das Ganze kombinieren sie mit Kapuzenpullis oder anderer sportiver Oberbekleidung. Manche gehen noch weiter und richten ihren beruflichen Werdegang nach der Tennissocke aus, sie ergreifen einen medizinischen Beruf, werden Krankenpfleger, Physiotherapeut oder Arzt und legitimieren so dieses unter modischen Gesichtspunkten fragwürdige Kleidungsstück. Solche Männer spielen jedoch in der Art von Nachtleben, um die es in diesem Buch geht, keine Rolle, denn ihr Nachtleben findet woanders statt: an Tankstellen, in Billardkneipen, am Ballermann. Wer an sein Nacht- und Tagleben höhere Ansprüche stellt, sollte sich spätestens mit 15 Jahren von der Tennissocke verabschieden, beziehungsweise wissen, dass es Kleidungsstücke gibt, die eine Funktion haben. Die Funktion der Tennissocke leitet sich bereits aus ihrem Namen ab: Man trägt sie zum Tennisspielen.

HIGH HEELS ODER FLACHE SCHUHE?

Jetzt, liebe Leserin, heißt es, tapfer sein und die folgenden Zeilen aufmerksam zur Kenntnis nehmen: Hohe Absätze bringen nichts, jedenfalls nichts als schmerzende Füße und verformte Zehen. Wer in einem Anfall von Neugier jemals ein Paar Louboutins anprobiert und sogleich empört beiseitegestellt hat, wird dieser Feststellung uneingeschränkt zustimmen. Trotzdem gibt es immer noch Frauen, die Höllenqualen und Deformationen in Kauf nehmen, weil ihnen Frauenzeitschriften seit Jahrzehnten einreden, High Heels würden ihrer Trägerin einen eleganteren Gang, eine bessere Figur und optisch längere Beine verpassen, sie würden ihr, kurzum, mehr Attraktivität verleihen. Alles falsch, wie eine Studie der Northumbria Universität ergab. Männern fällt es überhaupt nicht auf, wenn Frauen hohe Absätze tragen, im Gang und in der Statur bemerken sie keinen Unterschied zu flachen Schuhen. Um das herauszufinden, wurden Frauen beim Laufen in hohem und flachem Schuhwerk mit einer 3-D-Kamera gefilmt, diese Aufnahmen wurden am Computer in Animationen verwandelt. Was die Vorführerinnen an den Füßen trugen, konnten die Probanden beim Betrachten der Sequenzen nicht sehen, entsprechende Fragen durch die Beurteilung des Gangs und der Statur nicht beantworten. Welche Schlussfolgerung ergibt sich daraus? Erschreckenderweise diese: Frauen in flachen Schuhen wirken auf Männer ebenso attraktiv wie in hohen Schuhen. Insofern können Sie sich getrost für das bequemere Modell entscheiden, es garantiert längeres Durchhaltevermögen und bessere Standfestigkeit.

WIE LAUFE ICH IN HIGH HEELS,
OHNE MICH LÄCHERLICH ZU MACHEN?

Die Antwort auf die vorherige Frage war nicht wirklich in Ihrem Sinne? Okay, verstanden. Sie haben natürlich vollkommen Recht, liebe Leserin: Manchmal kommt Frau um hohe Schuhe einfach nicht herum. Während man im Schlafzimmer mit halsbrecherischen Stilettos noch leichtes Spiel hat, geht es außerhalb des Bettes darum, Kollateralschäden zu vermeiden. Hier ein paar Tipps für Anfängerinnen und Fortgeschrittene:

- Welche Figur Sie auf hohen Absätzen abgeben, entscheidet sich schon beim Kauf. Grundsätzlich sind Schuhgeschäfte abends aufzusuchen, denn Füße schwellen im Laufe des Tages an, und die Erfahrung zeigt: High Heels werden nicht bequemer, wenn sie an Ferse und Zehen drücken und das Leder die Haut einschnürt. Das in Betracht kommende Paar wirkt schon im Regal so wackelig, dass es allein vom Angucken umzufallen droht? Kaufen Sie es nicht. Dass kipplige Absätze durch Körpergewicht erst die nötige Stabilität bekommen, ist ein Gerücht, das in Feldversuchen längst widerlegt wurde.

- Wie Sie sich dann auf hohen Absätzen machen, entscheidet sich auch im Kopf. Verkrampft sich das Gehirn, verkrampfen sich die Füße. Also: locker bleiben, oben wie unten. Vergegenwärtigen Sie sich, dass man in hohen Schuhen nicht anders läuft als in flachen. Immer die Ferse zuerst aufsetzen und dann, so gut es geht, den Fuß nach vorne abrollen. Auf Zehenspitzen herumzutippeln ist Balletttänzern vorbehalten. Und die sind mit Ende 20 bekanntlich körperliche Wracks.

- Auch wenn es Model-Mutti Heidi Klum anders propagiert: Machen Sie kleine Schritte. Je länger sich der eine Fuß in der Luft befindet, desto wackeliger wird der andere. Um das Gleichgewicht zu halten, ist es außerdem hilfreich, sich eine Linie vorzustellen, auf der man läuft. Lässt sich Kopfsteinpflaster nicht umgehen, suchen Sie sich eine Pflastersteinreihe aus, das macht es einfacher. Kein Artist der Welt würde über zwei nebeneinander gespannte Seile balancieren. Zum einen ist die Körpermitte so schwieriger zu halten. Zum anderen sieht es einfach nicht elegant, sondern ziemlich dämlich aus.

- Musik hilft. Unbewusst werden Sie sich dem Takt anpassen und so gleichmäßigere Schritte machen und sicherer laufen. Selbst Schmerzen lassen sich leichter ertragen. Denken Sie nur ans Joggen: Ohne Musik werden Sekunden zu Stunden, Meter zu Meilen. Mit den richtigen Liedern auf dem iPod hingegen kommt einem selbst ein Marathon wie ein Spaziergang vor.

- Halten Sie sich an einem gedanklichen Rettungsanker fest: Wenn gar nichts mehr geht, können Sie die Schuhe auch einfach ausziehen. Unter der Diskokugel wird man diese Geste sogar als Zeichen höchster Ekstase deuten. Vorausgesetzt, Sie tanzen barfuß so wie Selma Hayek in »From Dusk Till Dawn«.

WIE SEXY DARF DIE UNTERWÄSCHE SEIN?

Es gilt die Regel: so schlicht wie möglich und so sexy wie nötig. Der Grad der Notwendigkeit wird bestimmt durch die Art und

Weise, wie man den Abend zu verbringen beabsichtigt. Für den Kinobesuch mit Freundinnen ist der bequeme Baumwollslip durchaus zulässig, bei einem Playstation-Abend unter Männern darf die Boxershorts auch schon mal zwei Jahre alt sein (bezogen auf den Kaufzeitpunkt, nicht auf die Tragedauer). Anders verhält es sich, wenn die Ausgehplanung ein amouröses Ende nicht ausschließt. Dann ist bei der Wahl der Unterwäsche mehr Sorgfalt geboten. Allerdings gilt hier das Gleiche wie beim Einsatz von Schlangengift in der Medizin: Es kommt auf die genaue Dosierung an. Nichts schreckt mehr ab als bemüht erotische Unterwäsche. Überdimensionierte Schleifen gehören auf Geschenkverpackungen, Leopardenmuster auf das Fell wilder Katzen in der Serengeti, es sei denn, man weiß um die Fetische seines potenziellen Sexpartners. Männer sind prinzipiell gut damit beraten, auf ein überambitioniertes Darunter zu verzichten. Großflächige Netzeinsätze, verschnörkelte Tribal-Aufdrucke und komplizierte Schnürungen törnen Frauen eher ab als an. Dringend abzuraten ist auch von Modellen, bei denen die Pobacken frei liegen. Das Tragen von Tangas und Strings ist Frauen vorbehalten, wer das Gegenteil behauptet, verdient sein Geld wahrscheinlich in der Pornobranche oder ist als Leistungssportler auf Suspensorien zum Schutz seiner Weichteile angewiesen. Generell sollten Männer auf einfache Schnitte, hochwertige Materialien und gedeckte Farben setzen – die eng anliegende Boxershorts von Calvin Klein gilt nicht ohne Grund als Klassiker. Wichtig sind auch, und das hat sich leider noch nicht weit genug herumgesprochen, Zustand und Sauberkeit. Ein zehn Jahre alter Slip mit zerschlissenen Nähten gehört entsorgt, einmal angezogene Teile gehören in die Wäsche. Das sehen jedoch nicht alle Männer so. Eine Untersuchung des Offenbacher Marplan-Instituts ergab, dass lediglich zwei Drittel täglich ihre Unterwäsche wechseln; erschreckende viereinhalb Prozent finden nichts dabei, nur einmal wöchentlich ein frisches Teil aus dem Kleiderschrank zu holen. Ob in der Statistik auch Wachkoma-Patienten berücksichtigt wurden, ist nicht bekannt. Frauen legen deutlich mehr Wert auf Reinlichkeit. 80 Prozent ziehen täglich frische Wäsche an, bei den 14- bis 34-Jährigen sind es sogar 90 Prozent. Doch auch Frauen unterlaufen Fehler, und zwar bei der Beurteilung der Wirkung ihrer Unterwäsche. Gegen kräftige Farben wie Rot oder Blau gibt es nichts einzuwenden, Blumenmuster und Hello-Kitty-Aufdrucke nach dem zehnten Lebensjahr sind hingegen nicht süß, sondern indiskutabel. Bei Spitze gehen die männlichen Meinungen auseinander – die einen finden sie sparsam eingesetzt durchaus hübsch, die anderen erinnert Spitze an gehäkelte Tischdecken, wie man sie in Haushalten älterer Damen findet. Grundsätzlich können Frauen mehr variieren, was ihr Darunter betrifft: Tangas, Strings, Korsagen oder Einteiler sind von Männern weitestgehend akzeptiert. Wenn Frauen dennoch unsicher sind, bleibt ihnen im Sommer noch als Option der komplette Verzicht auf Unterwäsche unterm Rock oder Kleid. Nur beim Aussteigen aus dem Auto und beim Hinsetzen an der Bar ist dann Achtsamkeit geboten.

WIE GROSS DARF IHRE HANDTASCHE SEIN?

Es ist wirklich unglaublich, was manche Frauen in ihren Handtaschen mit sich rumschleppen. Laptops, Bücher, Zahnbürsten,

Wechselschuhe, Lockenwickler, Vibratoren, angerissene Kekspackungen, alte Zeitungen oder 1,5-Liter-Wasserflaschen zum Beispiel. Oder alles zusammen. Es gibt Frauen, die ihre Handtasche liebevoll »Mülltüte« nennen. Haltungsschäden nehmen sie billigend in Kauf. Leserinnen, die sich jetzt ertappt fühlen, sei Folgendes mit auf den Weg gegeben. Klar gibt es Situationen, in denen man den oben erwähnten Krimskrams prima gebrauchen kann. Beim Ausgehen wird das aber eher nicht der Fall sein. Wer Durst hat, geht in eine Bar. Wer mit seinen Haaren hadert, vereinbart einen Termin beim Friseur. Und wer ein Buch lesen will, der bleibt besser daheim. So einfach ist das im Prinzip. Dennoch ist laut einer internationalen Studie unter der Leitung der Hamburger Agentur »Colibri Research« das Gewicht von Handtaschen seit Mitte der Nullerjahre um 38 Prozent gestiegen. Im Durchschnitt wiegt der Inhalt 2,3 Kilo, fast so viel wie zweieinhalb Packungen Mehl. Weil dem so ist, produzieren Hersteller immer größere Modelle – mit dem Ergebnis, dass diese von ihren Trägerinnen mit immer mehr unnötigem Krempel vollgestopft werden. 76 Tage ihres Lebens verwendet eine Frau darauf, etwas in ihrer Handtasche zu suchen.

Die Nacht ist zu kurz für stundenlanges Herumkramen in der Tasche. Deshalb raten wir, sich beim Ausgehen für ein kleines Modell zu entscheiden – der Shopper trägt seinen Namen nicht ohne Grund und sollte dem Wochenendeinkauf vorbehalten bleiben. Eine Tasche in der Größe eines DIN-A4-Blattes reicht für den Abend vollkommen aus. Ob diese dank Riemen über die Schulter gehängt wird oder ohne Henkel daherkommt und unter den Arm geklemmt wird, bleibt dem Geschmack der Trägerin überlassen. Mehr als etwas Make-up zum Auffrischen, Taschentücher, Geld und Handy wird sie im Club oder in der Bar nicht brauchen. Alles andere kann sie getrost daheim lassen.

SOLLTE EINE FRAU VORSICHTSHALBER EIN KONDOM IN IHRER HANDTASCHE DEPONIEREN – ODER SCHADET DAS IHREM RUF?

Gott sei Dank leben wir in einer Zeit, in der sich beide Geschlechter gleichermaßen um Verhütung kümmern können. Das gilt für feste Beziehungen ebenso wie für One-Night-Stands. Kondome dabeizuhaben ist nicht mehr nur Sache des Mannes. Vielmehr spricht es für Selbstbestimmung und Emanzipation, wenn eine Frau auf Nummer sicher geht und für den Fall eines ergebnisoffenen Flirts Vorkehrungen trifft. Sie demonstriert damit: Ich lege die Verantwortung für mich und meinen Körper nicht in die Hände eines Fremden. Wer an einer solchen Einstellung etwas Anrüchiges findet, offenbart reaktionäres Denken. Dass Frauen, die Kondome in ihrer Handtasche deponieren, Schlampen sind, ist schon aus etymologischen Gründen unzutreffend. Der Begriff »Schlampe« bezeichnet nämlich ursprünglich eine nachlässige Person, einen Menschen, der sich wenig um sich kümmert, und das in allen Lebensbereichen. Mag sein, dass die von einer Frau gewählten Gummis nicht den Vorlieben eines Mannes entsprechen. Grüne Kondome findet er vielleicht nicht so lustig wie sie, während sie vorab nicht wissen konnte, dass er mit Größe XL wenig anfangen kann. Umso besser also, wenn der Mann selbst Präservative dabeihat. Nur eines sollte eine Frau bedenken, wenn sie nachts unterwegs ist: Angerissene, halb leere Packungen werfen womöglich unnötige Fragen auf. Fragen, die übrigens nicht beantwortet werden müssen. Denn wie, wo und mit wem eine Frau die gestrige Nacht verbracht hat, geht den Mann, den sie heute kennenlernt, nichts an.

UND WO HAT DER MANN NOCH GLEICH DAS HANDY? DIE ZIGARETTEN? DAS GELD?

Männer genießen in der Regel den Luxus, mit wenig Ballast unterwegs zu sein. Auch nachts. Was sie mit sich herumtragen, ist überschaubar wie das Mittagessen eines Models – und was Männer nicht dabeihaben, vermissen sie auch nicht. Handy, Zigaretten und Geld brauchen vergleichsweise wenig Platz. Sie sind daher in Jacken- und Hosentaschen bestens aufgehoben. Bei letzteren sind unbedingt die Gesäßtaschen zu wählen. Beulen an den Oberschenkeln stehen Männern ebenso wenig wie Frauen. Generell sollte man Männern mit auf den Weg geben, dass sie gerade beim Ausgehen auch auf ein Portemonnaie verzichten können – im Club braucht man selten eine Bahncard. Paar Scheine, vielleicht noch die Bankkarte. Beachtenswert ist übrigens der Hinweis, dass ein Mann mit einem Kleingeldfach in der Geldbörse meistens auch kleinkariert ist. Männer, die das nicht sind, haben in der Regel eine tolle Frau an ihrer Seite. Eine mit Stil und Geschmack und der richtigen Handtasche. In der dann meist noch Platz ist für das Handy, die Zigaretten, das Geld. Von ihm.

DAS RICHTIGE PARFÜM FÜR DEN ABEND –
WIE FINDET MAN'S?

Eigentlich braucht es gar kein Parfüm. Das suggerieren zumindest verschiedene wissenschaftliche Untersuchungen. Demnach übertünchen Menschen mit Duftwässern nur ihren natürlichen Geruch. Völlig unnötig, denn die körpereigenen Duftstoffe reichen aus, um einen für das andere Geschlecht attraktiv zu machen (siehe auch: »Soll ich mich mit Pheromonen einsprühen?«). Dumm nur: Beim Ausgehen herrschen andere Bedingungen als in den Laboren von Wissenschaftlern. In Bars, Kneipen und Diskotheken – an Orten also, wo viele Menschen aufeinandertreffen – ist es eng und heiß und stickig. Der Körper produziert Schweiß, und jeder weiß, dass dieser sich zersetzt und übel riecht, sobald er mit Sauerstoff und Bakterien in Kontakt kommt. Weil aber die meisten Menschen nicht stinken wollen, gibt es Deos und Parfüms. Einige von ihnen bewirken wahre Wunder, andere eher nicht. Jeder, der schon mal an »Tabac Man« oder »Tosca« schnuppern musste, erahnt, wovon die Rede ist. Parfüm ist eine Waffe, im positiven wie im negativen Sinne. Die Grünen-Politikerin Claudia Roth sah sich einst mit dem Gerücht konfrontiert, sie würde in ihrer Handtasche eine Walther PPK mit sich herumtragen. Sie wehrte sich gegen diese Behauptung mit dem Hinweis, die einzige scharfe Waffe, die je in ihrer Handtasche gelegen habe, sei »Opium« von Yves Saint Laurent gewesen. Mittlerweile habe sie abgerüstet und sei auf »Terre d'Hermès« umgestiegen. Für Frauen diesseits der 50 ist weder das eine noch das andere eine Option. Zu schwer, zu dominant, zu betörend. Trotzdem muss es nicht gleich »Tresor« sein und auch nicht »Laura« – Düfte, die traditionell zur Konfirmation verschenkt werden, und die Generationen von jungen Männern Kopfschmerzen beschert haben; die männlichen Äquivalente mit ähnlicher Wirkung bei Frauen heißen »Polo Sport« und »Davidoff Cool Water«. Das richtige Parfüm ist fast ebenso schwer zu finden wie die große Liebe. Vielleicht gehen manche Menschen aus diesem Grund dabei vor wie bei der Partnerwahl: Sie testen mehrere Optionen parallel, bevor sie sich festlegen. Diese Tatsache sagt tatsächlich einiges über ihr Paarungsverhalten aus. Der Fernsehsender DMAX fand in einer Umfrage heraus, dass Männer, die viele verschiedene Parfüms besitzen, auch viel Sex haben. Der Blick ins Bad kann also ein erster Hinweis darauf sein, ob die neue Eroberung eher auf unverbindlichen Spaß oder etwas Festes aus ist. Ob dieser Rückschluss auch auf Frauen zutrifft, ist bislang leider noch nicht erforscht. Abzuraten ist bei Parfüms unbedingt vom Blindkauf im Internet. Getrost verzichten kann man auch auf die Empfehlungen stark geschminkter Fachverkäuferinnen. Das olfaktorische Urteil guter Freunde, die einem beratend zur Seite stehen, ist um ein Vielfaches zuverlässiger. Zu beachten ist außerdem, dass der Duft für den Abend anderen Anforderungen gerecht werden muss als der Duft für den Tag. Er kann ruhig etwas kräftiger ausfallen – die Zurückhaltung, die tagsüber den Arbeitskollegen gegenüber angebracht sein mag, ist abends bei erhöhter Transpirationswahrscheinlichkeit an Orten ohne Klimaanlage oder die Möglichkeit zum Fensteröffnen fehl am Platz. Im Idealfall bilden stickiges Raumklima, Schweiß und Parfüm eine ebenso ausgewogene und harmonische Einheit wie Siegfried und Roy. Das bedeutet jedoch nicht, dass man seinen Körper so großflächig mit Eau de Toilette bearbeiten sollte wie ein Bauer seinen Acker mit Schädlingsbekämpfungsmitteln. Jeweils ein Spritzer auf Hals und Brustansatz genügt. Wandelnde Raumdeos erfreuen sich nur bei wenigen Menschen überbordender Beliebtheit.

SOLL ICH MICH MIT PHEROMONEN EINSPRÜHEN?

Dass Gerüche beim zwischenmenschlichen Umgang eine zentrale Rolle spielen, wird wohl niemand ernsthaft bestreiten, der Duschen und Deoroller für sinnvolle Errungenschaften hält. Darüber hinaus heißt es aber auch, man könne durch das heimliche Einreiben mit sogenannten Pheromonen seine Anziehungskraft auf das andere Geschlecht erhöhen. Der Begriff »Pheromon« kommt aus dem Griechischen und bedeutet in etwa »Träger der Erregung«. Es handelt sich um Botenstoffe, mit denen Lebewesen unbewusst miteinander kommunizieren. Bei vielen Tierarten konnte die Wirkung der Sexlocksubstanz schon bewiesen werden, beim Menschen wurde immerhin beobachtet, dass Frauen in kleineren Gruppen über Pheromonaustausch ihre Zyklen angleichen. Angeblich besitzen wir zum Wahrnehmen dieser Stoffe sogar ein eigenes Organ in der Nasenscheidewand, es soll nur wenige Millimeter groß sein. Seine Existenz ist ungefähr so gesichert wie die des G-Punkts. Jedenfalls bieten inzwischen mehrere Dutzend Hersteller teure Sprays und Wässerchen an und versprechen, jeden Durchschnittsmann wenigstens vorübergehend in einen unwiderstehlichen Hengst zu verwandeln – es wäre somit das perfekte Hilfsmittel für alle Partygänger mit Single-Status.

In Internetforen finden sich euphorische Erfahrungsberichte über die durchschlagende Wirkung solcher Pheromonprodukte. Leider stammen die Berichte entweder aus anonymen Quellen oder von Leuten, die geschäftlich mit den Herstellern der Mittelchen verbunden sind. Auf die unabhängige Doppelblindstudie eines seriösen und unabhängigen Forscherteams wartet die Welt dagegen bis heute. Um es ganz vorsichtig zu formulieren: Bei einigen der Produzenten und Online-Händler empfiehlt sich eine gesunde Skepsis. Zum Beispiel, weil sie gleichzeitig auch Pillen anpreisen, die volles Haupthaar oder plötzlichen Peniswuchs bewirken sollen. Außerdem beschuldigen sich die großen Pheromonfirmen gegenseitig, die Wirkung des Sexuallockstoffes nicht beweisen zu können.

Im Dienste der Aufklärung hat einer der beiden Autoren dieses Buches den Test gemacht. Er hat lange im Internet recherchiert und sich schließlich für einen Anbieter entschieden, der halbwegs seriös wirkte und dessen Kunden von einer »extremen Wirkung« schwärmten. Zehn Milliliter kosteten 25 Euro. Unser Tester hat das Mittel wie in der Anleitung beschrieben im Verhältnis 1:10 mit seinem Rasierwasser gemischt, täglich aufgetragen und dann eine Woche lang an unterschiedlichen Orten in Berlin getestet: in einer Kneipe, im Café, bei einem Popkonzert, auch im Supermarkt und in der U-Bahn. Die Wirkung war leider gleich null.

DIE SONNENBRILLE – DAHEIM LASSEN
ODER VORSICHTSHALBER EINPACKEN?

Unbedingt einpacken, wenn es irgendwie möglich ist (siehe auch: »Wie groß darf ihre Handtasche sein?« und »Wo hat der Mann noch gleich das Handy? Die Zigaretten? Das Geld?«). Kurzes Gedankenspiel: Eine exzessive Nacht geht zu Ende, glückstrunken stolpern Sie im Morgengrauen aus dem Club. Sie befinden sich in den Armen einer Begleitung, die Sie drei Stunden zuvor auf der Tanzfläche kennengelernt haben. Ihr Herz schlägt Purzelbäume, und der Sinn steht Ihnen nach Champagner, auch wenn Erschöpfung und Müdigkeit in Form unvorteilhafter Schatten unter Ihren Augen liegen. Blinzeln hilft nicht: Das Tageslicht ist grell und unerbittlich. Auf Wiedersehen Paralleluniversum, guten Morgen Realität. Nicht auszumalen, wie Sie jetzt vor Ihrer Bekanntschaft dastünden ohne Sonnenbrille. Sonnenbrillen sind augenblickliche Schönmacher. Sie verleihen ihren Trägern einen Hauch von Glamour und Unnahbarkeit, sie verstecken Abgespanntheit und fehlendes Make-up – Stars trauen sich ohne ihre Wayfarer oder Aviator nur selten auf die Straße. Eine Sonnenbrille ist zudem die vielleicht effizienteste Anti-Stresskur: Getönte Gläser tauchen die Welt in ein gnädiges Licht, der Alltag in Sepia erscheint weniger hektisch, auf die Mitmenschen legt sich ein Weichzeichner. Manch einer kann vielleicht aus diesen Gründen nicht genügend verschiedene Modelle besitzen. Doch auch wenn Sie zu denjenigen zählen, denen Sonnenbrillen heilig sind wie Kronjuwelen: Setzen Sie sie niemals im Club, in der Diskothek auf (nein: auch nicht in die Haare gesteckt). Was Sie bei Tageslicht und außerhalb geschlossener Räume anmutig und würdevoll erscheinen lässt, wirkt drinnen im Dunkeln einfach nur albern und affektiert. Daran ändert auch das Lied »Sunglasses at Night« nichts, das zur Jahrtausendwende ein großer Nachtleben-Hit war und in dem es heißt: »Don't be afraid of the guy in the shades, oh no.« Das ist natürlich kompletter Unfug, denn in Wirklichkeit machen einem die Menschen mit Sonnenbrillen auf der Tanzfläche keine Angst, sie belustigen nur. Wer dunkle Gläser im Club trägt, hat entweder ein ernsthaftes Drogenproblem oder ist passionierter U2-Fan.

Jetzt soll aber bitte keiner glauben, dass der Kauf einer Sonnenbrille, die den oben angeführten Kriterien gerecht wird, ein Spaziergang ist. Niemand, wirklich niemand, sollte sich eine Sonnenbrille kaufen, weil sie ihm gut gefällt – generell darf man sich niemals Sachen nur deshalb kaufen, weil sie einem gut gefallen. Für die Sonnenbrille gilt das Gleiche wie für Jacke, Hose, Schuhe: Sie muss einem auch passen. Eine Wayfarer oder eine Aviator steht nicht jedem, tatsächlich steht sie den meisten Menschen nicht. Sonnenbrillen kauft man bei einem Optiker, der einen berät, der Ahnung hat von Kopfformen, vom Sitz einer Brille und von Gläsern. Denn natürlich gilt vor allem: Packen Sie nichts ein, womit sie am Ende aussehen wie gewollt und nicht gekonnt.

DER LIPPENSTIFT – KNALLROT ODER *NUDE*?

Tatsächlich sprechen viele Gründe gegen *nude* (»nackt« im Sinne von »natürlich«) und für knallrot, und gemeint ist damit nicht der bevorstehende Fasching oder der alljährliche Marilyn-Monroe-Look-Alike-Contest in Cincinnati. Roter Lippenstift lässt Zähne weißer erscheinen, seine Trägerin wirkt durch ihn zeitlos elegant und selbstbewusst, ein bisschen auch verrucht. Roter Lippenstift schreit nicht »Küss mich!«, er sagt viel eher »Wag es ja nicht!«, und das ist eine Art von Unnahbarkeit, die auf das andere Geschlecht mitunter ziemlich anziehend wirkt. Zudem betört knalliges Rot Männer, und das ist wissenschaftlich bewiesen. Innerhalb der ersten zehn Sekunden des Kennenlernens bleibt ihr Blick mehr als die Hälfte der Zeit am Mund einer Frau hängen. Ist dieser rot geschminkt, sogar noch länger: fast drei Viertel der Zeit. Grundsätzlich und unabhängig von der Farbe bewerten Männer die Attraktivität von Frauen höher, wenn diese Lippenstift tragen, das fand jedenfalls eine Untersuchung der Universität Manchester heraus.

Dennoch sind die Dinge nicht so einfach, wie sie scheinen, und bekanntlich soll man keiner Statistik glauben, die man nicht selbst gefälscht hat. Daher ist es nur legitim, eigene Umfrageergebnisse zu Rate zu ziehen, und die besagen Folgendes: roter Lippenstift polarisiert. Es gibt Männer, die ihn an Frauen sexy finden, und es gibt Männer, die ihn kategorisch ablehnen, unter anderem mit dem Argument, er würde unnatürlich wirken und Frauen sähen dadurch puppenhaft aus. Auf welchen dieser zwei Typen man beim Ausgehen treffen wird, ist nicht absehbar. Deshalb hier eine Grundregel, auf die man sich einigen kann: Frauen, die nur zum Spaßhaben ausgehen wollen, können getrost zu Rot greifen. Frauen, die jemanden kennenlernen wollen, sollten ihren Mund vorsichtshalber in natürlichen Farben schminken, man weiß ja nie um die individuellen Präferenzen seines Flirts. Und dann gibt es da ein Mysterium, das bislang noch nicht wissenschaftlich erforscht wurde, das aber gegen Rot spricht: Frauen, die sich mit Make-up auskennen und beim Schminken nicht unbedingt anstellen wie Dorfdeppen beim Casting vor Dieter Bohlen, beklagen häufig, dass roter, immer nur roter Lippenstift im Laufe des Abends auf den Zähnen landet. Dafür werden sie von Männern bestimmt viel länger angeguckt als zehn Sekunden. Die Uni Manchester sollte dazu mal eine Umfrage durchführen.

ÜBERHAUPT: MAKE-UP?!?

Grundierung, Puder, Abdeckstift. Nicht zu vergessen: Rouge, Wimperntusche, Lidschatten und Lippenstift. Für keine andere Region des Körpers hat die Kosmetikindustrie mehr Produkte entwickelt als für das weibliche Gesicht. Hat das was zu bedeuten? Vielleicht. Das üppige Angebot sowie die Empfehlungen sogenannter Make-up-Artisten suggerieren, dass man zwischen Haaransatz und Hals gar nicht genug Farbe auftragen kann. In speziellen Situationen mag das zutreffen – etwa wenn man als Daniela Katzenberger vor der Kamera steht oder bei der Wahl zur Miss Wolfenbüttel über den Laufsteg muss. Abseits von 500-Watt-Lampen, die jede Pore erbarmungslos ausleuchten, ist aber genau das

Gegenteil der Fall. Hier sollte Make-up sparsam aufgetragen werden. Gegen das Kaschieren von Pickeln und Augenringen ist nichts einzuwenden. Durchgängige millimeterdicke Schichten lassen das Gesicht jedoch maskenhaft und leblos erscheinen, siehe Lady Gaga. Hinzu kommt die stickige Atmosphäre, die in Bars und Clubs meist herrscht und die unschönes Transpirieren zur Folge hat. Großflächig aufgetragene Grundierungen und Puder bilden in Verbindung mit Schweiß irritierende Flecken. Steht man seinem Gesprächs- oder Tanzpartner dann noch in einem ungünstigen Winkel gegenüber, hält dieser die Flecken schnell für eine ansteckende Hautkrankheit. Es braucht etwas Übung, das richtige Maß für die Nacht zu finden. Grundsätzlich können Frauen ruhig zu kräftigeren Farben greifen. Es reicht jedoch völlig, sich auf einen Teil des Gesichts zu konzentrieren. Also entweder auf die Lippen oder die Augen. Alles andere ist schnell zu viel und fällt in die Kategorie »Achtung – frisch gestrichen!«. Besonders auf den Augen darf dick aufgetragen werden, und das selbst außerhalb von Gothic-Diskos. Lidschatten, Eyeliner im Amy-Winehouse-Stil, drei Schichten Tusche? Kein Problem!

IN WELCHEN AUSNAHMEFÄLLEN DÜRFEN SICH MÄNNER SCHMINKEN?

In mehr, als man zunächst denkt:

- Wenn sie Sänger einer Gruftie-Band sind.
- Wenn sie ein Vorstellungsgespräch haben und ihnen am Abend zuvor jemand »aus Versehen« ein blaues Auge geschlagen hat.

- Beim Karneval, wenn sie zum Beispiel als Frau gehen wollen.
- Wenn sie am Morgen feststellen, dass die letzte Nacht offensichtlich in einem Tätowierstudio endete, weil auf ihrer Stirn nun »Bau keinen Scheiß mit Kante Keule« steht.
- Wenn sie das Vorhandensein einer dritten Brustwarze kaschieren wollen.
- Wenn sie ein 30-jähriger Schauspieler sind und einen 80-Jährigen spielen müssen.
- Wenn sie beim Privatfernsehen arbeiten und in den Eventshows eines richtigen Moderators als Außenmoderatorin Sonya Kraus im Einsatz sind.

Das sind die Ausnahmefälle. Abgesehen davon dürfen sich Männer nicht schminken, niemals. Vor allem nicht im Nachtleben.

MUSS MAN SICH AN VORGEGEBENE DRESSCODES HALTEN?

Selbstverständlich. Bei formellen Einladungen steht meistens ein Dresscode drauf, dem man zu folgen hat. »Black tie« (wörtlich: »schwarzer Schlips«) bedeutet Smoking für den Herrn und Cocktailkleid für die Dame. Ist »white tie« (»weißer Schlips«) gefordert, muss man stylingmäßig noch eine Schippe drauflegen und den Frack beziehungsweise das Ballkleid aus dem Schrank holen. Wer etwas anderes anzieht, beleidigt vor allem den Gastgeber und die anderen Gäste gleich mit. Dumm ist, wer glaubt, durch die Wahl seiner Kleidung als Rebell zu gelten.

PARTNERLOOK?

Niemals. Wer je mit dem Gedanken gespielt hat, sollte sich schnell bei Wikipedia den Eintrag zum Stichwort Individuum durchlesen. Oder sich »Partnerlook« von der Hamburger Hip-Hop-Formation Deichkind anhören. Sie sind immer noch nicht überzeugt? Dann schnell weiterblättern zur Frage: »Unterwegs mit dem Freund, der Freundin – wie verhalte ich mich als Paar?«

MOTTO-SHIRTS – JA ODER NEIN?

In diesem Punkt gehen die Meinungen auseinander. Es gibt Gründe, die sowohl dafür als auch dagegen sprechen. Hier die wichtigsten:
Pro:
- Sie vermitteln Botschaften unmissverständlich. Hat man in großen Lettern »Keinen Bock auf niemanden« über der Brust stehen, werden einem aller Wahrscheinlichkeit nach auch keine Gespräche aufgedrängt.
- Man kann seinem Star der Stunde huldigen. Fast jedes Stück von Bands wie Tocotronic und Radiohead oder Rappern wie Casper und Cro gibt eine Zeile für ein Motto-Shirt her.
- Sie verleihen ihrem Träger einen individuellen Touch, vor allem wenn der keine Massenware gekauft, sondern sich den Spruch auf seinem Shirt selbst ausgedacht hat.
Contra:
- Schriftzüge auf T-Shirts lassen den Träger leicht etwas in-

fantil und hohl wirken. Oder würden Sie jemanden ernst nehmen, auf dessen Oberteil der Aufdruck »Dort! Mund!« steht – mit einem nach unten zeigenden Pfeil? Na also.

- Die Buchstaben betonen Rundungen, die besser nicht betont werden sollten. Irritierenderweise werden solche Shirts nämlich gerne von Menschen mit Gewichtsproblemen getragen, über deren Leib sich dann Sprüche wie »Blowjob ... besser als gar keine Arbeit ...« spannen.

- Das Fatale an Insiderwitzen: Wer sie nicht versteht, wird sich trotzdem eine Meinung über Sie bilden! Ein schlichtes »Gatorade me, bitch« findet eben nur derjenige charmant, der die Serie »Breaking Bad« kennt. Alle anderen werden Sie für einen harmlosen Spinner halten.

DAS VORGLÜHEN

DAHEIM ODER DRAUSSEN?

Kommt es auf planerische Sicherheit an, findet das Vorglühen in einer Kneipe oder Bar statt. Ist man erst mal unterwegs, erhöht sich nämlich die Wahrscheinlichkeit, am eigentlichen Zielort anzukommen. Daheim vorzuglühen ist dagegen gemütlicher. Und billiger. Im Idealfall stellt der Gastgeber die Getränke und erspart seinen Freunden den Aufwand. Es spricht aber nichts dagegen, dass jeder Besucher zum Aufwärmen im privaten Kreis etwas beisteuert oder die Gruppe sich die Kosten teilt.

Soweit der organisatorische Aspekt. Kommen wir zum Inhaltlichen: Womit eigentlich vorglühen? Das hängt nicht nur von individuellen Vorlieben ab, sondern auch davon, für welche Art Warm-up Sie sich entscheiden. Die Mainstream-Klassiker heißen Bier und Sekt. Spricht nichts dagegen, millionenfach bewährt. Soll es beim Betrinken etwas stilvoller zugehen, empfehlen sich ausgewählte Weine oder Longdrinks.

Anhängern dieser Schule sei der französische Weinaperitif »Lillet« ans Herz gelegt, mit dem man eigentlich nichts falsch machen kann, außer ihn ohne Eis zu servieren. Ob pur, mit Tonic-Wasser oder Schweppes aufgefüllt: »Lillet« geht immer, er ist ein Zeichen für Expertise und guten Geschmack.

Wer die hemmungslose Variante des Vorglühens bevorzugt, greift lieber zu Hochprozentigem. Anfänger geben sich mit Jägermeister zufrieden, einem geschmacklich wie historisch fragwürdigen Gesöff, das der Legende zufolge seinen Namen dem durch das Reichsjagdgesetz amtlich eingeführten Begriff des Jägermeisters zu verdanken hat und zwischenzeitlich landläufig »Göring-Schnaps« genannt wurde. Das Gesetz wurde auf Betreiben des jagdbegeisterten Hermann Göring erlassen, der überdies zum „Reichsjägermeister" ernannt wurde. Fortgeschrittene greifen zu Gin. Beiden Gruppen gemein ist, dass der Abstand zwischen den einzelnen Runden nicht zu groß sein darf, nur so ist das Adjektiv »hemmungslos« gerechtfertigt. Für die exzessive Form des Aufwärmens sprechen der große Unterhaltungswert und der hohe Geselligkeitsgrad, der durch einschlägige Trinkspiele noch verstärkt wirkt (siehe auch: »Soll ich bei Trinkspielen mitmachen?«). Eindeutig dagegen sprechen die Gefahr des Versackens daheim beziehungsweise das Risiko des finanziellen Abbrennens in der Bar. Diese Faktoren lassen sich kontrollieren, indem vorab der Zeitpunkt des Aufbruchs und die Zahl der Runden genau festgelegt werden. Soweit die Theorie. In der Praxis ist es meist Aufgabe des Gastgebers respektive Rudelführers, auf die Einhaltung der Absprachen zu achten. Für den Fall, dass Sie derjenige sind, der den schwarzen Peter gezogen hat: Weisen Sie Ihre

Gäste und Begleiter freundlich, aber bestimmt auf den Präfix »Vor-« im Wort »Vorglühen« hin, der deutlich impliziert, dass nach dem Glühen noch was kommt. Zur korrekten und nuschelfreien Aussprache des Wortes sollten Sie dann aber noch in der Lage sein. Nicht, dass Sie Vorglühen meinen, aber Verglühen sagen – und Ihre Gäste somit zum zügellosen Weitersaufen animieren.

KANN ICH BIERFLASCHEN MIT DEN ZÄHNEN ÖFFNEN?

Egal, was Ihnen Freunde, große Brüder oder welche Trunkenbolde auch immer weismachen wollen: Tun Sie es nicht! Denken Sie nicht mal dran. Erfahrene Zahnärzte können Ihnen Geschichten von abgesplitterten Schneide- und zerkratzten Backenzähnen erzählen, die nur dran glauben mussten, weil irgendein Möchtegern sich für einen Rock'n'Roller hielt. Zum Mitschreiben: Kronkorken bestehen aus Blech, und Blech nix gut für Zähne! Sollten Sie Ihr Bier also unbedingt mit den Zähnen öffnen wollen, dann überreden Sie bitte einen naiven Mitmenschen, es mit seinen zu tun. Haben Sie vielleicht einen kleinen Bruder?

Ansonsten gibt es auch gesündere Methoden, ohne Flaschenöffner ein Bier zu entkorken. Alle hier vorgestellten wurden getestet und für gut befunden.

1. **FEUERZEUG MIT HEBELWIRKUNG.** Der Klassiker. Mit der linken Hand umklammert man den Flaschenhals, so dass zwischen Kronkorken und Zeigefinger knapp ein Zentimeter Luft bleibt. Genau dort – am besten nicht direkt über einem Knöchel – setzt man dann mit der rechten Hand das untere

Ende des Feuerzeugs an. Durch Herunterdrücken des Feuerzeugs auf der einen Seite drängt es auf der anderen nach oben. Diese Technik muss man üben, am besten an langen, langweiligen Nachmittagen in der Pubertät. Nachteil: Feuerzeuge können zersplittern, und wenn es ganz dumm läuft, landen Teile davon im Auge.

2. **SCHLÜSSEL.** Funktioniert nur, wenn das obere Ende des Schlüssels eine gerade Kante hat. Technik ist dieselbe wie beim Feuerzeug. Alternativ eignen sich auch Schraubenzieher, Plastikküchenbretter oder der Metallgriff vom Locher. Klingt martialisch, tut aber nicht weh.

3. **OBERSCHENKEL.** Zwei Bierflaschen senkrecht nebeneinander halten, langsam oben zusammenführen, bis der Verschluss von Flasche A direkt über den von Flasche B ragt. Dann beide Flaschen festhalten, mit dem Schenkel oder Knie von unten gegen den Boden von Flasche B schlagen, so dass sie den Verschluss von Flasche A absprengt. Beim Einüben der Technik drohen blaue Flecken, doch sie funktioniert. Vorteil: Sieht spektakulär aus. Nachteil: Eine Flasche bleibt ungeöffnet.

4. **TISCHKANTE.** Flasche dicht und möglichst senkrecht an eine Kante halten, sodass die Zähne des Kronkorkens über den Rand zeigen. Dann mit Schwung von oben auf den Deckel schlagen. Vorteil: Gelingt praktisch immer. Nachteil: Hinterlässt Schrammen in Möbelstücken und Fenstersimsen, sofern die aus Holz oder weichem Plastik bestehen. Am besten eignen sich Bierkästen oder unzerstörbar harte Treppenstufen in Mietshäusern, draußen auf der Straße die Bürgersteigkante.

5. **CD.** Mit der linken Hand hält man die Flasche etwa im

30-Grad-Winkel von sich weg, der Hals zeigt also schräg Richtung Zimmerdecke. Mit der Rechten führt man die CD wie eine Frisbee, schwingt sie mit einer Drehung im Handgelenk und knallt sie von unten gegen den Korkenrand. Braucht Übung und macht Kratzer am Rand der CD. Anfänger benutzen besser unbeschriebene Rohlinge.

6. **BLATT PAPIER.** Einmal längs falten. Einmal quer falten. Dann drei Mal hintereinander längs falten und das Papier anschließend zu einem Hufeisen biegen. Es ist nun so stabil, dass man es ansetzen kann wie einen ordinären Flaschenöffner.

BIER AUF WEIN, DAS LASS SEIN?

Dass beim Konsum unterschiedlicher alkoholischer Getränke eine zwingende Reihenfolge einzuhalten sei, weil sonst Übelkeit oder Kopfschmerzen oder peinliche Ausfallerscheinungen drohen, ist eine weitverbreitete Trinkerwahrheit. In Deutschland lauten die unangefochtenen Klassiker »Bier auf Wein, das lass sein« beziehungsweise »Wein auf Bier, das rat ich dir«. Kann man sich gut merken, ist aber Quatsch. Die Reihenfolge spielt keine Rolle, das haben inzwischen derart viele Studien bewiesen, dass höchstens Stockbesoffene und Pseudologen noch Gegenteiliges behaupten können. Das offensichtlichste Indiz für die Unsinnigkeit dieser Aussprüche ist, dass in anderen Ländern mitunter das genaue Gegenteil gepriesen wird. Im englischsprachigen Raum rät man zum Beispiel »Beer after wine and you'll feel fine« (»Bier auf Wein und du fühlst dich fein«) sowie »Wine after beer and you'll feel queer« (»Wein auf Bier und du fühlst dich übel«). Zusätzlich existiert dort noch ein Ratschlag bezüglich der Reihenfolge von Bier und Hartalk, nämlich: »Beer on whiskey – very risky« (»Bier auf Whisky – sehr riskant«). Die Franzosen wiederum glauben zu wissen, man dürfe nur Rot- auf Weißwein trinken und keinesfalls umgekehrt, weil sonst womöglich alles binnen Minuten in der Kloschüssel lande. Auch hier gilt: empirisch längst widerlegt. Zu guter Letzt hört man gelegentlich die Empfehlung, am besten überhaupt keine Alkoholarten zu vermischen, sondern sich zu Beginn des Abends für eine Sorte zu entscheiden und dann auch konsequent bei dieser zu bleiben. Das ist zwar sterbenslangweilig, entbehrt aber zumindest nicht einer gewissen Logik: Wer immer wieder dasselbe bestellt, verliert bald das Interesse und trinkt insgesamt weniger. Oder wer würde schon freiwillig an einem Abend vier White Russians trinken – also wer außer Jeffrey Lebowski?

WIE VERHINDERE ICH EINEN KATER?

Den sichersten Anti-Kater-Tipp kennt Lemmy Kilmister, Sänger der Metalband Motörhead: »Ich kriege keinen Kater. Du musst mit dem Trinken aufhören, um einen Kater zu bekommen. Warum aufhören?« Theoretisch hat er Recht. Ein Kater – medizinischer Fachausdruck: *Veisalgia* – stellt sich nur dann ein, wenn der Pegel sinkt. Wer immer wieder nachschüttet, bleibt von Kopfschmerzen, Übelkeit und Schlappheitsgefühl verschont. Lemmy Kilmister befolgt sein Prinzip angeblich schon seit Jahren erfolgreich.

Weltweit existieren die unterschiedlichsten vermeintlichen Geheimrezepte zur Katerprävention, die meisten davon haben jedoch höchstens eine Placebo-Wirkung. In Russland gilt das Trinken von Gurkenwasser als beste Vorkehrung, in den USA ist es verbrannter Toast. Auch in Deutschland kursieren absurde Hausmitteltipps, die man getrost vergessen kann. Daneben gibt es aber auch einige simple Ratschläge, die wirklich helfen. Hauptgrund für einen Kater ist Dehydration – also Wassermangel: Auf die Einnahme von Alkohol reagiert der Körper, indem er ein Vielfaches an Flüssigkeit ausscheidet. Biologisch gesehen bekommen Frauen leichter einen Kater als Männer, das liegt am geringeren Wasseranteil im Körper (siehe: »Wie viele Promille habe ich eigentlich?«). In der Realität leiden aber die Männer häufiger. Sie trinken schlicht öfter und mehr. Neben der Dehydration spielen verschiedene Substanzen in den Getränken eine Rolle, unter anderem die sogenannten Fuselalkohole.

Fünf Regeln sollte einhalten, wer dem Kater den Kampf ansagen möchte:

1. Schon vor dem Weggehen viel Wasser trinken. (Notfalls genügen zwei Gläser.)

2. Statt kohlehydratlastig lieber fettig essen (also Steak statt Pasta). Das Fett dockt an den Magenschleimhäuten an und verlangsamt für die nächsten Stunden die Alkoholaufnahme ins Blut.

3. Unterwegs dann zwischen zwei alkoholischen Getränken immer ein Glas Wasser bestellen. Wenn Sie das aus Coolness-Gründen nicht wollen: Trinken Sie (so es die hygienischen Zustände vor Ort zulassen) auf der Toilette aus der Leitung. Dort müssen Sie sowieso öfters hin, sollten

Sie die Regeln hier tatsächlich befolgen. Oder füllen Sie einfach die leere Bierflasche mit Wasser auf.

4. Auch die Getränkewahl ist wichtig. Wodka, Gin, Weißwein und Bier sind besser, Rotwein, Whiskey und Weinbrand schlechter, Glühwein und Bowle ebenfalls. Für Bier gilt: Weizen bereitet mehr Kopfschmerzen als Pils, Export oder Lager. Das liegt an der Menge der Fuselöle, die beim Gären entsteht.

5. Vor dem Schlafengehen unbedingt noch einmal Wasser trinken. Jetzt schon vorsorglich Aspirin oder Ibuprofen einzuwerfen, bringt dagegen gar nichts. Bis Sie aufwachen, ist der Wirkstoff im Körper abgebaut.

WORAN ERKENNE ICH, DASS MICH JEMAND ABFÜLLEN MÖCHTE – UND IST DAS JETZT EIGENTLICH POSITIV ODER NEGATIV?

Der Grat zwischen gutgemeinter Gastfreundschaft und vorsätzlichem Abfüllen ist schmal. Nicht immer lässt sich die wahre Absicht deuten. Schenkt der Sitznachbar Ihnen im Zehnminutentakt nach, weil Sie verdursten könnten und er als unumsichtiger Flegel dastünde? Oder will er Ihnen bloß an die Wäsche? Beides ist zunächst natürlich schmeichelhaft, denn unterm Strich genießen Sie fremde Aufmerksamkeit. In welchem Ausmaß Sie das zulassen, entscheiden Sie selbst.

Ein sicheres Indiz dafür, dass der Nachschenker uneigennützig handelt: Er bietet zwischendurch Wasser an. Der notgeile Abfüller steigert den Promillegehalt der Drinks hingegen beiläufig, denn er weiß, dass Alkohol die Wahrscheinlichkeit auf Sex erhöht. Spätestens wenn er mit einer Flasche »Stroh 80« vor Ihnen steht, offenbart er sein eigentliches Vorhaben. Dass der Fusel an Durchschlagskraft einbüßt, wenn man zwischendurch zum Luftschnappen nach draußen geht, stimmt übrigens nicht. Wahr hingegen ist, dass man mit diesem Getränk wunderbar Feuer spucken kann.

Sobald Sie das Spiel Ihrer spendierfreudigen Bekanntschaft durchschaut haben, liegt es an Ihnen: Lassen Sie sich darauf ein, weil nicht nur der Pegel, sondern auch die Chemie stimmt? Oder bereiten Sie dem Ganzen ein Ende?

SOLL ICH BEI TRINKSPIELEN MITMACHEN?

Ob es clever ist, sich an einem Trinkspiel zu beteiligen, hängt vor allem von einer Frage ab: Machen alle mit oder gehören Sie zu einem kleinen Kreis Eskalationswilliger, der sich gleich vor lauter nüchternen Zeugen blamieren wird? Denn so viel Unterhaltung derartige Spiele auch versprechen mögen, bei klarem Verstand betrachtet bleiben sie infantil, prollig und sagenhaft uncool. Wenn sich also eine Gruppe zu Trinkspielen entschließt, beinhaltet das die unausgesprochene Übereinkunft, sich gemeinsam zum Horst zu machen, ohne sich später für Niveaulosigkeiten rechtfertigen zu müssen. Für Außenstehende gilt das nicht. Sie werden sich im Zweifel nicht mit Ihnen, sondern über Sie amüsieren.

Fünf Spiele, die Spaß machen:

1. **ICH WAR NOCH NIE.** Alle sitzen im Kreis. Der Erste sagt »Ich habe noch nie in ein Waschbecken gepinkelt« oder »Ich habe noch nie gestohlen« oder »Ich war noch nie auf Mal-

lorca«. Die Aussage muss wahr sein. Jeder in der Runde, für den das nicht gilt, muss trinken. Es wird Verblüffendes ans Licht kommen.

2. **MISCHEN.** Reihum wird gewürfelt. Wer die erste Sechs hat, darf aus den herumstehenden Getränken einen Drink mixen (zum Beispiel: Bier-Apfelsaft-Piña Colada). Wer die zweite Sechs würfelt, muss trinken. Leicht abgewandelt funktioniert das Spiel auch in der Kneipe: Der mit der ersten Sechs wählt ein Getränk auf der Karte aus, der nächste entscheidet, wer es trinken darf, der dritte sagt, wer es bezahlen muss.

3. **KLOPFEN.** Alle sitzen um einen Tisch, legen die Hände auf die Platte, wobei die eigene linke Hand – Achtung, jetzt wird's kompliziert – links von der rechten des linken Nachbarn liegt und die eigene rechte Hand rechts von der linken des rechten Nachbarn. Alles klar? Nun beginnt der Erste, mit seiner linken Hand zu klopfen, dann wird im Uhrzeigersinn weitergeklopft. Klopft einer zweimal, wechselt die Richtung. Wer falsch klopft oder es nicht tut, obwohl er an der Reihe wäre, muss trinken.

4. **BLUB.** Der Reihe nach wird im Uhrzeigersinn von eins aufwärts gezählt, bei jeder Zahl mit einer 7 (also 7, 17, 27 etc.) sagt man »Blub« statt der Zahl. Nach jeder durch 7 teilbaren gibt es einen Richtungswechsel (also 7, 14, 21 etc.). Wer einen Fehler macht, trinkt.

5. **MEIERN.** Der Trinkspiel-Klassiker, in einigen Teilen Deutschlands auch als Mäxchen bekannt. Die Spieler würfeln der Reihe nach verdeckt. Man spielt immer mit Würfelbecher, und nur der Würfelnde selbst darf zunächst einen Blick unter den Becher werfen. Das Prinzip:

Jeder muss eine höhere Zahl erwürfeln als sein Vorgänger – oder dies zumindest behaupten. Die Zählung: Der Würfel mit der höheren Augenzahl gilt jeweils als Zehnerstelle, der andere als Einerstelle. Zwei gleiche Zahlen ergeben einen Pasch und zählen mehr als die üblichen Kombinationen (wobei ein Zweierpasch wiederum mehr zählt als ein Einerpasch). Am meisten bringt aber die 21. Können Sie Ihren Vorgänger mit Ihrem (versteckt gewürfelten) Wurf nicht überbieten, müssen Sie entweder lügen, indem Sie einfach eine höhere Zahl vortäuschen und den Becher weiterreichen, oder aber ein zweites Mal würfeln und den Becher dann weitergeben, ohne selbst nachzusehen. Misstraut Ihnen der Nächste, kann er Ihre Aussage anzweifeln und nachsehen: Behält er mit seiner Vermutung Recht, müssen Sie trinken, ansonsten er. Wer eine angesagte 21 aufdeckt, trinkt doppelt. Wer seinem Vorgänger die 21 glaubt, muss trinken und darf eine neue Runde beginnen. Klingt arg komplex für ein Spiel von Schon- oder jedenfalls Sehr-bald-Besoffenen. Macht aber süchtiger als Alkohol.

DARF ICH AUCH ALLEINE VORGLÜHEN?

Warum eigentlich nicht?! Es gibt durchaus Argumente, die dafür sprechen:
1. Mit der Flasche muss man keinen Small Talk führen.
2. Man befindet sich in Gesellschaft eines Menschen, den man wirklich mag.
3. Man braucht auf niemanden Rücksicht zu nehmen.

4. Im Falle eines Absturzes gibt es keine Zeugen.
5. Die Wahrscheinlichkeit, dass man sich zu Trinkspielen hinreißen lässt, ist gering – zumindest am Anfang.

NOCH SCHNELL ZUSAMMEN EIN VIDEO GUCKEN?

Ist einerseits heikel wegen der hohen Versackungsgefahr, gerade während der Wintermonate. Andererseits können Sie über die Filmauswahl die Weichen für den weiteren Verlauf des Abends stellen. Guckvorschläge und ihre Konsequenzen:

1. Um gut gestimmt in den Abend zu starten: High Fidelity, 500 Days of Summer, Ferris macht blau, Darjeeling Limited, Ziemlich beste Freunde.
2. Für kollektive Kicherlaune: Superbad, Shaun of the Dead, Jackass 1–3, Bridesmaids, 50 erste Dates, Borat, Der Diktator, Dumm und Dümmer.
3. Um den ganzen Abend drüber zu reden: Memento, Inception, Donnie Darko, Garden State, The Future, Being John Malkovich, Requiem for a Dream, Mulholland Drive, Melancholia, Shame.
4. Als Start in eine exzessive Nacht: Fear and Loathing in Las Vegas, Human Traffic, Spun, The Big Lebowski, Viel Rauch um Nichts, Trainspotting, Pulp Fiction, Berlin Calling, Dazed and Confused.
5. Zur sofortigen Beendigung aller Partypläne: Dancer in The Dark, Schindlers Liste.

IN DER KNEIPE ODER BAR

DIE JACKE AN DER GARDEROBE ABGEBEN ODER MIT ZUM SITZPLATZ NEHMEN?

Das hängt in erster Linie von der Garderobe ab. Sieht sie vertrauenswürdig aus, gibt es vielleicht sogar einen Angestellten, der dafür abgestellt ist, sie im Blick zu behalten, dann die Jacke immer abgeben. Auch wenn es manchen Läden nicht gleich anzusehen ist: Betreiber machen sich für gewöhnlich Gedanken um die Inneneinrichtung, sie suchen Tische und Stühle nach ästhetischen Gesichtspunkten aus, streichen Wände, überlegen sich ein Lichtkonzept. Das alles hat seinen Sinn, und dieser liegt nicht darin, das Interieur durch unbedacht abgelegte Bekleidung zu verhüllen. Zumal keine noch so schöne Jacke noch schöner wird, wenn man sie lieblos zusammengeknüllt über die Stuhllehne wirft.

Die weitverbreiteten Vorbehalte gegen das Abgeben von Kleidungsstücken an der Garderobe sind nachvollziehbar.

Schuld an ihnen sind natürlich die Kneipenbesitzer und Barbetreiber selbst. Wer ist schon so doof, seine Jacke aus den Augen zu lassen, wenn ein Hinweisschild darauf aufmerksam macht, dass »für Garderobe keine Haftung« übernommen wird. Tatsächlich ist das aber unter Umständen juristische Irreführung. Denn Wirte müssen nur dann nicht für abhandengekommene Kleidung und Wertgegenstände haften, wenn der Gast sie an einen Kleiderhaken hängt, der sich im selben Raum befindet und den er die ganze Zeit über im Blick hat. Gibt es hingegen einen separaten und für den Besucher nicht einsehbaren Ort für die Garderobe, kommt beim Abgeben automatisch ein sogenannter Verwahrvertrag zustande. Geht dann etwas verloren, muss der Wirt den entstandenen Schaden zumindest anteilig übernehmen. Hinter einem Hinweisschild kann er sich nicht verstecken, jedenfalls nicht rechtlich.

WO SITZT MAN AM BESTEN?

Bei der Beantwortung dieser Frage hilft das Ausschlussverfahren. Wenn es irgendwie geht, sind die Tische direkt neben dem Eingang zu meiden, vor allem im Winter. Am Eingang herrscht reges Treiben, ständig kommen und gehen Gäste, dabei wird die Tür aufgerissen, was zur Folge hat, dass es immer ziemlich zugig und unruhig ist. Nette Gespräche? Sind aufgrund des hektischen Settings nahezu ausgeschlossen. Lästern lässt sich bestenfalls über nervige Neuankömmlinge, die beim Betreten der Kneipe erst mal im Türbereich stehen bleiben und sich nach einem geeigneten

Sitzplatz umgucken. Aus der Ruhe zu bringen sind sie nicht mal durch die Tatsache, dass sich aufgrund ihrer Unentschlossenheit ein meterlanger Rückstau bildet und der Eingang praktisch komplett blockiert ist. Dass er nachfolgenden Menschen im Weg steht, kommt dem unkoordinierten Kneipenbetreter nicht in den Sinn. Das verbindet ihn mit seinem Bruder im Geiste: dem berüchtigten Rolltreppenblockierer, der in Kaufhäusern und U-Bahnen anzutreffen ist. Schlimmer als ein Tisch direkt am Eingang ist nur noch ein Tisch direkt neben dem Klo. Unter Kellnern wird er als »Sibirien« bezeichnet, weil da freiwillig niemand hin will. Hier kommt zum regen Publikumsverkehr die Geruchsbelästigung hinzu. Diese sollte nur in Kauf nehmen, wer unter nervösem Magen leidet und von der Sorge umtrieben wird, der Weg zur Toilette könnte länger dauern als der eruptive Auswurf des Mageninhalts.

Wo also sitzen? Erfahrene Kneipenbesucher bevorzugen einen Tisch zwischen dem ersten und zweiten Drittel des Raumes. Weit genug weg vom Eingang, weit genug weg vom Klo. Und in ausreichender Distanz zum Tresen, wo das Personal damit beschäftigt ist, Bestellungen durchzugeben, Bier zu zapfen, Gläser zu spülen, wo – kurzum – ein gewisser Grundgeräuschpegel herrscht, der gepflegte Konversation unnötig erschwert. Wer sich auf diese konzentrieren will, sollte darauf achten, mit dem Rücken zum Raum zu sitzen. Das Geschehen drumherum lenkt einen so weniger ab. Abzuraten ist zudem von Eckbänken. Die sehen zwar gemütlich aus, sind aber alles andere als lauschig. Wer innen sitzt und raus will, muss die anderen bitten aufzustehen. Oder sich an ihnen vorbeizwängen. Lästig ist beides.

WAS SPRICHT GEGEN DEN HOCKER AM TRESEN?

Absolut nichts. Der Hocker am Tresen ist vor allem dann eine gute Wahl, wenn man allein unterwegs ist. Anders als am Tisch verhindert man so den Eindruck, versetzt worden zu sein. Ein weiterer Vorteil ist der unmittelbare Kontakt zum Personal. Leere Gläser werden schneller weggeräumt, zügiger Nachschub ist gesichert. Und Sonderbehandlungen sind auch drin. Manchmal stellt einem der Barmann kleine Schalen mit Nüssen oder Salzstangen hin oder einen Kurzen auf Kosten des Hauses – einsame Besucher wecken offenbar Fürsorgeinstinkte. So ist es auch zu erklären, dass sich in Momenten des Leerlaufs immer wieder kurze Gespräche zwischen Gast und Personal anbahnen. Diesen Umstand nutzen insbesondere Touristen aus, um in Kontakt mit Einheimischen zu kommen. Und auch der Journalist und Autor Moritz von Uslar machte sich diese Strategie zu eigen. In einem kleinen Ort in Brandenburg lernte er am Tresen einer Kneipe die Protagonisten für sein Buch »Deutschboden« kennen.

Entgeht einem was am Tresen, weil man mit dem Rücken zum Raum sitzt? Nein. Denn meistens ist die Rückwand des Regals, in dem Spirituosen und Gläser ausgestellt werden, verspiegelt. Das Geschehen im Laden hat man so gut im Blick.

DARF MAN IN DER KNEIPE TANZEN?

Ganz klar: nein. In einer Kneipe ist meist nicht viel Platz. Ein Tresen, ein paar Tische, und dazwischen gerade noch

wenige Zentimeter Freiraum für den Kellner, der die Bestellungen austrägt. Wenn er Glück hat, muss er dabei
nicht seitlich laufen, aber meistens haben Kellner diesbezüglich kein Glück. Das Austragen der Getränke ist für sie
ein reines Hindernisrennen, weil achtlos auf dem Boden
abgelegte Taschen und über der Stuhllehne hängende Garderobe ihnen den Weg versperren. Dass dies zu unterlassen ist,
deutet der Begriff »Kneipe« eigentlich bereits an. Er stammt
von dem mittelhochdeutschen Wort »knipen« ab, also »knei-
fen«, was auf die Tatsache hinweisen soll, dass es drückend
eng ist. Wer in einer Kneipe den Drang zu tanzen verspürt,
ist entweder sturzbetrunken oder stark verzweifelt oder
beides zugleich. In jedem Fall sollte er den Laden schnell
verlassen.

DARF ICH ALS MANN FRAUENBIER TRINKEN?

Allein die Frage ist grenzwertig, denn sie unterstellt, dass
Frauen schwächeres, milderes und wenn möglich kalorien-
ärmeres Bier bevorzugen und dass sich eigentlich nur tuntige
Männer auf ein solches Gebräu einlassen würden. Aber
stimmt das überhaupt?

Als das erste populäre Frauenbier gilt in Deutschland
Beck's Gold. Eine Drittel-Liter-Flasche hat 125 Kalorien, also
exakt so viel wie normales Beck's oder die Konkurrenz von
Jever. Weiterhin hat die Gold-Version einen Alkoholanteil
von 4,9 Prozent, das entspricht wiederum dem des normalen Beck's und auch Jevers. Der einzige Unterschied liegt in
dem etwas milderen Geschmack: Bei Beck's Gold handelt es

sich nicht um Pils, sondern Lager. Wer beim Unternehmen nachfragt, an welche Zielgruppe sich das Getränk richtet und warum es einst auf den Markt gebracht wurde, erfährt Erstaunliches. »Modernere, leichtere oder vermeintlich gesündere Produkte versprechen dem Verbraucher ein aktiveres und dynamischeres Lebensgefühl«, heißt es in scheußlichstem Werbesprech – und dass 90 Prozent aller Konsumenten, also auch der männlichen, mildes Bier inzwischen herben Sorten vorziehen. Von einem Frauengetränk will Beck's nichts wissen. Für so etwas gebe es in Deutschland gar keinen Markt.

Wenn Beck's Gold nun gar kein Frauenbier ist: welche Marke dann? Der Agrar-Verband CMA hat eine repräsentative Umfrage unter Frauen durchgeführt und wollte wissen, welche Biersorte sie bevorzugen. Das Ergebnis wird Chauvis schockieren: 51 Prozent gaben Pils an, es folgen Weizen mit 16, Lager mit 11 Prozent und diverse andere Sorten. Nur 3,2 Prozent der Frauen favorisieren Biermixgetränke. Wenn Männer also tatsächlich kein Frauenbier trinken dürften, müssten sie als Erstes bitte schön auf ihr Pils verzichten.

BIERDECKELTÜRME – COOL ODER UNCOOL?

Sie sind eine tolle Erfindung. Auf Bierdeckeln lassen sich Geistesblitze und Telefonnummern notieren, man kann sie zum Stressabbau in kleine Stücke reißen, aber sie eignen sich auch, um den nachfolgenden Gästen kleine Botschaften zu hinterlassen (»Bloß nicht den Hauswein bestellen!«, »Die Bedienung stinkt«, »Klaus war hier«). Nur an einer

Frage scheiden sich die Geister: Dürfen Bierdeckel zu Türmen übereinandergestapelt werden – oder ist das peinlich?

Um die richtige Antwort für Sie zu finden, klären Sie bitte die folgenden Punkte: Sind Sie älter als fünf Jahre? Möchten Sie tendenziell lieber positiv als negativ bewertet werden? Empfinden Sie es als unangenehm, von Ihrer Umgebung als Provinzpflanze belächelt zu werden? Wenn Sie alle drei Fragen mit Ja beantwortet haben, lassen Sie das Turmbauen bleiben. Gerade in Großstadtkneipen macht man sich damit in einem Ausmaß sozial unmöglich, wie es sonst nur mit der Kombination offener Hosenstall und Popel im Gesicht gelingt. Das Bierdeckeltürmen ist höchstens in ländlichen Regionen erlaubt. Den Weltrekord hält bezeichnenderweise ein 24-Jähriger aus der Nordeifel: Er stapelte 2010 unfassbare 257.000 Pappdeckel übereinander. Dafür verschenkte er drei Monate seines Lebens.

Vom Makel der Provinzialität einmal abgesehen, ist die Tätigkeit zudem grandios unkommunikativ: Der Hochstapler zeigt, dass er gelangweilt ist und irgendwie Zeit totschlagen muss. Ebenso gut könnte er sich einen iPod reinstöpseln.

Apropos Bierdeckel: In einigen Kneipen ist es üblich, dass der Wirt auf ihm im Laufe des Abends sämtliche Bestellungen des Gastes notiert, um hinterher die Gesamtsumme zu errechnen. In diesem Fall nimmt der Bierdeckel automatisch, ob Sie damit einverstanden sind oder nicht, den rechtlichen Status einer Urkunde nach § 267 Abs. 1 StGB an. Das heißt: Jeder ausradierte Strich ist Urkundenfälschung, jedes heimliche Verschwindenlassen wird vor Gericht als Urkundenunterdrückung gewertet. Beides sind Straftaten.

SOLL ICH MICH VOR ABSINTH HÜTEN?

Um kein Getränk ranken sich so viele Mythen wie um den lange Zeit verbotenen Kräuterschnaps Absinth. Ein gefährlicher Künstlertrunk, der zwar inspiriert, aber angeblich auch in den Wahnsinn treibt. Hemingway und Picasso haben sich regelmäßig an ihm berauscht. Van Gogh soll sich nach einem Glas zu viel das linke Ohr abgeschnitten haben. Ärzte erfanden die Diagnose »Absinthismus« für Menschen, die nicht mehr auf die Vorzüge dieses Schnapses verzichten wollten. Er schmeckt nach Fenchel, Anis und Wermut, verantwortlich für Halluzinationen und Schwindelanfälle soll jedoch das Nervengift Thujon sein. In Deutschland war der Verkauf des Gebräus – wegen seiner Färbung auch »grüne Fee« genannt – fast 70 Jahre lang untersagt. Heute wird es in ausgewählten Kneipen und auf Boheme-Savauge-Partys angeboten. Manche Bars warnen sogar in ihren Getränkekarten, der Genuss sei nicht unbedenklich. Sollte man also besser die Finger davon lassen?

Alles halb so wild. Der heute ausgeschenkte Absinth darf per Gesetz nur eine begrenzte Menge Thujon enthalten, psychoaktive Wirkungen sind damit ausgeschlossen. Und als Wissenschaftler kürzlich originalverpackte Absinth-Flaschen aus dem frühen 20. Jahrhundert untersuchten, gelang ihnen eine erstaunliche Entdeckung: Schon damals befand sich im Schnaps viel zu wenig des Nervengifts, um sich überhaupt bemerkbar zu machen. Der einzig wirksame Bestandteil im Getränk ist der Alkohol – es gibt Marken mit bis zu 75 Volumenprozent. Weil Absinth früher gerne in rauen Mengen getrunken wurde, verwundert es im Nachhinein nicht, dass so mancher Künstler damals nach dem Konsum irre Farben gesehen haben will.

Absinth ist also nicht gesundheitsschädlicher als andere Schnäpse, dafür aber ziemlich teuer. Das Künstlertrank-Image kostet extra, im Fachhandel muss man für eine 0,7-Liter-Flasche mindestens 20 Euro ausgeben. Das lohnt nur, wenn man einer anderen Person damit imponieren will. Absinth ist das perfekte Posergetränk, zu seinen heutigen Fans zählen schließlich Showgrößen wie Johnny Depp und Marilyn Manson.

Es gibt verschiedene Trinkrituale. Das spektakulärste geht so: Absinth und Wasser im Verhältnis eins zu drei ins Glas schütten, außerdem zwei Stück Zucker in Absinth tränken, dann auf einen Löffel legen und anzünden. Sobald der Zucker karamellisiert und erste Blasen wirft, werden die Flammen gelöscht und die Würfel ins Glas gegeben. Wer während des Rituals noch die ganzen Schauergeschichten über Wahnvorstellungen und das abgeschnittene Ohr erzählt, beeindruckt garantiert.

WAS VERRÄT DIE WAHL DES COCKTAILS ÜBER MICH?

Glaubt man dem US-amerikanischen Schriftsteller Henry Louis Mencken, lassen sich aus dem Spirituosen-Vorrat einer durchschnittlichen Cocktailbar exakt 1.7864.392.788 unterschiedliche Drinks mixen. Offiziell gilt natürlich: freies Land, freie Getränkewahl. Aber das ist nur die halbe Wahrheit, denn jeder wird auch danach beurteilt, was er schlürft.

CAIPIRINHA. Diese Bestellung beweist Ihr Gespür, Trends mit zehn Jahren Verspätung aufzugreifen. Offensichtlich macht es Ihnen nichts aus, mit den gewöhnlichsten Normalos in einen Topf geworfen zu werden. Wer Caipirinha bestellt, lacht auch über die Witze von Eckart von Hirschhausen. Bonus-Tipp: Möchten Sie sich komplett sozial unmöglich machen, ordern Sie beim Barkeeper bitte »einen Caipi«.

MOJITO. Schmeckt annähernd wie Caipirinha, hat aber weniger Blamierpotenzial. War auf Kuba der Lieblingsdrink von Ernest Hemingway.

ZOMBIE. Heißt so, weil sich der Trinkende schnell wie einer fühlt. Hochprozentige Hammermischung aus bis zu sechs Sorten Rum, dazu Fruchtsäfte, die einen glauben machen, dass so etwas Liebliches unmöglich derart schlimm knallen kann. Tut es aber. Optimal, um Jobprobleme, Beziehungsstress und grundlegende Manieren zeitweise zu vergessen.

WHITE RUSSIAN. Kaffeelikör mit Sahne und viel Wodka. Der Drink, mit dem man nichts falsch machen kann. In jeder Lebenssituation passend und dank »The Big Lebowski« mit ewiger Coolness behaftet. Nicht wundern, wenn der Barkeeper Sie permanent »Dude« nennt.

PIÑA COLADA. Cremiges Rum-Gesöff mit Kokos- und Ananasgeschmack. Wird von Barkeepern tendenziell verachtet, weil die Süße den Rumgeschmack überdeckt. Die Piña Colada diskreditiert denjenigen, der sie bestellt – ist aber immerhin das Nationalgetränk von Puerto Rico.

COSMOPOLITAN. Die perfekte Wahl. Vorausgesetzt, Sie heißen Carrie Bradshaw und sind im Jahr 2004 hängen geblieben. Traurig, aber wahr: »Sex and the City« hat dem eigentlich leckeren Drink für Generationen von Trinkern jede Credibility geraubt. Danke, Mädels.

WODKA RED BULL. Falls es der Barkeeper gut mit Ihnen meint, wird er auf Körperverletzung verzichten und Ihnen bloß Hausverbot erteilen. Wodka-Red Bull ist kein Longdrink, sondern eine Beleidigung für einen ganzen Berufsstand.

LONG ISLAND ICED TEA. Enthält überaschenderweise gar keinen Tee, dafür eine wilde Mischung aus Rum, Gin, Wodka, Triple Sec, Curaçao und Tequila. Wird von hochnäsigen Barkeepern abgelehnt, weil zu viele Spirituosen miteinander vermischt werden. Mit Knallgarantie.

MARTINI. James Bonds Lieblingsdrink, wahlweise aus Wodka oder Gin. Über die beste Zubereitung – zum Beispiel ob mit oder ohne Olive – lässt sich stundenlang mit dem Barkeeper fachsimpeln, auch über die notorische Frage »geschüttelt oder gerührt«. Der US-Blogger Brent Rose hat sich wissenschaftlich damit befasst und kommt zu folgendem Schluss: Wer seinen Martini wie 007 geschüttelt bestellt, erhält ihn zwar kälter, aber auch mit einem größeren Wasser- und also geringerem Alkoholanteil. Bitte nicht verwechseln mit der Wermut-Marke gleichen Namens von Martini & Rossi.

SEX ON THE BEACH. Die Wundertüte unter den Cocktails. Die Originalrezeptur mit Cranberrynektar, Pfirsichlikör und Wodka erhält man in Deutschland selten, dafür eine Variante mit verschiedensten Säften, Likören, Spirituosen und Sirups, die dem Barkeeper gerade zur Verfügung stehen. Hauptsache, es schmeckt am Ende fruchtig und mäßig süß.

SWIMMING POOL. Schlumpfblau und cocosnusscremig, ähnelt stark der Piña Colada. Klingt für den Laien polyglott, ist aber in Wirklichkeit bloß die Erfindung eines Münchner Barbetreibers aus den späten 70er-Jahren – und damit ein Bekenntnis zur bayrischen Schicki-Micki-Szene.

ORGASMUS. Das Getränk für alle Proleten und Schmerzbefreiten. Mix aus Cointreau, Baileys und Grand Marnier, dessen obere Sahneschicht verdächtig nach Sperma aussieht. Die Bestellung »Einen Orgasmus, bitte« kommt einem erst jenseits der Zwei-Promille-Grenze lustig vor. Die International Bartender Association hat das Getränk inzwischen zu Recht von ihrer Liste gestrichen.

CHAMPAGNER-COCKTAILS. Lassen den Besteller leicht als neureichen Schnösel dastehen, auch wenn der Preis gar nicht höher liegt. Passen nur als Stilbruch zu abgewetzten Jeans und speckigen Haaren.

DARF ICH DIE GARNITUR MEINES COCKTAILS ESSEN?

Eher nicht, sofern es sich um einen Mini-Sonnenschirm oder eine neongrüne Plastikgiraffe handelt. Ansonsten gilt: Lebensmittel sind dafür da, gegessen zu werden. Die in den 90er-Jahren noch weitverbreitete Ansicht, an den Glasrand gesteckte Orangenscheiben, Minzblätter oder kandierte Maraschinokirschen seien bloß optische Zierde und ihr Verspeisen stelle einen groben Benimmpatzer dar, ist längst überholt und gilt heute als snobistisch. Die letzte Oberlehrerin, die es wagte, sich über Deko-Esser lustig zu machen, war die US-Fernsehmoderatorin und Cocktailphilosophin Rachel Maddow. Cocktailgarnitur sei nur dafür da, »visuell zu unterhalten«. Es folgte ein Shitstorm, der sich gewaschen hatte. Seitdem ist Ruhe an der Dekofront.

Wem das ästhetische Gesamtbild wichtig ist: Überreste wie Zitronen- oder Orangenschalen werden in die Serviette gelegt, nicht in den Aschenbecher und auch nicht ins Glas. Bei manchen Beigaben empfiehlt es sich allerdings, ein bisschen zu warten: Die Olive im Martini sollte besser erst gegen Ende verspeist werden, da sie auch den Geschmack des Drinks beeinflusst. Und die Selleriestange bei der Bloody Mary sollte erst zum Umrühren genutzt werden, bevor man sie wegknabbert.

DARF ICH MIT JEDEM UND ÜBERALL ANSTOSSEN?

Knigge-Fans hätten ausdrücklich »nein« gesagt, aber Knigge ist tot. Also ja, Zuprosten ist gesellig, schafft Nähe und gilt auch in vermeintlich feineren Kreisen längst nicht mehr als grob. Wissenschaftler wie der US-Soziologe Erving Goffman sprechen von wichtigen Interaktionsritualen, die einem auch Wildfremde nicht übelnehmen, egal, ob spätnachts an der Theke einer schmuddeligen Altstadt-Kneipe oder unter Frackträgern auf einem Ball. Bloß keine Hemmungen. Sensibel sollte man allerdings bei der Auswahl des Toasts sein. »Zum Wohl« oder »Prost« gehen immer. »Stößchen« und »Chinchin« wirken überkandidelt und damit latent unsympathisch. Dringend abzuraten ist von Saufsprüchen wie »Hopp Hopp, rinn in Kopp«, »Erste Regel: Hoch den Pegel« oder gar »Von der Mitte zur Titte, zum Sack, zackzack«. Alles, was sich reimt, unbedingt sein lassen. Der dämlichste

Trinkspruch, der gerechterweise zur sofortigen Entziehung sämtlicher Bürgerrechte führen sollte, darf an dieser Stelle nicht verschwiegen werden. Manchmal muss man das Grauen aussprechen, damit es seine Wirkkraft verliert. Also, der schlimmste Spruch, der tatsächlich existiert und Augenzeugenberichten zufolge auch bereits außerhalb von Schützenvereinsheimen und Bundeswehrkasernen ausgesprochen wurde, lautet: »Die Möse und das Tintenfass sind beide an der Öffnung nass. Das kommt vom vielen Tunken, Prost, ihr Halunken.« Wer sich das jemals draußen im echten Leben anhören muss, hat hiermit die ausdrückliche Erlaubnis der Autoren dieses Buches, dem Sprücheklopfer beherzt beide Zahnreihen auszuschlagen (siehe: »Wie gewinne ich eine Kneipenschlägerei?«).

WELCHER PEGEL IST VERTRETBAR?

Es heißt: Erinnerungslücken sind der Hauptgewinn am Boden einer jeden Wodkaflasche. Doch der Weg dahin ist lang und beschwerlich, und wenn der Trinker dabei nicht sein Augenlicht verliert, dann wenigstens seine Würde. Ein Überblick über die wichtigsten Ausfallerscheinungen – und ab welchem Promillewert sie zu erwarten sind:

AB 0,1: Die Stimmung steigt. Der Alkohol wirkt anregend, enthemmend und macht gesprächig.

AB 0,5: Reaktionszeit und Konzentrationsvermögen lassen spürbar nach. Dafür nimmt die Risikobereitschaft zu.

AB 0,8: Die Reaktionszeit ist nun 50 Prozent langsamer als im nüchternen Zustand. Tunnelblick wahrscheinlich.

AB 1,0: Gleichgewichtsstörungen setzen ein. Dazu Sprach-schwierigkeiten. Sie haben den Rauschzustand erreicht.

AB 1,5: Schwere Trunkenheit. Sie haben den Bogen deutlich überspannt. Ab jetzt wird es unappetitlich.

AB 2,0: Verwirrung und Erbrechen, Blackout-Gefahr. Sie befinden sich im sogenannten Betäubungsstadium.

AB 2,5: Es drohen Lähmungserscheinungen des Atemsystems.

AB 3,0: Bewusstlosigkeit wahrscheinlich.

AB 4,0: Glückwunsch. Sie haben gute Chancen, diesen Abend nicht zu überleben.

Dies sind grobe Richtwerte. Je nach Trinkhäufigkeit können Menschen Toleranzen entwickeln, die das Eintreten der Ausfallerscheinungen verzögern. Im polnischen Skierniewice hat ein 45-jähriger Mann einen Promillewert von 12 überlebt. Die getrunkene Alkoholmenge hätte in Deutschland unter normalen Umständen ausgereicht, um eine ganze Doppelkopfrunde auszuradieren.

IST KOMASAUFEN COOL?

Nein.

BRINGT ES ETWAS, DIE KELLNERIN ANZUFLIRTEN?

An sich gilt die Kneipe als optimaler Ort zum Kennenlernen – bloß dann nicht, wenn einer der Gast und der andere seine Bedienung ist. Das liegt an der Schwierigkeit, Signale richtig zu deuten, und jetzt wird es kurz mal akademisch: Soziologen

definieren den Kellnerberuf als *emotion work* (»Emotionsar-
beit«). Die Aufgabe der Bedienung beschränkt sich nämlich
nicht aufs Getränkeservieren, sie soll beim Kunden auch ein
»gutes Gefühl« erzeugen, und zwar vor allem dadurch, dass
sie selbst solche Gefühle zeigt oder wenigstens vorheuchelt.
Eine Kellnerin lächelt, scherzt, tut aufmerksam und interessiert. Sie benutzt dafür Gesten und Mimik, die genauso zum
Flirten eingesetzt werden, weiß Wirtschaftstheoretiker Michael Grothe von der Universität Bielefeld. Selbst ein Augen-
zwinkern kann rein beruflich gemeint sein. Man braucht sich
also nichts vorzumachen: Die Uneindeutigkeit der Signale
kommt den Kellnerinnen – und selbstverständlich auch den
Kellnern – in der Regel sehr gelegen. Es ist für sie schlicht die
Möglichkeit, ein höheres Trinkgeld zu generieren.

Die meisten Bedienungen freuen sich darüber, angeflirtet
zu werden, und spielen gerne mit. Übrigens wissen auch die
Kneipenbetreiber um die umsatzsteigernde Wirkung eines
Flirts. Viele Chefs animieren ihre Kellnerinnen regelrecht,
mit den Kunden zu schäkern. So sollen die bitte schön nicht
nur Trinkgeld geben, sondern auch mehr bestellen und vor
allem wiederkommen. Die traurige Wahrheit lautet also: In
den allermeisten Fällen lohnt sich ein Flirt nicht. Er wird zu
nichts führen. Langwieriges Herumdeuten, wie eine Bedienung nun diesen Blick oder jenes Lächeln gemeint haben
könnte, ist reine Verschwendung von Lebenszeit.

Sogar Flirttrainer, die bekanntlich ihr Geld mit dem Hoff-
nungmachen verdienen und somit eigentlich versprechen
müssten, jede Thekenkraft sei mit der richtigen Technik
ohne Weiteres rumzukriegen, raten vom Anbaggern ab. Sie
haben auch einen passenden Ausdruck für Bedienungen:

hired guns (wörtlich: »gemietete Geschütze«), also Frauen, die wegen ihres Aussehens in Jobs eingesetzt werden, um dem männlichen Auge zu gefallen.

Wenn Sie jetzt immer noch nicht abgeschreckt sind und glauben, Sie könnten das hübsche Ding klarmachen, das Ihnen gerade beim Bierbringen so vielsagend in die Augen geblickt hat: viel Glück. Aber hinterlassen Sie bloß nicht Ihre Telefonnummer auf einem Bierdeckel, das ist nicht originell, das haben vor Ihnen schon Zehntausende andere probiert. Versuchen Sie lieber, ins Gespräch zu kommen und die Bedienung zu fragen, was sie auf der Karte empfehlen würde. Ein sicheres Signal ist, wenn sie Ihnen dann ein Getränk ausgibt. Tut sie nicht? Eben.

DARF ICH VOR ANDEREN MIT MEINEM SMARTPHONE HERUMSPIELEN?

Eine aktuelle Studie aus Großbritannien besagt, dass bereits jeder vierte Smartphone-Besitzer Suchtsymptome zeigt. Tendenz steigend. In den USA hat sich der Begriff *CrackBerry* etabliert – ein Schachtelwort aus der Droge »Crack« und der Smartphone-Marke »BlackBerry«. Es spricht grundsätzlich nichts dagegen, im Laufe des Abends sein Handy aus der Tasche zu kramen und Freunden irgendeine neue, sinnlose App zu präsentieren. Genauso legitim: Clubadressen raussuchen, die Gruppe fotografieren, ein beknacktes YouTube-Video vorführen und Instant-Recherchen starten (siehe auch »Darf ich jemanden googeln, den ich gerade erst kennengelernt habe?«). Natürlich sollen Sie auch auf Wikipedia Fakten nachschlagen, um den Klugscheißer in Ihrer Runde zu belehren, der partout behauptet, Melbourne sei die Hauptstadt von Australien. Für genau solche Momente hat Gott das Smartphone erschaffen.

Unangenehm wird es, sobald Sie sich aus der Gruppe ausklinken, um mit einer nicht anwesenden Person eine Parallelunterhaltung zu führen. Oder wenn Sie ständig dem Drang nachgeben, Ihre Mails zu checken und nachzusehen, wer auf Facebook gerade welche Pinnwand volltextet. Wer andauernd am Handy rumzappelt, signalisiert Desinteresse an seiner analogen Umgebung. Die fühlt sich dann zu Recht vor den Kopf gestoßen. Kompromissvorschlag: Eine Smartphone-Session sollte nie länger als ein durchschnittlicher Toilettenbesuch dauern. Und nein, man geht üblicherweise nicht jede Viertelstunde auf die Toilette!

GETRÄNKE EINZELN BEZAHLEN ODER IN RUNDEN?

Nichts ist so armselig wie der Moment, in dem der Kellner die Rechnung auf den Tisch legt und jeder in der Runde mit angestrengtem Blick seinen Anteil bis auf den Cent genau addiert. Kleinlichkeit steht niemandem gut zu Gesicht und ist höchstens Teenagern nachzusehen, die weder Routine im Ausgehen noch im Umgang mit Geld haben. Wer hingegen schon mehr als drei Mal aus war, der weiß: Im Nachtleben gibt es eine Art übergeordnete Gerechtigkeit. Daher kann man ruhigen Gewissens den Finger heben, wenn man mit einer Gruppe von Freunden in der Kneipe zusammengesessen hat und die Rechnung kommt. Beim nächsten Mal lehnt man sich entspannt zurück. Nur eines sollte man tunlichst lassen: in Gedanken Strichliste führen und vermeintliches Guthaben bei jeder sich bietenden Gelegenheit vertrinken oder gefühlten Dispo ansprechen. Die Großzügigkeit, die man sich von seinen Freunden erhofft, muss man auch ihnen zugutekommen lassen. In amerikanischen Mafia-Kreisen soll es übrigens Tradition sein, dass derjenige, der zum vereinbarten Zeitpunkt als Letzter zu einer Runde stößt, die komplette Rechnung zahlt. Vielleicht ein probates Mittel gegen notorische Zuspätkommer.

Anders sieht es aus, wenn man mit Leuten unterwegs ist, die man nur locker und entfernt kennt. In Vorleistung zu gehen ist hier nicht angezeigt, insbesondere wenn unklar bleibt, ob es ein zeitnahes Wiedersehen gibt. Legitim ist daher, Rechnung plus Trinkgeld einfach durch die Anzahl der anwesenden Personen zu teilen. Das geschieht entweder, bevor der Kellner zum Abkassieren an den Tisch kommt oder danach, niemals aber währenddessen. Keine Rolle spielen sollte dabei der Fakt, dass einer Bier für sieben Euro und ein anderer Drinks für acht Euro getrunken hat. Der Kellner bekommt fast immer einen größeren Obolus, wenn jeder separat zahlt – und entsprechend auch separat aufrundet. Durch das gleichteilige Splitten kommt unterm Strich jeder günstiger weg.

WIE VIEL TRINKGELD MUSS ICH GEBEN?

Fünf bis zehn Prozent, heißt es bekanntlich. Aber was bedeutet das konkret – und gilt das für niedrige Rechnungen genauso wie für hohe? Als Orientierungshilfe lohnt ein Blick auf das Trinkgeldverhalten des deutschen Durchschnittsgasts. Der Berliner Humanwissenschaftler Markus Dobler hat genau diesem Thema seine Doktorarbeit gewidmet, hat sowohl Kunden als auch Kellner befragt und dabei Überraschendes herausgefunden. Die wichtigsten Erkenntnisse:

1. Männer geben durchschnittlich 9,75 Prozent Trinkgeld und damit etwas mehr als Frauen (9,15 Prozent).
2. Viele Gäste treibt die Angst, zu wenig zu geben und dadurch »sozial unangenehm aufzufallen«.
3. Fast 60 Prozent runden auf den nächstgrößeren Euro-Betrag auf.
4. Wer mit Karte zahlt, gibt im Schnitt ein Prozent mehr als der Barzahler. Kellner möchten ihr Extra in der Regel trotzdem unbedingt bar auf die Hand, weil sonst womöglich der Chef abkassiert.
5. Überhaupt kein Trinkgeld geben Gäste, wenn sie den Kellner unfreundlich (94 Prozent), arrogant (59 Prozent) oder unaufmerksam (57 Prozent) fanden.
6. Gruppen legen relativ gesehen weniger auf den Tisch als Einzelpersonen und Paare (siehe auch »Soll ich Getränke einzeln zahlen oder in Runden?«).
7. Besonders interessant: Ist die Bedienung weiblich, bestellen die Gäste durchschnittlich etwas mehr, geben aber fast das gleiche absolute Trinkgeld. Relativ zum Bestellwert erhalten Frauen also weniger Trinkgeld als ihre männlichen Kollegen.

Aufschlussreich ist übrigens auch die Kellnersicht: Je höher die Rechnung ausfällt, desto weniger Prozent Trinkgeld erwartet die Bedienung. Bei einem Betrag unter fünf Euro hätte sie zum Beispiel durchschnittlich gerne 15 Prozent Trinkgeld, bei mehr als 25 Euro dagegen nur noch sieben Prozent. Mehr als die Hälfte der befragten Kellner findet es »beschämend«, wenn das Trinkgeld weniger als 50 Cent beträgt.

WORAN ERKENNE ICH, DASS MICH EIN KELLNER VERARSCHEN WILL?

Nicht alle Menschen sind gute Menschen. So gibt es auch Bedienungen, die sich mit Arglist ein höheres Trinkgeld erschleichen wollen. Früher hießen ihre Königswege
1. wild rumflirten und
2. dreist bei der Rechnung betrügen.

Heute kennen sie leider noch subtilere Manipulationstechniken. Auch unter deutschen Kellnern haben sich einige Psychotricks herumgesprochen, die allesamt auf Empfehlungen der US-amerikanischen Trinkgeldforschung fußen. Kein Witz, die gibt es tatsächlich. Zum Glück sind es kaum mehr als eine Handvoll Strategien. Wer einmal von ihnen gelesen hat, wird jeden Schummelversuch leicht bemerken.

1. Bei Aufnahme der Bestellung jeden Wunsch des Gastes wortwörtlich wiederholen (suggeriert Verständnis und Verbindlichkeit).
2. Eine Sonne oder einen Smiley auf das untere Ende der Rechnung malen (bringt laut Studien sensationelle 38 Prozent mehr Extra).
3. Den Gast kurz vorm Überbringen der Rechnung an der Schulter streicheln (verspricht eine Steigerung um durchschnittlich 18 Prozent).

4. Erzählen, dass das Wetter gut werden soll – egal, wie es draußen tatsächlich aussieht.
5. Ganz dreiste Kellner gehen beim Gespräch in die Hocke oder setzen sich sogar kurz auf einen freien Stuhl, um eine Intimität zum Gast aufzubauen. Wer seinen Kellner dabei erwischt, braucht kein Mitleid zu haben und kann zur Strafe einfach mal gar kein Trinkgeld geben.

WIE GEWINNE ICH EINE KNEIPENSCHLÄGEREI?

Simple Kosten-Nutzen-Rechnung: In aller Regel ist eine Prügelei für beide Seiten mit Schmerzen verbunden. Selbst dem eindeutig Überlegenen werden zumindest die Fingerknochen von den eigenen Faustschlägen wehtun. Der Verlierer wird bluten, sich vielleicht ernsthaft verletzen. Eine Schlägerei gegen einen Stärkeren ist natürlich grundsätzlich keine gute Idee, nur leider können selbst trainierte Kampfsportler heute nicht mehr abschätzen, ob das stressende Gegenüber in der Kneipe über- oder unterlegen ist – weil zu viele Gestörte inzwischen Klappmesser dabeihaben oder sogar Knarren oder aber wenigstens Kumpels, die hinter ihnen stehen und bloß auf ein Kommando warten. Es ist müßig, nun wieder über die Jugend von heute zu schimpfen. Aber ganz sicher hat der Anteil der Unzurechnungsfähigen und Skrupellosen zugenommen, die auch weiter gegen Köpfe treten, wenn der Gegner schon am Boden liegt. Sollte es jemals eine Art Ehrenkodex bei Kneipenschlägereien gegeben haben: Heute sollte man sich nicht darauf verlassen. Häufig haben gerade die scheinbar Schmächtigen die brutalsten Tricks drauf.

Außerdem gibt es auf diesem Planeten schlicht zu viele Arschlöcher, als dass man sich mit jedem von ihnen anlegen könnte. Und nichts ist zeitaufwendiger als das Pflegen einer Feindschaft.

Deshalb sollten moderne, aufgeklärte Menschen alles tun, um einer Schlägerei aus dem Weg zu gehen. Nicht aus moralischen Überlegungen, sondern aus purem Egoismus. Stehen Sie in einer brenzligen Situation als Feigling da, ist das fünf Minuten später vergessen. Die gebrochene Rippe spüren Sie dagegen noch vier Wochen später. Deeskalation funktioniert in der Regel ziemlich einfach: Sagen Sie, dass Sie nicht kämpfen wollen. Entschuldigen Sie sich und fassen Sie Ihr Gegenüber unter keinen Umständen an. Reagieren Sie auf Beschimpfungen mit Demut und Selbstironie. Ein beherztes »Ich ficke deine Mutter« beantworten Sie am besten mit »Nicht mal mein Vater fickt meine Mutter«. Auf »Siehst du scheiße aus« sagen Sie einfach: »Du solltest mal sehen, wie scheiße ich vor meiner Gesichtskorrektur aussah.« Behaupten Sie ruhig, Sie seien schwer krank und müssten bald sterben. Klar werden Sie sich erniedrigt fühlen, aber denken Sie daran: Ohne Rollstuhl kommt man sehr viel leichter durchs Leben.

Falls alle Deeskalationsversuche scheitern, wenn sich der Angreifer partout schlagen will und Sie auch nicht das Weite suchen können, bleibt nur entschlossene, rohe Gewalt. Der niederländische Kampfsportler Bas Rutten, ein preisgekrönter Thai-Boxer mit schwarzen Gürteln in Karate und Taekwondo, hat sich intensiv Gedanken gemacht, wie man eine Kneipenschlägerei möglichst effektiv führt. Das Ergebnis ist ein fast zweistündiges Video voller pragmatischer Knochenbrech-Tipps in Gaststättenatmosphäre. Es verrät, wie man Bierflaschen, Pfeffersprays, Blumenvasen und Kneipendeko als Waffe einsetzen und zur Not seinen Hausschlüssel nutzen kann. Wohlgemerkt: zur Not. Aber auch dann übertreiben Sie es bitte nicht. Die Flasche, zu der Sie greifen und die Sie in einer herausfordernden Geste an der Tischkante abschlagen, ist als Kampfgerät nicht geeignet, weil zu unstabil. Sehr wahrscheinlich wird sie zwischen Ihren Fingern zerbersten, und Sie setzen sich selbst außer Gefecht, noch bevor der Fight überhaupt begonnen hat. Mehr Tipps? Geben Sie bei YouTube die Stichwörter »Bas Rutten« sowie »Lethal Self Defense System« ein. Wer etwas Geld ausgeben mag: Das Buch »Die Schlägerei« von Mike Toss lohnt sich, natürlich auch ein sogenannter Blitz-Defence-Kurs, sofern er in Ihrer Stadt angeboten wird.

WIE RAUCHE ICH EINE ZIGARRE?

In der Regel überhaupt nicht, denn es gibt im Nachtleben nur wenige Situationen, in denen die Zigarre in der Hand nicht affektiert oder grotesk unlocker wirkt. Sie können sich noch so arg einreden, Ihre Cohiba sei ein Ausdruck augenzwinkernder Ironie, quasi eine Art Punk-Geste: Im Zweifel sehen Sie mit dem Ding doch bloß aus wie ein blasierter Hansel von der Jungen Union, ohne Stil, Verstand und Freunde. Immerhin: In gehobenen Bars und Lounges fällt das Zigarre-Rauchen weniger negativ auf – jedenfalls wenn Sie in einem Bundesland leben, das Raucherbereiche erlaubt. Auch bei besonderen Anlässen wie Abiball oder verlorenen Wetten ist es gerade noch verzeihlich. Aber wenn, dann bitte richtig.

1. Die Zigarre muss mit einem entsprechenden Gerät (Minitatur-Guillotine oder Zigarrenschere) angeschnitten werden. So weit vorne ansetzen, dass die Rundung des Kopfes noch etwas erhalten bleibt – sonst kann sich das äußerste Blatt ablösen.

2. Bauchbinde abnehmen oder nicht? Darüber streiten die Zigarrennerds seit Jahrzehnten. Entscheiden Sie sich einfach für eine der beiden Möglichkeiten und nennen Sie jeden, der das Gegenteil behauptet, einen ungebildeten, kulturlosen Wurm.

3. Einige Möchtegern-Spezialisten wärmen ihre Zigarre vor dem Anzünden über einer offenen Flamme auf, weil so angeblich störende Aromen von Klebstoffen verdunsten. Das ist blödes Gepose. Seit den 6oer-Jahren werden nur noch aromafreie Klebstoffe verwendet.

4. Zünden Sie die Zigarre am besten mit einem Gasfeuerzeug an. Aber halten Sie das Ende nicht direkt in die Flamme, sondern leicht darüber – etwa ein Zentimeter Abstand wird empfohlen. Drehen Sie die Spitze dabei, bis sie an allen Rändern gleichmäßig glimmt. Erst jetzt dürfen Sie einige kurze Züge machen und dabei das Zigarrenende weiter über der Flamme drehen, bis gleichmäßig Glut entsteht.

5. Das war der stressige Teil. Ab jetzt gilt: Ruhe bewahren und keine hektischen Bewegungen mehr. Zwischen zwei Zügen mindestens 30 Sekunden verstreichen lassen und einfach genießen. Denn wenn Sie an der Zigarre so oft wie an einer Zigarette ziehen, erhitzt sie sich und bekommt ein bitteres Aroma.

6. Der Qualm wird nicht inhaliert.

7. Streifen Sie die Asche erst ab, wenn sie mindestens zwei Zentimeter dick an der Zigarrenspitze hängt. Ja, Sie haben richtig gelesen: abstreifen, nicht abklopfen.

8. Zu guter Letzt: Eine Zigarre wird nicht bis zum Ende aufgeraucht, sondern nur bis zum letzten, bitteren Drittel. Dann einfach in den Aschenbecher legen, sie geht von selbst aus.

MUSS ICH NACH EINEM RÜLPSER WIRKLICH »SCHULZ« SAGEN?

Falls Sie dachten, das Aufeinanderstapeln von Bierdeckeln stelle das Maximum an peinlichem Provinzverhalten dar, das in dieser Republik möglich ist, dann kennen Sie wohl die Schulz-Regel nicht. Sie lautet: Sobald einer rülpst, müssen alle in der Runde »Schulz« rufen und eine vollkommen unsinnige Bewegung machen. Die rechte Hand wird geballt vor den Kopf gehalten, wobei zwei Finger ausgestreckt gehören. Der Daumen berührt die Stirn, der kleine Finger wird in die entgegengesetzte Richtung vom Körper abgespreizt.

Wer das Ausrufen oder die Handbewegung vergisst oder nicht korrekt ausführt, bekommt vom Nebenmann mit der flachen Hand auf die Stirn geschlagen. Ursprünge und Intentionen des Schulzens liegen weitestgehend im Dunkeln, eine größere Verbreitung fand es jedoch bereits 1984 durch Dominik Grafs Jugendfilm »Treffer«. Seit das Ritual vor einigen Jahren auch noch in dem Axel-Stein-Prollstreifen »Feuer, Eis und Dosenbier« gezeigt wurde, hat sich in einigen Ecken Deutschlands zumindest unter 15-Jährigen die Ansicht durchgesetzt, es handle sich um ein nachahmenswertes Verhalten.

Leider bringt es wenig, sich als Einzelner gegen ein mehrheitlich unhinterfragtes Verhaltensmuster aufzulehnen, vor allem dann, wenn es doch bloß ums Biertrinken geht. Sollten Sie Unglücklicher also in einer Schulz-verseuchten Region leben und obendrein das Pech haben, Teenager zu sein, spielen Sie das böse Spiel mit und arbeiten Sie an einem langfristigen Plan, dieser Hölle zu entkommen. Letztlich ist das nur ein weiterer Grund, nach dem Schulabschluss in eine größere Stadt zu ziehen.

MUSS ICH MICH VOR DER KARAOKE-MASCHINE HÜTEN?

Karaoke ist ein großer Spaß, solange man selbst halbwegs die Töne trifft und noch besser: solange andere das nicht tun. Leider glauben insgeheim fast alle Menschen, talentierte Sänger zu sein. Sobald sie dann auf der Bühne stehen, beginnt das Drama. Es liegt schlicht an der Unzulänglichkeit dieser mängelbehafteten Konstruktion, die wir Menschen Körper nennen. Weil der Schall der eigenen Stimmbänder nicht nur von außen über die Luft in unser Ohr gelangt, sondern auch über die Knochen transportiert wird, nehmen wir unsere eigene Stimme anders wahr als die Menschen in der Umgebung. Auf uns wirkt sie in der Regel tiefer und voller – und auch harmonischer. Bevor Sie sich in die Nähe einer Karaoke-Maschine wagen, sollten Sie wenigstens einmal im Leben auf ein Diktiergerät gesungen haben. Es hilft bei der gesunden Selbsteinschätzung.

Natürlich können auch Schlechtsänger Karaoke ausprobieren. Sie sollten sich bloß zu Beginn von den schweren Songs fernhalten, selbst wenn diese besonders reizen. Also besser nicht gleich »Bohemian Rhapsody« auswählen. Auch nicht aus Selbstironie – die erste Minute erntet man vielleicht noch Lacher, danach ist es bloß schrecklich unangenehm für alle Beteiligten. Geeigneter sind Lieder mit geringen Schwankungen der Tonhöhe, ohne rasante Melodieverläufe und Oktavensprünge. Das muss nicht zwangsläufig monoton klingen. Zu den besten Anfängersongs zählen die Karaoke-Veteranen Sades »Smooth Operator«, Laid Backs »Bakerman« und »Don't Stop believin« von Journey. Oder »Da, Da, Da« von Trio und »Sweet Dreams« von Eurythmics. Bei Letzterem gilt das langgezogene »ooh-ooh« zwischendrin als anspruchsvoll, die Aufgabe kann getrost dem Publikum übertragen werden. Von den Beatles empfehlen sich zwei Songs, »Yellow Submarine« und »With a Little Help from My Friends«. Beide haben John Lennon und Paul McCartney extra für Ringo Starr geschrieben, dessen Stimmumfang stark beschränkt war. »With a little Help« besteht im Wesentlichen aus fünf direkt nebeneinanderliegenden Tönen. Das sollte machbar sein. Außerdem haben beide Songs die Eigenschaft, dass sich spätestens ab dem ersten Refrain alle Zuhörer zu einem lauten Chor zusammenschließen und mitgrölen.

Wer denkt, ein Duett sei leichter, weil die eigene Stimme nicht so auffalle, liegt leider falsch. Eher das Gegenteil stimmt. Jeder nicht getroffene Ton wird umso deutlicher wahrgenommen. Wer unbedingt ein Duett versuchen möchte: »I Got You Babe« von Sonny & Cher gilt als beherrschbar.

Unverzeihlicher als Falschsingen ist übrigens die Angewohnheit, am Mikrofon zu kleben. Spätestens nach zwei Liedern sollte ein Sänger verstummen und dem nächsten die Bühne überlassen. Mit dem Konzept mies performen und einfach nicht abtreten wollen haben die Wildecker Herzbuben zwar Millionen verdient, aber bei Karaoke kommt das nicht gut.

WIE KIFFE ICH RICHTIG?

Man glaubt es kaum, aber selbst fürs Kiffen gibt es Regeln. Allerdings nur sehr wenige, und sobald der Joint erst ein paar Mal gekreist ist, fehlt der Runde sowieso jeder Elan, Regelverletzungen noch zu ahnden. Trotzdem.

1. »Wer baut, der haut.« Bedeutet: Der Jointdreher darf die ersten Züge nehmen. Dabei spielt es keine Rolle, ob die verwendeten Materialien von ihm selbst stammen oder ob er bloß die Tüte für jemand anderen angefertigt hat.

2. »Wer spendiert, regiert.« Bedeutet: Der Eigentümer des Rauschmittels darf, solange er damit nicht gegen die vorangegangene Regel verstößt, jederzeit lenkend ins Geschehen eingreifen. Zum Beispiel kundtun, dass der Joint endlich weitergereicht wird oder dass in der nächsten Runde alle aussetzen müssen außer ihm selbst.

3. »Don't bogart the Joint.« Heißt so viel wie: Kleb nicht ewig an dem Ding, gib es weiter. Drei Züge sind okay, vier in Ausnahmefällen tolerierbar, bei fünf beginnt die Einstufung als Egoschwein.

Weitere Regeln sind eigentlich unnötig und höchstens lokal verbreitet. Wer »türkisch« kifft, behält den Rauch so lange in der Lunge, bis der Joint einmal im Kreis gewandert und wieder bei einem selbst angekommen ist. Das soll verhindern, dass Wirkstoffe voreilig ausgeatmet und somit verschwendet werden. Noch dogmatischer ist die Regel »TA«, die zum Beispiel US-Präsident Barack Obama in seiner High-School-Zeit praktizierte: Die beiden Buchstaben stehen für »Total Absorption«. Wer in Obamas Truppe auf Hawaii dabei erwischt wurde, dass er etwas vom Rauch wieder ausatmete, wurde als Strafe einmal übersprungen und durfte erst in der übernächsten Runde wieder nach dem Joint greifen.

WAS PASSIERT, WENN ICH BEIM KIFFEN ERWISCHT WERDE?

Kommt ganz darauf an, wer Sie erwischt.

- Ihre Freunde: Bieten Sie etwas an.
- Ihre Mutter: Behaupten Sie, das sei gar kein Marihuana, sondern Hanf.
- Die Polizei: Hier wird es knifflig. Grundsätzlich sind Anbau, Erwerb und Besitz von Marihuana in Deutschland verboten – der Konsum dagegen keineswegs. Das klingt widersinnig, hat aber ganz konkrete Auswirkungen. Zum Beispiel könnte Ihnen die Polizei mit Blut- und Haar-Tests nachweisen, dass Sie in den vergangenen Monaten täglich eine fußballfeldgroße Plantage weggeraucht haben: Verurteilen könnte Sie dafür niemand. Es kommt noch besser. Selbst der Besitz von Cannabis wird heute nicht

mehr verfolgt, solange der Betroffene von der Polizei als »gelegentlicher Eigenverbraucher« eingestuft wird und eine festgesetzte Mengengrenze nicht überschritten hat. Diese Grenze ist von Bundesland zu Bundesland sehr verschieden und meistens als Kann-Bestimmung formuliert. Berlin und Hessen gelten als die liberalsten Länder, hier können bis zu 15 Gramm als Eigenbedarf gewertet werden. In Nordrhein-Westfalen und Bremen liegt die Grenze bei zehn, in den meisten übrigen bei sechs Gramm. Thüringen hat es bewusst vermieden, eine Höchstgrenze zu definieren. Dieses Bundesland ist eines der restriktivsten. Eine ausführliche Aufschlüsselung der unterschiedlichen Regelungen findet sich im Internet unter www.hanfverband.de. Und jawohl, dieser Verband existiert tatsächlich.

Trotz aller Empfehlungen und Grenzwerte bleibt Polizisten und Strafverfolgern ein gewisser Ermessensspielraum. Und so kann es Ihnen selbst mit einer Menge, die nicht mal einen Hundewelpen high machen würde, durchaus passieren, dass man Sie für einen Händler hält (siehe auch: »Wie erkenne ich einen Dealer – und wie rede ich mit ihm?«). Dann droht sogar eine Hausdurchsuchung. Die Beamten, die in diesem Fall frühmorgens vor Ihrer Tür stehen, werden einen richterlichen Durchsuchungsbeschluss mitbringen, auf dem als Begründung »Gefahr in Verzug« steht. Sie dürfen dann leider Ihre gesamte Wohnung auf den Kopf stellen, und jetzt kommt die größte Frechheit: Sie müssen hinterher nicht mal aufräumen. Der Düsseldorfer Rechtsanwalt Udo Vetter, bekannt als Betreiber des Law-Blogs, empfiehlt: unbedingt noch vor Ort eine Kopie des Durchsuchungsbeschlusses einfordern. Dann die Beamten ihre Arbeit tun, aber sich nicht, nie und niemals von ihnen in ein Gespräch verwickeln lassen. Auch dann nicht, wenn die Beamten eine kumpelhafte Atmosphäre schaffen – und zwar unabhängig davon, ob man nun etwas zu verbergen hat oder nicht. Der Rechtsanwalt Vetter hat noch keinen einzigen Fall erlebt, in dem sich ein solches Gespräch positiv für den Durchsuchten ausgewirkt hätte. Außerdem sollten Sie am Ende im Protokoll vermerken, dass der Durchsuchung von Ihrer Seite widersprochen wurde. Danach: Anwalt suchen.

WIE GAUKELT MAN IN EINER WEIN-BAR KENNERSCHAFT VOR?

Der Besuch einer Wein-Bar ist kein Spaß, sondern eine ernste Angelegenheit, damit das mal klar ist. Lässiges Herumstehen, belangloser Small Talk und beiläufiges Nippen am Getränk sind hier nicht nur unerwünscht, sie sind geradezu verpönt. Wein trinkt man nicht einfach, man genießt ihn. Das Ganze ist ein Erlebnis und wird auch als solches zelebriert, im privaten Kreis oft mit der einleitenden Frage: »Soll ich uns mal eine schöne Flasche öffnen?« Eine hässliche Flasche ist unseren Recherchen zufolge noch niemandem angeboten worden – allem Anschein nach ist die Weinkunde trotz ihres prätentiösen Getues eine oberflächliche Angelegenheit.

Zum richtigen Weintrinken gehört natürlich auch, dass man darüber spricht – echte Kenner leeren nie ein Glas ohne fachkundigen Kommentar. Wer da mithalten will, braucht sich aber keineswegs mit verschiedenen Rebsorten, Anbaugebieten und Lagerungsarten auszukennen. Ein paar Floskeln und Gesichtsausdrücke draufzuhaben, reicht. Ein abschätziger Blick empfiehlt sich zum Beispiel beim Studieren der Karte. Dabei sollte man sich ruhig etwas Zeit lassen und das eine oder andere Angebot mit den Worten »klingt gut« kommentieren. Währenddessen kann man in Gedanken folgende Rechnung aufstellen: Je älter ein Wein, desto besser – aber leider auch desto teurer. Es ist also eine Frage des Budgets, wie viel einem das Vorgaukeln von Kennerschaft wert ist. Komplett Ahnungslose können sich auch an der sogenannten ABC-Regel orientieren: *Anything But Chardonnay* (»Alles außer Chardonnay«). Der Chardonnay genießt bei Sommeliers in etwa so viel Akzeptanz wie Fleisch bei Vegetariern.

Sobald die Entscheidung für eine Sorte gefallen ist und der Kellner mit Flasche und pinguinartiger Haltung vor einem steht, geht es an das Studieren des Etiketts. Eine streng in Falten gelegte Stirn verhindert hierbei, dass sich Ahnungslosigkeit im Antlitz abzeichnet. Mit einem gnädigen Nicken bedeutet man dem Kellner, dass er einen Schluck zum Probieren einschenken darf. Nun ist Präzision gefragt. Nur Banausen greifen ungestüm nach dem Glas und kippen sich dessen Inhalt mit einem Mal hinter die Binde. Ein passionierter Weintrinker hingegen schwenkt den Kelch hochkonzentriert eine gefühlte Ewigkeit. Dann hängt er seine Nase hinein und atmet laut hörbar ein. Erst wenn sich sein Oberkörpervolumen durch das Einatmen verdoppelt hat, setzt er zum Trinken an. Von richtigem Trinken kann in dieser Phase aber nicht die Rede sein – es handelt sich mehr um eine Art Spülen und Kauen mit selbstgefällig entrücktem Blick. Ein weiteres gnädiges Nicken Richtung Kellner beendet das Vorspiel. Jetzt werden die Gläser gefüllt, und es kommt zum eigentlichen Akt.

Verbal darf es im Folgenden ruhig etwas obszön zugehen, wie beim zwischenmenschlichen Beischlaf. Wenn der Wein einem schmeckt, lobt man dessen vollen Körper und rassigen Charakter, vielleicht auch seine spritzige Note. Fortgeschrittene dürfen sich während einer Wein-Konversation großzügig aus dem Wortschatz der Landwirtschaft bedienen. Mit Attributen wie erdig, mineralisch oder holzig liegt man nie falsch, bei Rotweinen bieten sich Assoziationen zu Brombeeren oder Johannisbeeren an. Sollte der Wein einem nicht zusagen, gilt es, Contenance zu wahren. Es heißt dann nicht: »Was für eine Plörre«, sondern »Der ist im Abgang recht mager«. Bei so viel Eloquenz sollte man eines aber nicht vergessen: das Glas nicht am Kelch, sondern am Stiel anzufassen (allerdings nicht mit abgespreiztem kleinen Finger – mehr dazu unter: »Darf ich als Hetero in eine Schwulenbar?«). Andernfalls erwärmt sich der Wein durch die Körpertemperatur. Ein Fehler, mit dem die Mimikry sofort auffliegen würde.

DARF ICH ALS HETERO IN EINE SCHWULENBAR?

Manch einer glaubt, die Regenbogenfahne bedeutet: Heteros müssen leider draußen bleiben. Weil sie sonst a) vernascht werden oder b) die Schwulen in ihrer Schutzzone stören. Beides ist Quatsch. Sechs Tipps für heterosexuelle Menschen in der Schwulenbar.

1. Als Frau können Sie hier eine äußerst spannende Erfahrungen machen: wie es sich nämlich anfühlt, ohne Anstehen aufs Klo zu gehen und Männern zu begegnen, die ausnahmsweise mal ernsthaft ohne Hintergedanken nett zu Ihnen sind. Brian Moylan, New Yorker Autor des »Vice«-Magazins, warnt aber auch vor dem Erleben von Machtverlust: »Your Vagina has no power here« (»Deine Vagina hat hier keine Macht«).

2. Als Mann fürchten Sie vermutlich, angemacht zu werden? Das Gegenteil ist richtig: Sie werden sich fürchten, dass die Schwulen Sie keines Blickes würdigen. Das würde nämlich bedeuten, dass Sie weit weniger attraktiv sind, als Sie denken. Ob Sie es glauben oder nicht: Auch Schwule haben Geschmack und möchten auswählen.

3. Einzeln oder in kleinen Gruppen sind Sie jederzeit willkommen. Aber hüten Sie sich davor, mit einer ganzen Hetero-Armee einzumarschieren. Wenn Sie die Mehrheitsverhältnisse umkehren, ist es keine Schwulenveranstaltung mehr.

4. Nur weil ein Stammgast ironisch die Vokabeln »Tucke« oder »Tunte« benutzt, heißt das nicht, dass Sie es auch dürfen. »Schwuchtel« ist sowieso verboten.

5. Das Klischee möchte, dass Schwule die ganze Zeit zu Village People tanzen wollen. Großer Irrtum. Sie tanzen nämlich auch zu Madonna, George Michael, Pet Shop Boys und anderem Achtziger-Jahre-Schrott. Das ist manchmal schwer zu ertragen. Wenn Sie Glück haben, sind Sie in einem schwulen Hardcore-Techno-Laden gelandet. Hier nervt die Musik zwar ebenfalls, doch wenigstens droht Ihnen kein Zwangstanzen zu Abbas »Dancing Queen«.

6. Hüten Sie sich vorm Erzählen von Schwulenwitzen. Nicht, dass die Männer hier keinen Spaß verstünden. Bloß haben sie jeden der Scherze, den Sie vielleicht für originell halten, schon mindestens 30 Mal gehört.

ICH KANN DIE RECHNUNG NICHT BEZAHLEN – MUSS ICH JETZT GESCHIRR ABWASCHEN?

Nein, das gibt es nur im Film. Anders als von Kneipenwirten und notorischen Besserwissern gerne behauptet, existiert in Deutschland kein spezieller Straftatbestand der Zechprellerei. Dafür greift eine Reihe anderer Gesetze, die so unangenehm werden können, dass Sie sich glatt wünschen, Sie dürften Geschirr abwaschen. Hier die Kurzform: Der Wirt hat nicht nur zivilrechtlichen Anspruch auf Erfüllung der Rechnung, sondern zusätzlich noch einen Schadensersatzanspruch. Wie hoch der ausfällt, entscheidet der Richter – in jedem Fall wird der Abend für den Zechpreller am Ende deutlich teurer, als wenn er direkt bezahlt hätte. Zunächst kann der Wirt darauf bestehen, sich den Ausweis des Zechprellers zeigen und diesen eine schriftliche Zahlungsverpflichtung unterschreiben zu lassen. Alternativ kann er auch die Polizei rufen. Bis zu deren Eintreffen darf er den Gast dann an der Flucht hindern (Jedermanns-Festnahmerecht). Wird der Gast aggressiv, darf der Wirt sogar Gewalt anwenden. Zusätzlich kann er vom Gast ein Pfand verlangen, zum Beispiel ein Handy oder die Jacke (Gastwirtpfandrecht).

Jetzt das Wichtigste. Wer in der Kneipe nicht bezahlen kann, darf auf keinen Fall zugeben, dass er schon zu Beginn des Abends ahnte, dass sein Geld nicht reichen würde – ansonsten kommt nämlich noch der Vorwurf des Eingehungsbetrugs dazu.

Zum Schluss noch eine gute Nachricht: Für seine Freunde muss niemand bezahlen. Machen sich einzelne aus der Runde frühzeitig aus dem Staub, ohne ihren Teil der Rechnung zu begleichen, darf die Bedienung die ausstehende Summe nicht auf die Dagebliebenen verteilen. Viele Wirte probieren es trotzdem und behaupten, es gebe eine rechtliche Grundlage. Sie lügen! Da hilft nur hart bleiben und lediglich zahlen, was man selbst bestellt hatte.

SOLL ICH AUF EINE PARTY, WENN ICH
AUSSER DEM GASTGEBER KEINEN KENNE?

51 Prozent der Deutschen würden das niemals tun, besagt eine Studie des Hamburger Meinungsforschungsinstituts GEWIS. Das ist schade. Denn die aufregendsten, denkwürdigsten Partys sind meistens die, bei denen man vorher keine Ahnung hat, was einen erwartet. Weil man sich eben nicht bequem mit Freunden in eine Ecke hocken und dann im eigenen Saft schmoren kann, sondern gezwungen ist, Fremde kennenzulernen. Mit neuen Ansichten und frischen Ideen. Klar möchte niemand alleine in der Ecke stehen, nirgends Anschluss finden und mitleidige Blicke ernten. Aber das Risiko, dass dieser *worst case* eintritt, ist zum Glück gering (siehe »Wo lerne ich auf einer Party Leute kennen?« und »Wie spreche ich Fremde an?«).

Nichtsdestotrotz empfehlen sich Vorsichtsmaßnahmen: Wer dem Gastgeber von vornherein mitteilt, dass er leider nur kurz vorbei schauen kann, weil er an diesem Abend noch auf zwei andere Partys eingeladen ist, beweist seinen hohen Marktwert. Dann ist es auch nicht peinlich, wenn Sie sich nach einer halben Stunde bereits wieder verabschieden. Falls Sie aber Anschluss finden und sich entscheiden, länger zu bleiben, wird sich der Gastgeber geschmeichelt fühlen: Seine Party läuft dann offensichtlich so gut, dass Sie Ihre sonstigen Verpflichtungen hinten anstellen.

Eine alternative Exit-Strategie: Stellen Sie vor Ankunft den Weckalarm auf Ihrem Handy so ein, dass er nach einer halben Stunde mit einer Melodie auslöst, die gewöhnlich für Telefonanrufe verwendet wird. Der imaginierte Anrufer zwingt Sie dann leider, die Party umgehend zu verlassen (»Okay, wenn es so dringend ist, komm ich vorbei«). Denken Sie sich eine abenteuerliche Geschichte aus, die Sie interessant macht und Gesprächsstoff für die nächste Party bietet: Ihr bester Kumpel ist Borderliner und droht mit Suizid, die zwölfjährige Cousine ist betrunken in der Spielbank aufgefallen, die Gelegenheits-Affäre verlangt dringend Sex.

WAS TUN, WENN DER GASTGEBER MICH AN DER TÜR BITTET, DIE SCHUHE AUSZUZIEHEN?

Wenn ein Gastgeber seine Besucher auffordert, die Schuhe an der Wohnungstür auszuziehen, impliziert er damit zweierlei: zum einen dass die Schuhe so dreckig sind, dass ein Betreten der Wohnung einer Sachbeschädigung gleichkommt; zum anderen dass ihm mehr an seinem Teppichboden oder Parkett liegt als an seinen Gästen. Beides ist natürlich eine

Frechheit. Ein guter Gastgeber bittet seinen Besuch nie, nie, nie darum, die Schuhe an der Tür auszuziehen. Er weiß, dass sich die Gäste im Voraus Gedanken um ihre Kleidung gemacht haben und dass die richtigen Schuhe ein gutes Outfit komplettieren. Weder Anzüge noch Cocktailkleider entfalten erst durch das Weglassen von Schuhen ihre volle Schönheit, und auch bei Jeans ist das nicht anders.

Geradezu traumhaft wäre natürlich die Vorstellung, dass es keine Gastgeber gibt, die einen zum Ausziehen der Schuhe zwingen. Die Realität sieht leider anders aus. Oft kommt man auf Partys, bei denen das Betreten der Wohnung durch einen Berg von Schuhen vor der Tür schier unmöglich gemacht wird, vom lächerlichen Anblick der barfüßigen Besucher ganz zu schweigen. Genaugenommen gibt es nur drei Gründe, warum man Schuhe an der Türschwelle ausziehen sollte:

• Man ist auf eine Pyjamaparty eingeladen, wo Schuhe ein Affront wären.
• Der Gastgeber ist Japaner, und das Betreten seiner Wohnung mit Schuhen wäre ein kulturelles Sakrileg.
• Man ist kurz zuvor in Hundescheiße getreten.

Alles andere ist inakzeptabel und muss vom Gast auch nicht hingenommen, notfalls sogar mit Nachdruck thematisiert werden. Partys, auf denen Sockenpflicht herrscht, sind aus Prinzip zu boykottieren, es sei denn, die Socken sind explizit Thema einer skurrilen Motto-Party (siehe auch: »Gibt es originelle Motto-Partys?« und »Die heikle Frage der Sockenfarbe«). Wer eine Party gibt, muss damit rechnen, dass sich seine Wohnung, sein Haus danach nicht im gleichen Zustand befinden wird wie vorher. Wer sich vor Dreck ekelt, der sollte auch keine Partys geben.

WAS SOLL ICH MITBRINGEN?

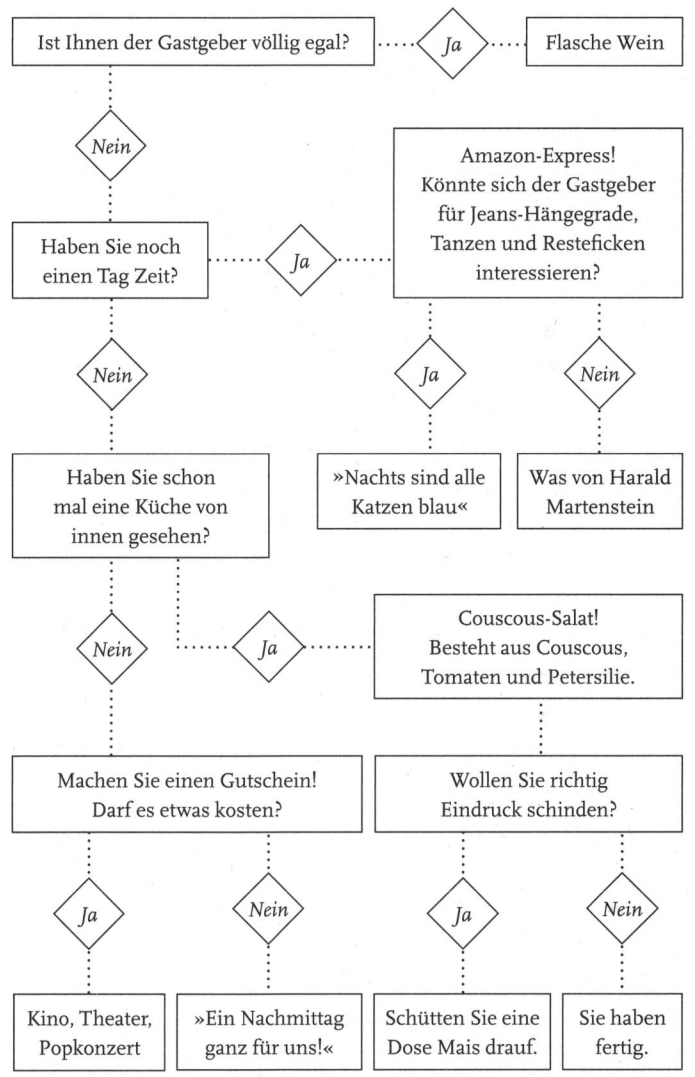

Ist Ihnen der Gastgeber völlig egal? ···· *Ja* ···· Flasche Wein

Nein

Haben Sie noch einen Tag Zeit? ···· *Ja* ···· Amazon-Express! Könnte sich der Gastgeber für Jeans-Hängegrade, Tanzen und Resteficken interessieren?

Nein

Ja → »Nachts sind alle Katzen blau«

Nein → Was von Harald Martenstein

Haben Sie schon mal eine Küche von innen gesehen? ···· *Ja* ···· Couscous-Salat! Besteht aus Couscous, Tomaten und Petersilie.

Nein

Machen Sie einen Gutschein! Darf es etwas kosten?

Wollen Sie richtig Eindruck schinden?

Ja → Kino, Theater, Popkonzert

Nein → »Ein Nachmittag ganz für uns!«

Ja → Schütten Sie eine Dose Mais drauf.

Nein → Sie haben fertig.

FÜR GASTGEBER:
MUSS ICH VORHER DIE NACHBARN WARNEN?

Auf jeden Fall, denn auf deren guten Willen sind Sie leider angewiesen. In Deutschland gilt von 22 Uhr bis 6 Uhr Nachtruhe, auch am Wochenende. Anders als oft behauptet existiert im Mietrecht kein gesetzlicher Anspruch auf Ausnahmen – die angebliche Faustregel »eine laute Feier pro Jahr« ist bloß Legende.

Während der Nachtruhe dürfen Geräusche aus Ihrer Wohnung für die Nachbarn laut Rechtssprechung »kaum noch wahrnehmbar« sein. Keine Option für eine echte Party. Also müssen Sie wohl oder übel schleimen. In einem Wohnhaus sollten Sie den obligatorischen Zettel im Hausflur aufhängen, auf dem Sie um Verständnis und Nachsicht bitten. Er sollte einen – gerne auch frei erfundenen – besonderen Anlass enthalten, warum die Party unbedingt und ausnahmsweise stattfinden muss: runder Geburtstag, Verlobung, Studienabschluss, zur Not bloß ein vage gehaltenes »wichtiges privates Ereignis«. Außerdem sollten Sie alle Nachbarn einladen, abends vorbeizuschauen und selbst mitzufeiern. Und vor allem Bescheid zu sagen, falls sich jemand gestört fühlt. Höchstwahrscheinlich wird niemand diese Einladung annehmen, wer traut sich schon auf die Party mit lauter Wildfremden?

Noch cleverer ist es, jeden Nachbarn einzeln aufzusuchen und persönlich über die bevorstehende Party aufzuklären. Ihre Verbindlichkeit und Courage wird beeindrucken, und wenn sich der Nachbar später schwer genervt von den Technobässen und dem Fußgestampfe die Haare rauft, wird er sich an Ihren Auftritt erinnern und größte Hemmungen haben, sich zu beschweren oder gar die Polizei einzuschalten. Wer auf Nummer sicher gehen will, bringt am Tag vor der Party jedem Nachbarn eine Tafel Schokolade als Vorabentschädigung vorbei. Eine Investition, die sich bezahlt machen wird.

WEN BEGRÜSSE ICH WIE?

Auf einer Party begegnet man den unterschiedlichsten Menschen: guten Freunden, alten Bekannten, Fremden und Idioten. Anstand und äußere Begleitumstände gebieten es, alle angemessen zu begrüßen. Ein Überblick:

HÄNDESCHÜTTELN. Ist als Begrüßungsritual vor allem in Ostdeutschland weit verbreitet, wo es Gerüchten zufolge selbst bei Verwandten und engen Freunden Anwendung findet. Das Händeschütteln wird zu Unrecht belächelt. Wer sich dafür entscheidet, bringt seinem Gegenüber ein Mindestmaß an Höflichkeit entgegen, hält ihn körperlich jedoch auf Abstand. Mittel der Wahl bei Kollegen, Nachbarn und Menschen mit verschwenderischem Parfümgebrauch. Hellhörig sollte man werden, wenn unter Touristen vom *german handshake* die Rede ist. Die Bezeichnung zielt keineswegs auf nationale Eigenheiten ab, sondern impliziert, dass derjenige, der einem zur Begrüßung die Hand hinhält, selbige nach Toilettengang oder Selbstbefriedigung nicht gewaschen hat. Radikaler kann man Antipathie unter dem Deckmantel der Freundlichkeit nicht bekunden.

ZUWINKEN. Legitim zur Abfertigung von Gruppen ab zehn Personen.

UMARMUNG. Kann mitunter etwas ungelenk und verhuscht ausfallen. Unsauber ausgeführt ist sie für Außenstehende beim flüchtigen Hingucken nur schwer von einem *chest bump* zu unterscheiden, jener Geste, bei der zwei Basketballer nach einem geglückten Spielzug mit stolzgeschwellter Brust ihre Oberkörper aneinanderkrachen lassen. Wenn schon umarmen, dann richtig: Arme weit ausbreiten, das Gegenüber heranziehen und ihn fest an sich drücken. Gegebenenfalls noch mit einer Hand sanft den Rücken tätscheln. Umarmungen von weniger als einer Sekunde können als Pflichtübung missverstanden werden, Umarmungen von mehr als fünf Sekunden als verkappter Anmachversuch. Richtig dosiert vermitteln sie ein Höchstmaß an Herzlichkeit. Anzuwenden bei guten Freunden und Ex-Partnern, zu denen man ein inniges Verhältnis hat.

HANDKUSS. Wird eigentlich nur noch in Österreich und pseudoelitären Kreisen praktiziert. Der Handkuss ist nichts für Menschen diesseits der 60. Es sei denn, sie besuchen eine 20er-Jahre-Motto-Party. Falls dem so ist: Die Lippen des Mannes dürfen den Handrücken der Frau keinesfalls berühren, sie deuten einen Kuss lediglich an. Direkter Hautkontakt läuft unter Immuntherapie.

KUSS AUF DIE WANGE. Verdrängt zunehmend das Händeschütteln. Ewiges Dilemma: Auf welcher Seite beginnen und wie oft küssen? Eröffnet wird in der Regel auf der rechten Wange, es empfiehlt sich jedoch, auf die Körpersprache der anderen Person zu achten, um gegebenenfalls flexibel zu reagieren. Wie oft es dann hin und her geht, ist regional verschieden. In Frankreich, Spanien und vielen lateinamerikanischen Ländern gibt es in der Regel pro Seite einen Kuss. In Russland hat sich die Rechts-links-rechts-Kombination durchgesetzt, während es die Briten bei einem Kuss bewenden lassen. Niemals – wir wiederholen: niemals! – Japaner auf die Wange küssen. Sie empfinden bereits Händeschütteln als sexuelle Belästigung.

KUSS AUF DEN MUND. Ist dem Partner oder der Partnerin vorbehalten, bestenfalls noch sehr, sehr engen Familienmitgliedern. Das hatte sich damals offenbar nicht bis zu Honecker und Breschnew herumgesprochen.

HIGH FIVE. Klassisches Abklatschen. Nur auf dem Sportplatz oder bei HipHop-Partys angebracht.

IGNORIEREN. Einzig probate Form der Begrüßung von Erzfeinden. Es sei denn, Ihr Erzfeind ist Japaner. Dann küssen!

WO LERNE ICH AUF EINER PARTY LEUTE KENNEN?

Der beste Platz zum schnellen Kontakteknüpfen ist die Küche. Hier finden Sie keine verschworenen Cliquen, sondern einen bunt gemischten Haufen Plauderwilliger. Ständig kommt einer hinzu oder geht. Die Gesprächsthemen liegen auf der Hand: Welcher Salat schmeckt am besten, in welchem Schrank gibt es noch saubere Gläser, wo ist wieder der verdammte Korkenzieher hin? Nehmen Sie besser nicht auf einem der Stühle Platz. Wer sitzt, riskiert, dass sich andere vor einen stellen und vom Kommunikationsfluss abschneiden. Am besten positionieren Sie sich mitten im Raum, am Büfett oder im Einzugsbereich des Kühlschranks. Hängt an dessen Außenwand ein WG-Putzplan: Machen Sie sich darüber lustig. Erzählen Sie die Geschichte eines früheren

WG-Mitbewohners, der unter Keimphobie litt und deshalb darauf bestand, das Badezimmer jede Woche selbst zu reinigen. Kleben am Kühlschrank Wort-Magneten zum Sätze-Aneinanderreihen: Lassen Sie es bleiben, das wirkt leicht autistisch.

Der zweitbeste Ort, um Kontakte zu knüpfen, ist der Flur. Nirgendwo sonst gibt es eine derart hohe Fluktuation der Partygäste. Wegen der Enge kann man gar nicht anders, als miteinander in Kontakt zu kommen. Und vor der Toilette bildet sich bald eine Warteschlange. Anstehen verbindet.

WIE SPRECHE ICH FREMDE AN?

Die Amerikaner haben ein extra Wort dafür erfunden: *mingling* (wörtlich: »Vermischung«) beschreibt den Versuch, auf einer Party mit Fremden ins Gespräch zu kommen. Mingle-Strategien gibt es haufenweise, erdacht von Psychologen und Coaches, beworben in Büchern und Videos. Die wichtigsten Techniken im Überblick.

1. **DIE NÖTIGE GRUNDEINSTELLUNG.** Stellen Sie sich eine niveauvolle Unterhaltung vor, die den Intellekt beider Gesprächspartner fordert und beiden Seiten einen nachhaltigen Mehrwert bringt. Und nun vergessen Sie diesen Quatsch. Beim Small Talk geht es um etwas völlig anderes.
2. **DAS RICHTIGE OPFER AUSSUCHEN.** Als Anfänger sollten Sie Gruppen von mehr als drei Gästen, die sich offensichtlich bereits kennen, erst einmal meiden. Geschlossene Systeme sind schwer zu infiltrieren. Steuern Sie besser gezielt eine Person an, die ebenfalls verloren in der Gegend herumsteht.

3. **NICHT ZU VIEL NACHDENKEN.** Beginnen Sie mit einer harmlosen, unstrittigen Aussage, die nichts anderes möchte, als verbalen Kontakt herzustellen. Zum Beispiel: »Ganz schön was los hier« oder »Schöner Fußboden«. Der deutsche Small-Talk-Experte Stephan Lermer nennt solche Bemerkungen »Icebreaker-Floskeln« – sie sollen das Eis brechen. Reagiert der andere nicht, bedeutet das keinen Gesichtsverlust.

4. **KÖRPERSIGNALE.** Lächeln Sie. Halten Sie ein Getränk in der Hand, das wirkt locker.

5. **FRAGEN STELLEN.** Signalisiert Interesse und schmeichelt dem Angesprochenen unterschwellig. Haben Sie keine Angst vor zu banalen Fragen, sie können gar nicht simpel genug sein. Also lieber nicht »Was hältst du von Hannah Arendts Totalitarismustheorie?«, sondern »Bist du auch von hier?« und natürlich der Klassiker »Woher kennst du den Gastgeber?« Small-Talk-Experte Frank Naumann rät zu offenen Fragen, also solchen, die man nicht bloß mit »Ja« oder »Nein« beantworten kann. Ansonsten ist das Gespräch, von beiden Seiten ungewollt, unter Umständen schnell zu Ende.

6. **ANTWORTEN AUSSCHMÜCKEN.** Wer selbst etwas gefragt wird, kann über die reine Antwort hinaus zusätzliche Informationen streuen, die dann eine Ansatzfläche für das weitere Gespräch werden können. Zum Beispiel: »Gibt's hier noch Teller?« – »Ja, und du musst unbedingt auch die Himbeerbowle probieren.«

7. **HAUPTSACHE POSITIV.** Im Small Talk geäußerte Beobachtungen dürfen gerne oberflächlich sein – Hauptsache, sie haben einen positiven Tenor. Tolles Wetter heute. Tolle

Musik hier. Toller Wochentag. Ausnahme: Komplimente über das Aussehen des anderen werden leicht als plumper Flirtversuch fehlinterpretiert.

8. **DER GEMEINSAME NENNER.** Nichts verbindet so sehr wie eine gerade entdeckte Gemeinsamkeit. Das können der Vorname, der Beruf oder die Jeansmarke sein. Prompt hat man ein ergiebiges Gesprächsthema, kann Erfahrungen austauschen und fühlt sich verstanden. Auch hier gilt: Entgegen landläufiger Vorstellung darf das Thema gerne belanglos sein. Zwei Menschen, die beide auf dem Weg zur Party im Treppenhaus beinahe in denselben Hundehaufen getreten wären, können rasch beste Freunde werden.

9. **DER EHRLICHE ANSATZ.** Jeanne Martinet, Autorin des Standardwerks »The Art of Mingling«, empfiehlt als wirksamste Methode entwaffnende Offenheit. Gehen Sie auf einen Fremden zu und sagen: »Weißt du was? Ich kenne auf dieser Party keinen einzigen Menschen. Ich heiße übrigens ...« Das Gegenüber wird beeindruckt sein von so viel Ehrlichkeit, Sie interessant finden und vielleicht sogar anderen vorstellen.

SOLL ICH ÄLTERE PARTYGÄSTE DUZEN ODER SIEZEN?

Der Typ am Büfett wirkt witzig, gesprächig und scheint auf der gleichen Wellenlänge zu liegen. Einziges Problem: Er sieht mindestens 15 Jahre älter aus. Sie fragen sich nun: Will er wohl geduzt oder gesiezt werden – oder sollten Sie vorsichtshalber umständliche Formulierungen ganz ohne Anredepronomen wählen?

Unwillkürlich neigt man auch auf Partys dazu, ältere Gäste zu siezen. Man will schließlich höflich sein und Respekt zeigen. Leider ist das komplett falsch gedacht. Denn welche Regeln im normalen Leben auch gelten mögen: Auf einer Party möchten Ältere unbedingt geduzt werden. Das hat einen simplen Grund. Es schmeichelt. Wer im Nachtleben von Jüngeren gesiezt wird, fühlt sich alt. Und genau das ist es, was man dort auf keinen Fall möchte, egal, ob mit Ende 30 oder Mitte 50. Wer nicht mehr wirklich jung ist, will sich zumindest so fühlen, und das klappt auf Partys ganz prima, mit Bier in der Hand und lauter Musik aus dem Nebenzimmer. Die Sie-Anrede erinnert einen an das biologische Alter und dass die wilden Zeiten, ob man sie jemals hatte oder nicht, unwiderruflich vorbei sind. Das »Sie« ist ein Affront, eine Kränkung und auch Diskriminierung. Also bitte Hemmungen überwinden und konsequent duzen, der Angesprochene wird es danken. Einzige Ausnahme: wenn Sie den Älteren bereits kennen. Zum Beispiel, weil er Ihr Vorgesetzter ist (siehe: »Wie überstehe ich eine Betriebsfeier?«).

DARF ICH JEMANDEN GOOGELN, DEN ICH GERADE ERST KENNENGELERNT HABE?

Selbstverständlich. Alles andere wäre dumm und wirklichkeitsfremd. Stellen Sie sich einfach folgende Situation vor: Sie sind ein Mann, und der Gastgeber einer Party macht Sie mit Johanna bekannt, der Freundin einer guten Freundin. Sie kommen miteinander ins Gespräch und erfahren, dass Johanna unweit von Ihrer Wohnung eine Eisdiele betreibt.

Am Ende einer netten, kurzweiligen Unterhaltung werden Sie auf einen Erdbeerbecher am nächsten Wochenende eingeladen. Warum nicht, denken Sie sich. Am Büfett kommen Sie jedoch ins Grübeln: Hat die Einladung was zu bedeuten oder war sie ein bloßer Akt der Höflichkeit? In dieser Situation wäre es fahrlässig, die Ihnen bekannten Fakten nicht für eine schnelle Google-Recherche zu verwenden, um mehr über Ihre Gesprächspartnerin herauszufinden. Also schließen Sie sich auf der Toilette ein, tippen die Ihnen bekannten Eckdaten ins Smartphone und finden heraus: Johanna betreibt besagte Eisdiele gemeinsam mit ihrem Mann, den sie im Gespräch ebenso verschwiegen hat wie ihren sechs Monate alten Sohn. Zudem zählt sie einen Ihrer Nachbarn zu ihren Facebook-Freunden, ausgerechnet jenen, dem Sie erst vorgestern einen anonymen Drohbrief unter der Wohnungstür durchgeschoben haben, weil er seit Monaten seine Werbung in Ihrem Briefkasten entsorgt, um sich so die paar Schritte zur Mülltonne zu sparen. Es ist somit klar, dass Sie die Bekanntschaft mit Johanna nicht weiter zu vertiefen brauchen.

Dass Menschen im Gespräch nicht alles von sich preisgeben, dass sie versuchen, sich von ihrer besten Seite zu präsentieren, ist legitim. Aber mindestens ebenso legitim ist es, sich im Zeitalter von Internet, Smartphones und sozialen Netzwerken nicht mit Bruchstücken zufriedenzugeben. Jeder Elfjährige weiß, wie er mit ein paar Suchanfragen sensible Informationen über seine Klassenlehrerin oder den gefürchteten Schultyrannen aus der 12a herausfindet. Nur erwischen lassen darf man sich beim Googeln nicht. Das Handy sollte daher während der Unterhaltung in der Tasche bleiben und erst dann bemüht werden, wenn der Gesprächspartner kurz zum Rauchen auf den Balkon verschwindet. Komplett verboten ist es, sein Gegenüber mit den – womöglich kompromittierenden – Ergebnissen der Internetrecherche direkt zu konfrontieren. Damit stellt man nicht ihn, sondern nur sich selbst bloß.

WIE ÜBERSPIELE ICH WISSENSLÜCKEN IM GESPRÄCH?

Getrieben von Arglosigkeit hat man sich zu einer Gruppe gesellt, die gerade in ein Gespräch vertieft ist, dessen Thema man beim Annähern nicht rechtzeitig identifizieren konnte. Während man realisiert, dass es zwischen dem Gegenstand der Unterhaltung und dem eigenen Wissen keine gemeinsame Schnittmenge gibt, bekommt man auch schon eine Frage gestellt. Nur mit Mühe lässt sich das Widerspiegeln von Ratlosigkeit im Gesicht unterdrücken. Doch wie kommt man aus dieser Nummer ohne größeren Imageschaden wieder raus? Sie könnten die noch volle Flasche Bier auf ex leeren und sich mit dem Hinweis auf die Beschaffung von Getränkenachschub an die Bar verabschieden. Oder Sie springen nervös von einem Bein aufs andere und hechten erleichtert in das gerade frei werdende Klo, wo Sie die nächsten anderthalb Stunden ausharren in der Hoffnung, dass sich die Gruppe in der Zwischenzeit auflöst. Das wären nachvollziehbare Reaktionen. Wenn auch denkbar schlechte. Wesentlich eleganter wirkt es, von Wissenslücken abzulenken. Zum Beispiel, indem man mit den einleitenden Worten »Ich musste gerade darüber nachdenken, was du eben gesagt hast« das komplette Gegenteil dessen behauptet, worüber kurz zuvor gesprochen wurde. Ziel dieser Strategie muss es sein, den Fragesteller selbst in Erklärungsnot zu bringen. Einfacher ist es natürlich, die eigene Ahnungslosigkeit unumwunden zuzugeben. Damit die Fallhöhe nicht so groß ist, am besten mit einem Zitat von Mark Twain: »Wir sind alle ignorant – nur in verschiedenen Dingen.«

SOLL ICH BEIM SMALL TALK LÜGEN?

Fast jeder tut es. Durchschnittlich mindestens zwei Mal pro zehn Minuten Gespräch, das hat der amerikanische Psychologe Robert Feldman von der University of Massachusetts herausgefunden. Hinsichtlich der Häufigkeit unterscheiden sich Männer und Frauen nicht, wohl aber bei den zugrunde liegenden Motiven: *Sie* tendiert zur Lüge, damit sich der Gesprächspartner besser fühlt. *Er* tut es meist, um selbst in einem besseren Licht dazustehen. Beides sind plausible und unterstützenswerte Gründe. Mingling-Expertin Jeanne Martinet geht so weit zu behaupten, dass durch die menschliche Fähigkeit zu lügen nicht nur laufend Kriege verhindert werden, sondern auch Partys deutlich mehr Spaß bringen. Übertreibungen und fantastische Ausschmückungen der eigenen Biografie machen einen eben interessanter. Natürlich sind Grenzen gesetzt: Wer behauptet, ein Rockstar zu sein, wird sich dafür womöglich irgendwann rechtfertigen müssen.

Eine ihrer empfehlenswertesten Lüge-Techniken nennt Jeanne Martinet den Helpless-Hannah-Approach (den »Hilflose-Hannah-Ansatz«). Probieren Sie ihn einmal aus. Machen Sie einem Gesprächspartner weis, dass ein anderer

Gast auf der Party Sie nerve oder bedränge oder gar bedrohe. Wer genau, könnten Sie nicht verraten, das sei eine lange Geschichte. Dann bitten Sie Ihr Gegenüber, auf ein bestimmtes Signal hin herbeizueilen und mindestens als moralische Unterstützung, wenn nicht gar als Beschützer Gesellschaft zu leisten. Die angeschwindelte Person wird im Laufe des Abends immer wieder vorbeischauen, Blickkontakt suchen und fragen, ob noch alles in Ordnung ist. Jeanne Martinet sagt, am meisten Spaß bringe es, wenn man die Geschichte am Abend gleich mehreren Gästen erzählt.

MUSS ICH ÜBER SCHLECHTE WITZE LACHEN?

Vor allem Männer, und unter diesen besonders die Alkoholisierten und die mit Egoproblemen, neigen auf Partys zu dem Irrglauben, sie verfügten über ein sagenhaftes Talent zum Witzeerzählen und könnten als Alleinunterhalter sämtliche Umstehenden in ihren Bann ziehen. Leider ist das mit dem Witzeerzählen so eine Sache. Es sabotiert nicht bloß die Möglichkeit einer richtigen Konversation, sondern kann auch dramatisch in die Hose gehen. Erstens weil das Risiko, dass wenigstens einer in der Runde den Witz zu derbe oder moralisch verwerflich findet, chronisch unterschätzt wird. Zweitens weil der Erzähldrang auf Partys erstaunlich oft mit jämmerlicher Vortragskunst einhergeht. Die Kardinalfehler lauten schlechtes Timing, Überziehen des Spannungsbogens und die Kunst, im entscheidenden Moment die Pointe zu versieben. Kurzum: Opa-Manfred-Style. Der Autor Hannes Stein hat sehr richtig erkannt: »Anders als der Humor stiftet der Witz keine

Gemeinschaft; oft zerstört er sie.« Wie also mit Nervensägen umgehen – aus Höflichkeit lachen oder eiskalt auflaufen lassen?

Die Washington State University hat die Reaktionen von Opfern misslungener Pointen empirisch untersucht und dabei wenig Hang zur Toleranz ausgemacht. Fast jeder zweite Betroffene verhält sich »unhöflich bis geradezu beleidigend«. Laut Studienleiterin Nancy Bell dominieren persönliche Angriffe mit dem Ziel, die Witzeerzähler sozial auszuschließen oder zu demütigen. Dagegen wäre grundsätzlich nichts einzuwenden, verdient hätten sie es allemal, also keine Scheu. Bloß sollten Sie sich vorher fragen, ob das in Ihrem eigenen Interesse liegt. Denn dass nur gelacht wird, wenn etwas wirklich komisch ist, gilt schon lange als widerlegt. Deutsche Wissenschaftler wie die Berliner Verhaltensforscherin Julia Vettin wissen, dass Lachen vor allem als sozialer Klebstoff dient, um Bindungen zu festigen und Vertrauen zu schaffen. Am wirkungsvollsten funktioniert das übrigens, wenn Sie mit offenem Mund lachen, sagt die Wissenschaft.

Geschätzte 80 Prozent aller Lacher haben keine komische Ursache. Deswegen: Finden Sie Ihr Gegenüber nicht völlig abschreckend, seien Sie so nett und tun kurz amüsiert. Danach schnell intervenieren und das Thema wechseln. Will er nicht aufhören, unterbrechen Sie ihn bei jedem neuen Witz gleich nach dem ersten Satz und sagen: »Kenn ich leider schon.«

WIE WERDE ICH EINEN NERVIGEN GESPRÄCHSPARTNER LOS?

Sie sehen es ihm nicht sofort an, er wirkt sympathisch, vielleicht sogar witzig oder geistreich. Bis Sie merken, dass Sie leider an den Falschen geraten sind – doch dann ist es bereits zu spät.

Auf jeder guten Party gibt es mindestens einen nervigen Gast, der seine Umgebung ohne Rücksicht auf Verluste zutextet, der am liebsten von sich selbst erzählt und über alle subtilen Absetzbewegungen seiner Mitmenschen gnadenlos hinwegbrabbelt. Konventionelle Etikettetrainer bezeichnen solche Typen als »klebrige Gesprächspartner«, treffender wäre wohl »schwarze Löcher« – weil sie die Gabe besitzen, Umstehenden sämtliche Energie und Lebensfreude auszusaugen. Ihre Themenwahl variiert: Sie schwafeln von Backpacker-Urlauben in Südostasien, angeblichen Heldentaten im Büro, den letzten 20 Folgen ihrer aktuellen Lieblingsserie in chronologischer Reihenfolge. Was alle Party-Zutexter dieser Welt eint: Sie begreifen nicht, wie sehr sie die Geduld ihrer Mitmenschen strapazieren.

Mit dieser Masche gelingt es ihnen, ganze Gesprächsrunden zu zerstören. Nach und nach setzen sich die anderen ins Nebenzimmer ab, wer nicht rechtzeitig flüchtet, bleibt am Ende allein mit dem Wortmonster zurück. Wie entkommt man dieser Notlage? Zunächst müssen Sie sich über die Schuldfrage klar werden: Nicht Sie selbst sind unhöflich, weil Sie dringend fortmöchten. Ihr Gegenüber ist es. Im Grunde interessiert ihn überhaupt nicht, wen er gerade zutextet. Also kein Mitleid. Weiterhin empfiehlt es sich nicht, auf eine günstige Gelegenheit zur Flucht zu warten, das steigert bloß die Frustration. Besser ist es, selbst aktiv zu werden. Die besten Fluchtwege:

1. Der Klassiker: Sie behaupten, dringend auf Toilette zu müssen oder das Weinglas aufzufüllen. Nachteil: Das Monster könnte Sie begleiten wollen.

2. Der Phantom-Anruf: Greifen Sie in die Hosentasche und erklären Sie, das Handy vibriere. Dann täuschen Sie ein Telefongespräch vor, sagen bloß »Hallo«, lassen ansonsten den imaginären Anrufer reden. Kurz Blickkontakt mit dem Monster herstellen, entschuldigend mit der freien Hand winken, umdrehen und weg.

3. Eine Technik, die der britische Soziologe Laurie Taylor vorschlägt: Gehen Sie in die Hocke und binden Sie einen Schnürsenkel neu. Bleiben Sie möglichst lange am Boden, stehen Sie dann mit weitem Ausfallschritt wieder auf und laufen dabei einem zufällig vorbeigehenden Fremden in die Arme. Entschuldigen Sie sich und laden Sie den Angerempelten auf einen Drink ein.

4. Für Fortgeschrittene: Verwickeln Sie einen Dritten in das Gespräch. Versuchen Sie, das Interesse des Zutexters auf den Neuankömmling zu lenken (»Kennt ihr euch eigentlich?« – »Er war übrigens auch schon in Südostasien.«). Entfernen Sie sich kurz darauf von der Gruppe. Die Mingling-Expertin Jeanne Martinet nennt diese Technik *human sacrifice* (»Menschenopfer«).

5. Die Freundlichkeitsoffensive: Schenken Sie Ihrem Gegenüber ein herzliches Lächeln, klopfen Sie ihm auf die Schulter und sagen Sie: »War wirklich toll, mit dir zu reden.« Die positiven Signale werden die negativen

des folgenden Abgangs überdecken und in Erinnerung bleiben. Wichtig: Behaupten Sie niemals, gleich wiederzukommen.

WIE SCHNORRE ICH ZIGARETTEN?

Schnorrer nerven und haben eigentlich keine Ratschläge verdient. Aber Sie, lieber Leser, haben für dieses Buch schließlich Geld bezahlt, deshalb machen wir eine Ausnahme. Den entscheidenden Trick haben Luca Tommasi und Daniele Marzoli von der italienischen Uni Chieti herausgefunden. Sie studierten nachts in Clubs das Schnorrverhalten von Gästen bei laut aufgedrehter Musik und initiierten danach eigene Testreihen. Das erstaunliche Ergebnis: Die Erfolgsquote hängt stark davon ab, von welcher Seite sich der Schnorrer seinem Opfer nähert. Brüllt er ihm ins rechte Ohr, liegt die Erfolgschance bei 40 Prozent, ins linke Ohr gebrüllt erreicht sie nicht mal 20 Prozent. Grund sind der asymmetrische Aufbau des menschlichen Gehirns und die sogenannte *rightear dominance*: Vom rechten Ohr eingefangener Schall wird nämlich überwiegend von der linken Hirnhälfte verarbeitet – die ist für Verständnis und Verarbeitung von Sprache sowie für die soziale Kontaktaufnahme zuständig.

Davon abgesehen helfen Umfragen zufolge vor allem entwaffnende Dreistigkeit (»Gibst du mir eine Kippe? Meine liegen noch im Automaten.«) oder alternativ eine leere Zigarettenschachtel, die zur Beweisführung vorgezeigt wird. Das verleiht Glaubwürdigkeit und erzeugt Mitleid, selbst wenn die Packung schon seit 1995 in der Tasche rumfliegt.

WIE SCHÜTZE ICH MICH VOR SCHNORRERN?

Solange Sie Ihre Kippen nicht bei Schmugglern auf dem Schwarzmarkt kaufen, zahlen Sie pro Filterzigarette in Deutschland heute etwa 26 Cent. Das ist zu wenig, um einen Schnorrversuch brüskiert zurückzuweisen, ohne als Geizkragen zu gelten. Aber auch zu viel, um ständig seinen Tabak an Wildfremde zu verschenken. Ganz furchtbar sind diejenigen, die offiziell gar nicht schnorren, sondern bloß eine Zigarette »abkaufen« wollen. Die wissen, dass man sie am Ende doch umsonst rausrückt. Moralisch gesehen ist es deshalb Ihr gutes Recht, all diese schlechten Menschen mit einem billigen Trick hinters Licht zu führen. Die beste Empfehlung lautet: immer zwei Schachteln dabeihaben. In der einen steckt nur noch eine einzige Zigarette. Diese Packung wird bei jedem arglistigen Schnorrversuch vorgezeigt: »Sorry, ist meine letzte.« Funktioniert immer.

DARF ICH AUF EINER PARTY LÄSTERN?

Selbstverständlich. Wer behauptet, Lästern sei eine unmoralische Angelegenheit, hat wenig Ahnung vom Leben. Gerade auf einer Feier wird es als belebende und dazu noch gesunde, weil aggressionsabbauende Maßnahme geschätzt. Schon die große Audrey Hepburn wusste: »Zur Unterhaltung einer Party trägt niemand so viel bei wie diejenigen, die gar nicht da sind.« Das Lästern muss sich aber keinesfalls auf Abwesende beschränken. Auch über den Nasenring des Mädchens im anderen Zimmer oder die cheesige Plattensammlung des Gastgebers darf in heiterem Tonfall munter hergezogen werden. Lästern verbindet, weil es zwischen zwei Beteiligten eine primitive, aber unbestreitbare Gemeinsamkeit herausstellt. Beide sind schließlich nicht so doof wie der, über den gesprochen wird. Außerdem schadet es niemandem, weil derjenige es ja nicht mitbekommt. Der Soziologe Max Gluckman wusste schon in den 60er-Jahren, dass Tratsch als sozialer Klebstoff fungiert und Gruppen, wenn nicht gar ganze Gesellschaften zusammenhält. Psychologen der Uni Stanford forschten später über den starken menschlichen Drang, mit Hilfe von Lästereien eine gesellschaftliche Harmonie herzustellen.

Natürlich gibt es Grenzen. Gerade wer sich im Alltag lästerliche Bemerkungen verkneift, sollte auf einer Party nicht ungezügelt drauflosquatschen, sonst könnte er den Bogen überspannen und unangenehm auffallen. Nicht umsonst mahnt das Sprichwort »Nüchtern zu schüchtern, besoffen zu offen« zu Contenance. Blutige Anfänger versuchen sich vielleicht erstmal an Opfern, auf die sich alle einigen können: Dieter Bohlen, Paris Hilton, Guido Westerwelle, Lothar Matthäus, Kathrin Müller-Hohenstein. Ist zwar billig, aber jeder fängt klein an.

WIE BESCHIMPFE ICH RICHTIG?

Friedrich der Große hat gesagt: »Beleidigung mit Beleidigungen zu vergelten, ist die Art des Pöbels.« Aber ehrlich, der Typ war ein Kriegshetzer, Wichtigtuer und Menschenschinder, wer würde auf so einen hören. Tatsächlich ist es manchmal notwendig, sich zu wehren. Leider fallen einem die schönsten Schmähungen erst hinterher ein. Der Schriftsteller und Zeichner Tex Rubinowitz hat sich zu Recht darüber beklagt, dass die meisten Menschen immer bloß auf ein kleines, begrenztes Repertoire an wiederkehrenden Beschimpfungen zurückgreifen, die aufgrund ihrer Gewöhnlichkeit und Abgenudeltheit nur noch eine minimale Wirkung entfalten. Dabei biete die deutsche Sprache doch so viel mehr Möglichkeiten, seine Feinde zu erniedrigen und fertigzumachen, sagt Rubinowitz. Andere Nationen erweisen sich allerdings auch nicht als kreativer, die Chinesen sagen »dumme Vagina«, die Japaner finden schon »Idiot« richtig krass. Das Verunglimpfen durch Benennung von Körperausscheidungen, Genitalien oder Tierarten ist weltweiter Standard, die Schmähung von Familienmitgliedern ein Evergreen.

Das ergibt auch Sinn. Eine Beleidigung muss schmerzen und unmittelbar durchdringen wie ein Peitschenhieb. Wer niveauvoll beschimpfen will, läuft Gefahr, dass die Botschaft gar nicht ankommt. Ein bedacht vorgetragenes »Ich weiß, du bist nicht so blöd, wie du aussiehst, das könnte niemand« ist mindestens um zwei Ecken zu weit gedacht. Vergessen Sie Winkelzüge und Metaebenen, sagen Sie einfach: »Du siehst blöd aus.« Überhaupt gehören Anspielungen auf das Äußere zu den wirksamsten Strategien, denn hier ist jeder verletzbar. Dabei kommt es nicht darauf an, ob die Kritik objektiv haltbar ist oder nicht. Die schlichte Behauptung, jemand sei von der Natur mit einem unförmigen Kinn oder einem irgendwie anormalen Hintern bedacht, lässt denjenigen erschrecken. Denn wenn einer so eine Kränkung ausspricht, muss schließlich ein Funken Wahrheit dran sein, oder? Je vager Sie Ihre Kritik formulieren, desto mehr Raum geben Sie Ihrem Gegenüber für Verunsicherung und das Aufflammen eigener, tief sitzender Ängste. Ein schnödes »Wechsel mal dein Gesicht« wird Ihr Gegenüber kurzfristig vor den Kopf stoßen und gleichzeitig einen Stachel für wochenlange Selbstzweifel setzen. Sie können die Beleidigungen auch gezielt anbringen, um unliebsame Diskussionen abzuwürgen und vom Streitthema abzulenken. Zum Beispiel: »Mit so einer Nase (oder so einem Gebiss oder so einem Haaransatz) wäre ich an deiner Stelle mal lieber ganz still.«

WAS MACHEN, WENN SICH DIE KLOTÜR NICHT ABSCHLIESSEN LÄSST?

Niemand verrichtet sein Geschäft gern vor Publikum. Außer vielleicht Ernst August von Hannover, der berüchtigte Expo-Pinkler. Ein guter Gastgeber weiß das natürlich. Er wird daher alles in seiner Macht Stehende tun, damit seine Gäste ungestört Wasser lassen können. Wenn sich die Klotür nicht abschließen lässt, wird er vor Beginn der Party wenigstens schnell noch ein drehbares Frei/Besetzt-Schild anbringen. Hat ihm selbst dafür die Zeit gefehlt, liegt die Organisation des Toilettengangs an jedem selbst.

Besondere Vorkehrungen sind dann zu treffen, wenn Klo und Bad nicht voneinander getrennt sind und in der Badewanne Getränke gekühlt werden. Die Gefahr, dass jemand hereinplatzt, ist dann besonders hoch. Verlässlichen Schutz vor Zuschauern bieten Freunde, die Wache schieben. Ob im Klo oder davor, hängt vom Grad der Vertrautheit ab. Sie sollten zum Aufpassen konstitutionell aber noch in der Lage sein. Nach drei Gläsern Long Island Iced Tea wird das eher schwierig. Grundsätzlich ist es nicht damit getan, jemanden im Dämmerzustand draußen vor der Klotür abzulegen. Die anderen Partygäste werden ihn mit Sicherheit nicht als Wachmann wahrnehmen.

Findet sich niemand, der einem vertrauenswürdig und fit genug für diese Aufgabe erscheint, ist es durchaus in Ordnung, einen Kasten Bier oder den Unterschrank des Waschbeckens zum Verriegeln zu zweckentfremden. Ist das Klo sehr klein, kann man die Tür auch per Fuß oder Hand zuhalten. Nur muss man sich dann beim Abputzen und beim Hochziehen der Hose konzentrieren. Wenige Millisekunden der Nachlässigkeit können fatal sein: Jemand stößt von außen die Tür auf, während man gerade gehandicapt und in ungünstiger Sitzhocke über der Toilette kauert und nicht verhindern kann, die Klinke mit voller Wucht an den Kopf zu bekommen. Die Hose auf halb acht und Sterne vor den Augen – fehlt nur noch, dass einer in diesem Moment sein Smartphone zückt.

DIE PARTY IST TODLANGWEILIG. WAS TUN?

Manchmal hat man Pech und quält sich auf einer Party, bei der einfach keine rechte Stimmung aufkommen will. Weil die Gäste keine Gemeinsamkeiten finden, weil sie glauben, sich schon alles gesagt zu haben oder weil schlicht und einfach das Eis noch nicht gebrochen ist. Zeit, ein wenig zu eskalieren.

Fünf Notfalltricks, die Ihnen garantiert Aufmerksamkeit sichern:

1. Bekloppte Verschwörungstheorien ziehen immer. Behaupten Sie, die Schlümpfe seien eine Erfindung des Ku-Klux-Klans. Zählen Sie die wichtigsten Argumente auf: Alle Schlümpfe tragen weiße Mützen. Der Anführer eine rote. Die einzige Frau ist eine Blondine. Sie versuchen ständig, Nicht-Schlümpfe von ihrem Dorf fernzuhalten. Nicht zu vergessen: Der böse Zauberer Gargamel und sein Kater Azrael tragen beide hebräische Namen. Wenn die Runde zweifelt, gehen Sie einen Schritt weiter und fragen Sie, ob jemand ein Vodafone-Handy besitze. Lassen Sie es sich geben und behaupten Sie, das rot-weiße Logo finde sich eins zu eins in dem Emblem des Ku-Klux-Klans wieder.

2. Erzählen Sie die Geschichte vom Marlboro-Erbe. Wer es schafft, einen großen Ring auszuatmen und dann elf kleinere Ringe hindurchzupusten, bekommt das Milliardenvermögen des Konzerngründers. Heißt es.

3. Stellen Sie eine steile These auf, die unmoralisch und gleichzeitig schwer zu widerlegen ist. Zum Beispiel: Müsste Sex mit Tieren nicht legal sein, wenn es auch erlaubt ist, Tiere zu töten und zu essen? Wer es feinsinniger mag: Ist Design nicht Kunst?

4. Lassen Sie sich die Hand eines Umstehenden geben und sagen Sie ihm die Zukunft voraus. Das ist natürlich unmöglich, aber trotzdem fasziniert es die meisten Menschen. Deuten Sie wahllos auf Furchen und Rillen der Handinnenfläche und sprechen Sie einfach drauflos: viele Kinder … bald ein neuer Job … eine wichtige Entscheidung steht bevor … etwas Überraschendes wird passieren … eine Riesenchance wartet … was auch immer. Hauptsache, Sie treten überzeugend auf.

5. Wenn gar nichts anderes hilft: Lassen Sie sich eine Kette geben, die ein bisschen schmutzig werden darf. Werfen Sie Ihren Kopf in den Nacken und lassen Sie die Kette tief in Ihr Nasenloch baumeln, sodass sie bis in den Rachen reicht. Ziehen Sie die Kette mit der anderen Hand aus dem Mund wieder raus. Wichtig: Ersticken Sie dabei nicht.

DARF ICH ALS NICHTRAUCHER ZU DEN RAUCHERN AUF DEN BALKON?

Na klar. Sie haben das gleiche Recht auf Frischluft wie Raucher. Nur sollten Sie sich dabei an eine ungeschriebene Regel halten: das Rauchen nicht thematisieren, verbal wie nonverbal. Über die Auswirkungen von Nikotin und Teer auf den Körper zu dozieren ist ebenso unangebracht wie eine Strichliste über die Zahl der gerauchten Zigaretten zu führen. Tabu sind zudem vorwurfsvolle Blicke und hektisch wedelnde Handbewegungen vor der Nase.

Der Balkon ist heutzutage auf Partys der einzige Rückzugsort für Raucher, das sollten sich Nichtraucher vergegenwärtigen. Während Letzteren die Wohnung des Gastgebers fast uneingeschränkt zur Verfügung steht, müssen sich Raucher zur Befriedigung ihrer Sucht an einen Ort verziehen, an dem es in der Regel kalt, ungemütlich und viel zu eng ist. Deshalb ist ihnen der Aufenthalt dort nicht noch zusätzlich zu erschweren. Konkret bedeutet das: Wenn eine Gruppe von Rauchern den Balkon aufsucht, darf sich ein Nichtraucher gerne anschließen, um nicht alleine auf der Couch oder am Büfett zurückzubleiben. Die fehlende Zigarette zwischen den Fingern kann er durch das Mitnehmen eines Drinks kompensieren. Es gibt jedoch Menschen, die sich allein mit einer Bierflasche in der Hand unter Rauchern nicht akzeptiert fühlen und der gesellschaftlichen Legitimation wegen notgedrungen zur Kippe greifen. Ihnen sei an dieser Stelle dringend geraten, ihre eigene Schachtel dabeizuhaben, denn nichts hassen Raucher mehr als dreiste Schnorrer. Besonders verpönt sind diejenigen, die behaupten, mit dem Rauchen aufgehört zu haben, jedoch bei jeder sich bietenden Gelegenheit um Zigaretten betteln, weil sich das Aufhören lediglich auf das Kaufen bezieht, nicht aber auf das Rauchen selbst. Es soll Raucher geben, die daher vorsorglich auf Partys eine Packung Menthol-Zigaretten in der Tasche haben – in dem Wissen, dass sich diese Sorte der Beliebtheit eines Furunkels erfreut.

IST ES OKAY, DEN GASTGEBER NACH SEINEM WLAN-PASSWORT ZU FRAGEN?

Ungefähr so okay wie sich nach der BH-Größe weiblicher Gäste zu erkundigen, Zigaretten in der vollen Schale Salsa-Dip auszudrücken oder vom Balkon zu pinkeln. Ein guter Gastgeber hat einiges an Zeit und Arbeit in die Vorbereitung seiner Party investiert. Er hat sich Gedanken über die optimale Zusammenstellung seiner Gäste gemacht, ein Büfett vorbereitet, Drinks eingekauft und Musik ausgewählt. Das alles hat er getan, damit sich die Anwesenden wohlfühlen. Damit sie miteinander ins Gespräch kommen, vielleicht sogar tanzen, flirten, knutschen, auf jeden Fall aber nicht in der Ecke stehen und autistisch auf ihrem Smartphone herumdrücken oder gar seinen Rechner okkupieren.

Um es deutlich zu formulieren: Es gibt keine Rechtfertigung dafür, die Internetzugangsdaten zu erbitten. Weder eine auslaufende eBay-Auktion noch die Spielstände in der Bundesliga. Und nein, nicht mal Wahlergebnisse. Wer im Internet surfen will, aber gerade keinen Zugang hat, weil er sich mit seinem Handy in einem Funkloch befindet, der muss eben nach Hause gehen.

Passwörter sind sensible, fast schon intime Daten – wie Kontostand oder Beischlaffrequenz. Weil feinfühlige Menschen sich dessen bewusst sind, werden sie gar nicht erst danach fragen. Es sei denn, sie besuchen eine World-of-Warcraft-Party. Hier stünden sie ohne Netzwerk-Passwort doof da.

DARF ICH ANGEBISSENES GEMÜSE ERNEUT IN DIE DIPSAUCE STECKEN?

Wer immer den Käse-Basilikum-Dip als Partysnack erfunden hat: Er muss ein unhygienisches Schwein gewesen sein. Vor allem die populären, aber notorisch zu langen Möhren und Lauchstücke lassen sich nicht mit einem Bissen vertilgen – das angebissene Stück schlucken die meisten dann nicht pur runter, sondern tunken es gleich noch einmal in die Schale mit der Soße. Auch Nachos, Weißbrotscheiben und Kartoffelchips werden gerne mit dem Mund halbiert und in angelecktem Zustand erneut eingetaucht (wer das jetzt kleinlich oder spießig findet, überspringt das Kapitel

bitte und liest bei »Wie benehme ich mich im Darkroom?«
weiter).

Das ganze Ausmaß der Ekligkeit hat inzwischen die
Wissenschaft aufgedeckt. Die Clemson University in South
Carolina mag zwar bislang keine Nobelpreisträger hervor-
gebracht haben und im Ranking der US-amerikanischen
Hochschulen nur den trostlosen Platz 338 einnehmen, auf
einem Forschungsfeld ist sie aber weltweit führend: Unter
der Leitung von Professor Paul Dawson wurden dort die
mikrobiologischen Konsequenzen des *double dippings* (des
»zweifachen Eintauchens«) dokumentiert. Immer wieder
tunkten Probanden ihre angebissenen Weizenkräcker in
unterschiedliche Soßen. Das Ergebnis war ein »erschreckend hoher, signifikanter Bakterientransfer«. Bis zu 10.000
Mikroorganismen bevölkerten nach einer einzigen Testper-
son den Dip. In Käse- und Schokolade-Mixturen gediehen
die Bakterien prächtiger als in Salsa-Soße, fand das Exper-
tenteam raus. Die Praxis des Double-Dippens sei insgesamt
vergleichbar mit Küssen oder dem Teilen der Zahnbürste:
Klar tut man das, aber gewöhnlich eben nicht mit der ver-
sammelten Mannschaft. Professionelle Partyveranstalter
schneiden deshalb alle dippbaren Lebensmittel prophylak-
tisch in mundgerechte Happen. So kommt man erst gar
nicht in Versuchung.

WAS SOLLTE ICH NIEMALS BETRUNKEN TUN?

Wer unter Alkoholeinfluss steht und daraus kein Geheimnis
macht, kann sich deutlich mehr erlauben. Denn die anderen

Gäste werden zu Nachsicht neigen und etwaiges Fehlverhalten eher amüsant als anmaßend finden. Vom Stuhl fallen, fremde Menschen umarmen, Phil Collins gut finden, all das bleibt ungestraft. Trotzdem sollten Sie nicht glauben, Sie hätten völlige Narrenfreiheit. 20 Dinge, die ein Betrunkener auf einer Party niemals tun sollte:

1. die DJ-Anlage übernehmen
2. philosophieren, solange die anderen nüchtern sind
3. die Ex-Freundin oder den Ex-Freund anrufen
4. Möbel umstellen
5. versuchen, eine ausgeklügelte Intrige zu schmieden
6. glauben, man sei ein Tanzgott
7. aus Küchenutensilien ein Schlagzeug bauen
8. dem Kumpel ein Ohrloch stechen
9. SMS schreiben ohne Autocorrect
10. SMS schreiben mit Autocorrect
11. auf Fenstersimse, Balkonbrüstungen oder Hausdächer klettern
12. um Geld wetten
13. Mutproben aus Jackass nachspielen
14. jemandem seine heimliche, jahrelange Liebe gestehen
15. einen Rivalen vor die Tür bitten
16. auf dem Fußboden liegend einen Burger essen und sich dabei filmen lassen
17. sich selbst die Haare schneiden
18. auf dem Klo einschlafen
19. auf der Couch einschlafen und sich von Freunden bemalen lassen
20. denken, man sei unverwundbar

NEHME ICH WAHRHEIT ODER PFLICHT?

Dieses Spiel hat beste Freunde entzweit, Erzfeindschaften begründet, lebenslustige Pädagogikstudenten auf Jahre hinaus traumatisiert. Dabei klingt es so harmlos: Die Teilnehmer sitzen gemütlich beisammen, und der Erste wird gefragt, ob er lieber Wahrheit oder Pflicht wähle. Dann kriegt er entweder eine Frage gestellt, die er nach bestem Gewissen beantworten muss, oder eine Handlungsanweisung, der er sofort nachkommen muss. Je nach Alter, Trunkenheitsgrad und charakterlicher Verdorbenheit der Runde kann das Spiel schnell ausarten. Es werden intime Geständnisse gemacht, Sex-Vorlieben verraten und Straftaten zugegeben, es werden Knutschflecken und Zungenküsse verteilt oder Gewürze durch die Nase gezogen. »Was denkst du, wenn du dich nackt im Spiegel siehst? Mit welchen Küchengeräten hattest du schon Sex? Stell das Radio an und tanze zu dem Lied, das gerade läuft.« Solche Fragen und Handlungsanweisungen ... Das kann durchaus lustig sein.

Das Riskante ist natürlich, dass man vorher nicht wissen kann, womit man gleich konfrontiert wird. Und dass es als extrem uncool gilt, eine einmal gestellte Frage oder Aufgabe zu verweigern. Deshalb überwinden sich die Teilnehmer meist, Dinge zu tun oder zu sagen, die sie hinterher bereuen.

Wer dieses Spiel unbeschadet überstehen will, entscheidet sich für »Wahrheit«. Denn hier kann niemand zu etwas gezwungen werden, es steht schließlich immer eine Hintertür offen. Sie heißt: gekonnte Notlüge. Und sie ist nicht unmoralisch, sondern höchst legitim. Die Notlüge hat in der Menschheitsgeschichte Staatskrisen und Kriege verhindert.

Man kann davon ausgehen, dass die Menschen ihren Planeten längst drei Mal in die Luft gesprengt hätten, wenn alle immerzu die Wahrheit sagen würden. Der kluge österreichische Schriftsteller Karl Kraus hat es einst auf den Punkt gebracht: »Eine Notlüge ist immer verzeihlich. Wer aber ohne Zwang die Wahrheit sagt, verdient keine Nachsicht.«

Ein anderes probates Mittel, um von eigenen peinlichen Geständnissen abzulenken, ist der massive Gegenschlag. Wirklich böse Fragen, die andere Teilnehmer bloßstellen. Es gibt ein paar, die sich nicht einfach weglabern lassen. Die garantiert Unruhe stiften. Das sind vor allem solche, bei denen der Angesprochene nicht mit »Ja« oder »Nein« antworten kann, sondern konkrete Auskunft geben muss – und bei denen die Teilnehmer einer Runde gegeneinander ausgespielt werden. Hier etwas scharfe Munition: »Wen in der Runde hältst du für am dümmsten? Und wen für am hässlichsten? Wenn du einen in der Runde ermorden müsstest, wer wäre das?« Noch amüsanter als die verzweifelten Antworten und gekränkten Reaktionen sind die später folgenden Rechtfertigungsversuche. Sie können sicher sein, dass sich dann niemand mehr an Ihre eigene peinliche Antwort erinnert.

WELCHE LEGALEN DROGEN WIRKEN TATSÄCHLICH?

Zuallererst: Wir möchten niemandem raten, Rauschmittel auszuprobieren. Das steht hier nicht bloß aus juristischen Gründen, sondern weil wir es tatsächlich so meinen. Schon Batman sagte einst sehr richtig: »Nimm dich in Acht vor Stimulanzien, Robin.« Wer sie trotzdem ausprobieren will, und das passiert im Nachtleben angeblich häufiger, muss wenigstens wissen, was ihn erwartet.

Dass bestimmte Drogen und ihre Wirkstoffe legal zu kaufen sind, bedeutet nicht automatisch, dass man sie für unbedenklich halten sollte. In der Regel sind sie nur deshalb frei verkäuflich, weil sie dem Gesetzgeber unbekannt sind oder weil er glaubt, sie würden für ganz andere Zwecke gebraucht. Hier eine Liste mit legalen Substanzen, deren Nebenwirkungen vergleichsweise milde ausfallen, solange man sie nicht zu oft konsumiert. Grundsätzlich gilt: Lieber minimale Dosen nehmen und dann langsam steigern. Wer zu Übertreibungen neigt, sollte ganz die Finger von dem Zeug lassen.

KRATOM. Hat einen fiesen, bitteren Geschmack, macht aber glücklich bis euphorisch und löst Tatendrang aus. Der Kratom-Baum wächst in Thailand und Malaysia, die Blätter enthalten den psychoaktiven Wirkstoff Mitragynin. Gilt als Opiumersatz, hat aber kaum Nebenwirkungen und macht höchstens psychisch süchtig. Kratom wird übers Internet und in Headshops verkauft. Man kann es kauen, zu einem Tee aufgießen oder in Joghurt einrühren. Kenner empfehlen gemahlenes Kratom, das schmeckt weniger bitter.

HAWAIIANISCHE HOLZROSE. Efeu-ähnliche Pflanze, auch *monkey rose* genannt, deren Samen den psychoaktiven Stoff Ergin enthalten. Experten sagen, die Wirkung erinnere an schwaches LSD. Vorteil: Halluzinationen, absurde Gedanken und veränderte Zeitwahrnehmung. Nachteil: möglicherweise Übelkeit, Erbrechen, Kreislaufprobleme oder Verstopfung. Die Samen werden intensiv zerkaut und gegessen, man kann sie auch zermahlen. Die Wirkung kann die ganze Nacht andauern, tritt aber frühestens nach einer halben

Stunde ein, manchmal erst nach zwei Stunden. Hier gilt das Gleiche wie bei Haschkeksen: Weil man vor Eintritt der Wirkung fürchtet, die Dosis sei zu gering, schiebt man leichtsinnigerweise nach und wird dann später böse überrascht. Niemals mehr als acht Samen konsumieren.

LACHGAS. Chemischer Name: Distickstoffmonoxid. Löst in schwacher Dosierung bei manchen Halluzinationen aus, Geräusche werden verzerrt wahrgenommen, Glücksgefühle und Euphorie gibt's auch. Anders als der Name suggeriert, sind Lachattacken aber sehr selten. Höher dosiert wirkt das Gas schmerzstillend und narkotisierend, Zahnärzte benutzen es als Beruhigungsmittel. Als Droge ist es vor allem wegen der leichten Verfügbarkeit beliebt: Distickstoffmonoxid wird nämlich in der Lebensmittelindustrie als Treibgas verwendet, zum Beispiel in Sahnespendern. Die daumengroßen silbernen Kapseln dafür gibt es in Kaufhäusern, Haushaltswarengeschäften und manchen Supermärkten. Acht Gramm reines Lachgas kosten etwa 30 Cent, damit könnte man einen halben Liter Schlagsahne aufsprühen oder eben einen kurzen Rausch erleben (Dauer zwischen 30 Sekunden und drei Minuten). Um das Gas aus der Kapsel zu bekommen, braucht man einen Sahnespender, die Hammer-und-Nagel-Methode ist nicht zu empfehlen. Achtung: Nur Wahnsinnige atmen das farblose, leicht süßlich schmeckende Gas direkt aus der Einwegkapsel ein (Frostgefahr!). Ganz Wahnsinnige füllen es in Plastiktüten um und stülpen es sich über den Kopf (Hirnschadengefahr, falls man das Bewusstsein verliert!). Die einzig akzeptable Technik: Man füllt das Gas in einen Ballon um und bedient sich zugweise. Zwischendurch

Sauerstoff atmen. Noch mal Achtung: Bei regelmäßigem Konsum macht Lachgas nicht nur psychisch abhängig, sondern schädigt auch Rückenmark und Hirn.

VON WELCHEN LEGALEN DROGEN MUSS ICH DIE FINGER LASSEN?

In der Partyszene kursieren Rezepte, gegen die Kratom und Hawaiianische Holzrose die reinsten Vitaminpräparate sind. Deren Wirkstoffe zwar ebenfalls frei erhältlich sind, die aber so schaden, dass nur Vollidioten und komplett Ahnungslose zugreifen würden. Wann immer Ihnen eine der folgenden Substanzen angeboten wird: Sollten Sie auch in Zukunft vorhaben, Bücher zu lesen, lassen Sie es bleiben.

Geschnüffelte Klebstoffe, Feuerzeuggase und Industriereiniger zum Beispiel ruinieren schlicht das Hirn. Auf den neurologischen Stationen von Krankenhäusern trifft man arme Wichte, die sich nach ihren Inhalierorgien auf Jahre hinaus nicht mal mehr alleine anziehen können. Größtmöglichen Abstand sollten Sie auch von sogenannten Nachtschattengewächsen mit psychoaktiven Substanzen nehmen. Das Problem liegt hier in der Dosierung – oft ist der Grat zwischen »wirkt nicht« und »bringt mich in die Klinik« sehr schmal.

Hände weg außerdem von der Muskatnuss. Manche Partygänger halten das bloß für eine urbane Legende, aber es stimmt: Das Pulver einer gemahlenen Muskatnuss löst Rauschzustände aus. Davon ist jedoch dringend abzuraten, denn die Nuss enthält Myristicin, einen sogenannten MAO-Hemmer, der bestimmte Abbauprozesse im Körper verhindert, sodass Alkohol und

Kaffee, aber auch so harmlose Lebensmittel wie Käse, Petersilie, Tomaten und Sauerkraut zu tödlichen Giften werden können.

Und dann gibt es noch das Gerücht mit der Bananenschale. Angeblich kann man die Fäden auf der Innenseite der Schale trocknen und dann rauchen. Kann man tatsächlich, bloß high macht das nicht. Das Bananenschalen-Märchen haben sich in den 60ern Studenten der kalifornischen Universität Berkeley ausgedacht. Eigentlich war es als ironischer Protest gemeint, als Provokation gegen die Staatsgewalt: Wenn ihr Marihuana verbietet, müsst ihr konsequenterweise auch Bananen verbieten. Leider haben das zu viele Hippies ernst genommen und weiterverbreitet.

WIE RUINIERE ICH EINE PARTY?

Es gibt viele plausible Gründe, warum Sie Interesse daran haben könnten, eine Party mal im Chaos enden zu lassen. Zum Beispiel: Der Gastgeber hat Ihre Freundin angemacht. Oder: Sie sind neidisch, weil der Gastgeber so viele Freunde hat. Oder: Ihr Lieblingsverein hat kürzlich verloren. Was auch immer. Wichtig ist allein, dass Sie stilvoll eskalieren und Würde bewahren. Acht Vorschläge:

1. Eine Diskussion über Politik anzetteln. Am besten zum Thema »Israel oder Palästina – wer ist schuld?«. Vertreibt garantiert jede Partystimmung, und irgendwer im Raum wird gekränkt sein, weil ein anderer ihn für unwissend, faschistisch oder typisch deutsch hält.
2. Die Party vorher heimlich auf Facebook ankündigen (Einladung: »öffentlich«).

3. Ungeöffnete Colaflaschen schütteln und warten, bis jemand zugreift.
4. In bereits offene Cola-Light-Flaschen Mentos einwerfen.
5. Das Luftschlangenspray rausholen. Verschießt meterlange Kunststofffäden, die noch Wochen später in Parkettrillen und Möbelritzen kleben. Mehr Spaß kann man für 1,50 Euro nicht bekommen.
6. Whisky ins Aquarium. Nee, ist nur Quatsch.
7. Den Nachbarn Klingelstreiche spielen. So lange wiederholen, bis es Wirkung zeigt.
8. Kissenschlacht.

FÜR GASTGEBER: GIBT ES ORIGINELLE MOTTO-PARTYS?

»Bad Taste« und »20er-Jahre« bringen Spaß, viele Gäste aber auch zum Gähnen, so inflationär werden sie inzwischen veranstaltet. Elf Motti, die Abwechslung versprechen:

KIK-PARTY. Die Freunde dürfen ausschließlich in Klamotten des gleichnamigen Textildiscounters erscheinen, das gesamte Outfit darf nicht mehr als 15 Euro gekostet haben. Schuhe ausgenommen.

KOMM-WIE-DU-BIST-PARTY. Jeder Gast trägt genau die Kleidung, die er in dem Moment anhatte, als er die Einladungsmail öffnete.

DUNKEL-PARTY. Alle Fenster werden abgeklebt, die Lichter bleiben aus. Handys müssen am Eingang abgegeben werden.

RUBIX-PARTY. Jeder erscheint mit sechs Kleidungsstücken in unterschiedlichen Farben. Diese sind: Rot, Orange, Gelb, Blau, Grün und Weiß. Auch Hüte, Handschuhe und Halstücher zählen. Im Laufe des Abends tauschen die Gäste einzelne Stücke untereinander. Wer als Erstes einfarbig dasteht, gewinnt.

FEAR-AND-LOATHING-PARTY. Es darf alles ausprobiert werden, was Johnny Depp in der Verfilmung des Hunter-S.-Thompson-Klassikers »Fear and Loathing in Las Vegas« getan hat. Nur Radio in Badewanne schmeißen ist nicht erlaubt.

ALL-WHITE-PARTY. Die Gäste kleiden sich komplett in Weiß, dazu gibt es Batida de Coco, Piña Colada und Kuchen mit Zitronenglasur, außerdem weiße Deko und Tischdecken. P. Diddy veranstaltet jedes Jahr eine All-White-Party. Gute Gelegenheit, schamlos kiloweise Raffaelos zu essen, ohne als Snob dazustehen.

TODSÜNDEN-PARTY. Jeder Gast muss mit seinem Kostüm eine der sieben Hauptlaster symbolisieren – also Hochmut, Geiz, Wollust, Zorn, Völlerei, Neid oder Faulheit.

GRAFFITI-PARTY. In der ganzen Wohnung werden Eddingstifte und Sprühdosen verteilt, die Gäste dürfen sich an den Wänden austoben. Reizvoll und nur realisierbar, wenn ohnehin eine Renovierung ansteht.

AMPEL-PARTY. Gäste in festen Beziehungen tragen ein rotes Oberteil, Singles ein grünes. Gelb bedeutet: Es ist kompliziert.

ABC-PARTY. Eher für Teenager geeignet. Das Kürzel steht für *Anything But Clothes* (»Alles außer Kleidung«). Als Outfit ist also alles erlaubt, was nicht als Kleidung gilt – zum Beispiel Paketband, Handtücher, Alufolie, Mülltüten, Klopapier, Federn, Schilder, Zeitungen. Ergibt Fantasiekreationen wie beim Deichkind-Konzert.

BÖSE-ÜBERRASCHUNGS-PARTY. Jeder Gast wird zu einer anderen Motto-Party eingeladen. Während sich einer auf eine Superhelden-Party vorbereitet, glaubt der andere an eine 50er-Jahre-, der Dritte an eine Schlager-Party. Ergibt eine spektakuläre Mischung und irritierte Gesichter beim Eintreffen.

WAS MUSS ICH ALS GASTGEBER NOCH BEACHTEN?

1. Egal, wie gestresst Sie sind: Vor Partybeginn muss Zeit sein für eine lebensnotwendige Vorsichtsmaßnahme. Schreiten Sie aufmerksam durch die Wohnung und stellen Sie sicher, dass alle potenziell peinlichen Gegenstände, Urkunden und Fotos, die später gegen Sie verwendet werden könnten, für die nächsten zwölf Stunden in einer unzugänglichen Schublade verstaut sind. Kurze Checkliste: Abi-Jahrbuch? Intimfotos? Bauchweg-Gürtel? Liebesbriefe? Tagebuch? Hasselhoff-CDs? Selbstverfasste Gedichte? Vibrator oder Liebeskugeln? Hämorrhoiden-Salbe? Formel-1-Bettwäsche?

2. Geben Sie zu Beginn der Party nicht gleich alle Räume frei. Sonst kann es passieren, dass die eintreffenden Gäste sich direkt in verschiedene Zimmer verstreuen, dort kleine, sektiererische Grüppchen bilden. So entsteht keine Partystimmung, und die Ersten werden sich verabschieden, bevor es richtig losgeht. Am Anfang ist Enge gefragt! Also öffnen Sie zu Beginn nur die Küche und den Flur für die Partygesellschaft. Je mehr Gäste eintreffen, desto mehr Räume können Sie freigeben.

3. Achten Sie darauf, dass die Musik – außer natürlich im

Tanzzimmer – nicht zu viel Raum einnimmt. Sie darf nicht die Konversation der Gäste sabotieren, sondern soll optimalerweise die Atmosphäre beeinflussen, ohne aufzufallen. Aktuell angesagte Hits, bei denen man gleich mitsingen möchte, sind deshalb kontraproduktiv. Auch die eigene Lieblingsmusik birgt Gefahren. »Zeit«-Autor Jürgen von Rutenberg weiß: »Als Partybeschallung ist sie höchstwahrscheinlich ein Desaster. Sie spielt sich ständig in den Vordergrund, sie fällt den Leuten ins Wort.«

WIE KANN ICH ALS GASTGEBER DIE PARTY BEENDEN?

Kommt darauf an, wie viele Menschen sich noch in der Wohnung befinden. Das halbe Dutzend Übriggebliebener, das nachts um vier in der Küche abhängt und partout nicht gehen mag, weil es sonst wenig vorhat im Leben und unmotiviertes Herumgammeln mit Geselligkeit verwechselt, darf mit gezielter Gesprächsführung hinauskomplimentiert werden. Dazu könnten Sie etwa das Thema auf den nächsten Morgen lenken, an dem beispielsweise ein Familienausflug/Flohmarktverkauf/Halbmarathon anstehe. Klagen Sie über seit Wochen andauernde Schlafstörungen, die Sie halb wahnsinnig machen. Oder bieten Sie »zum Abschluss« noch einen »letzten Absacker« an. Wer es dann nicht verstanden hat, verdient es nicht besser. Sagen Sie, dass Sie jetzt aufräumen müssen, und stellen Sie Ihre Gäste vor die Wahl: helfen oder sich trollen.

Deutlich schwieriger wird es, wenn die Feier noch in vollem Gang ist und Sie bei Partyauflösung automatisch als

Spielverderber abgestempelt würden. Klar: Es braucht einen Sündenbock. Aber das müssen ja nicht unbedingt Sie selbst sein. Die folgende Taktik darf an dieser Stelle nicht beworben werden, weil dies juristisch als Aufruf zur Ordnungswidrigkeit gewertet werden könnte. Sie wurde aber von Dritten ausprobiert und für sehr effektiv befunden. Sie funktioniert folgendermaßen: Raus vor die Tür gehen, bei der Polizei anrufen und sich als Nachbar ausgeben, der anonym bleiben möchte. Sich über den tierischen Lärm aus der Wohnung des rücksichtslosen Gastgebers beschweren. In der Regel wird die Polizei ein Mal vorfahren und eine Warnung aussprechen. Nach einem zweiten Anruf beendet sie die Party und geleitet alle Gäste vor die Tür. Bei größeren Menschenmengen treten die Beamten sogar in Kampfmontur auf. Das garantiert unvergessliche Erinnerungen bei allen Beteiligten, und der Gastgeber wird Ruhm ernten als der Partyhengst, der einst diese richtig wilde Feier gestemmt hat. Aber wie gesagt: Das ist nicht legal, also lassen Sie es bleiben!

IST ES UNHÖFLICH, IM KINO POPCORN ZU MAMPFEN?

In Riga hat es kürzlich einem Typen gereicht. Während einer Vorführung von »Black Swan« fühlte sich ein 28-jähriger Polizeianwärter dermaßen von einem anderen Kinobesucher und dessen Popcorngeräuschen belästigt, dass er erst einen Streit anfing, dann seine Dienstpistole zog und vier Mal abdrückte. Das Opfer verstarb noch während des Abspanns. Zugegeben: Der lettische Cineast hat den Bogen etwas überspannt. Aber dass Tütengeraschel und Puffmaiskauen eine Störung für die übrigen Gäste darstellen, kann ebenfalls niemand ernsthaft bestreiten. Unter allen befremdlichen Charakteren, die einem im Kino den Spaß verderben, zählt der Popcornesser zu den anstrengendsten – mithalten können da höchstens der Dauertuschler, der Blasenschwache aus der Reihenmitte oder der zappelige Sitzriese direkt vor einem. Wenn überhaupt, ist das Krachen während des Werbeblocks vor Filmbeginn zu ertragen, dann empfiehlt sich aber die kleine Packung. Für die große müsste es schon ein krawalliger Blockbuster sein: Vor dem Lärmteppich aus Explosionen und Motorengeräuschen einer durchschnittlichen Michael-Bay-Produktion geht das Popcornkauen weitgehend unter. Wer sich jedoch für einen Film entscheidet, in dem der Regisseur auf das Stilmittel »Dialog« nicht gänzlich verzichtet hat, sollte am Essensstand im Foyer wenn irgend möglich lieber Weingummis oder noch besser Eiskonfekt bestellen.

Der Bochumer Filmwissenschaftler Vinzenz Hediger bemängelt, dass seine Zunft das Phänomen des Popcornverzehrs im Kinosaal bislang nicht intensiv genug untersucht habe. Immerhin verweist Hediger auf Ansätze der psychoanalytischen Filmtheorie, wonach das mampfende Publikum möglicherweise auf eine »prägenitale, nämlich orale Stufe der Sexualorganisation« zurückfalle (Stichwort: Analogie zwischen Kinoleinwand und Mutterbrust). Ähm, genau … Wen die bisherige Argumentation nicht überzeugt hat: hier abschließend drei weitere Gründe, die gegen den Puffmais sprechen.

1. 100 Gramm haben 420 Kalorien.
2. Joseph Goebbels hat Popcorn gegessen (angeblich).
3. In vielen großen Kinos wird nicht verkauftes Popcorn am nächsten Tag einfach aufgewärmt und erneut angeboten. Es gibt Mitarbeiter, die im Kino selbst kein Popcorn mehr essen, seit sie wissen, wie es zubereitet wird.

DARF ICH MICH BEIM KONZERT VORDRÄNGELN?

Gut, manche Künstler wie Marilyn Manson oder Beth Dito muss man nicht unbedingt aus der Nähe sehen, aber im

Allgemeinen lohnt es sich doch, bei einem Pop- oder Rockkonzert möglichst mittig vor der Bühne zu stehen. Leider öffnen viele Hallen schon Stunden vorher, und immer gibt es genügend Verrückte, die viel zu früh antanzen und die vorderen Reihen blockieren. Wer dagegen erst eine halbe Stunde vor Beginn erscheint, zum Beispiel weil er keine Lust auf sinnloses Warten oder weil er ganz einfach ein Leben hat, muss dann ganz hinten stehen und kann höchstens erahnen, was auf der Bühne passiert.

Es sei denn, er drängelt sich vor. Der Begriff »Vordrängeln« führt ein bisschen in die Irre, denn er suggeriert, dass der Handelnde etwas Unrechtes tut und den übrigen Gästen schadet. Das stimmt aber nur, wenn er zwei Meter groß und panzerschrankbreit ist und somit anderen die Sicht versperren würde. Davon abgesehen gilt: Auch kurz vor Konzertbeginn finden sich in den vorderen Reihen stets noch Lücken, die man leicht auffüllen könnte, ohne jemanden zu stören. Wie aber gelangt man dorthin, ohne Ärger auf sich zu ziehen? Weit verbreitet ist leider der Irrglaube, man müsste bloß »'tschuldigung« sagen und sich frontal und mittig durch die Reihen Richtung Bühne schieben. Asozialer geht es nicht. Denn weil Zuschauer bekanntlich mit dem Gesicht nach vorne und mit ihren Schultern also parallel zur Bühne stehen, kommt man gar nicht umhin, Hunderte Kreuze oder Schultern beiseitezuschieben. Niemand wird gerne von hinten betatscht, deshalb braucht man sich nicht wundern, wenn es zur Strafe ein paar Ellenbögen ins Gesicht gibt.

Nein, es existiert nur eine einzige clevere und zugleich gesellschaftlich akzeptierte Strategie des Vordrängelns. Arbeiten Sie sich vom äußersten linken oder rechten Hallenrand nach vorne. Dort außen herrscht kein Gedränge, man wird Sie gerne durchlassen. Gehen Sie bis ganz nach vorne, selbst dann, wenn Sie eigentlich gar nicht so nah an der Bühne stehen möchten. Von dort aus nämlich bewegen Sie sich quer Richtung Mitte – und zwar mit leichter Tendenz von der Bühne weg. So macht es den Eindruck, als drängelten Sie nicht vor, sondern nach hinten, und niemand wird Sie daran hindern wollen. Noch leichter klappt der Trick, wenn Sie mindestens zwei Bier in Händen halten und die Arme hoch über sich in die Luft strecken. So suggerieren Sie, dass Sie schon vor Stunden dort vorne bei Ihren Freunden standen und nur kurz neue Getränke holen wollten.

WIE ÜBERLEBE ICH EINEN MOSHPIT?

Von allen debilen Gruppentänzen, die das 20. Jahrhundert über die Menschheit brachte (Line Dance, Ententanz, Macarena), ist dieser hier der mit Abstand kurzweiligste: Bei Metal-, Rock- und Punkkonzerten bildet sich mittig vor der Bühne ein Knäuel chaotisch herumspringender Kollisionswilliger, deren größtes Vergnügen darin besteht, sich gegenseitig anzurempeln und dabei gerne auch selbst ordentlich auf die Fresse zu kriegen. Die Sado-Maso-Kampfzone wird traditionell »Moshpit« genannt, angeblich entstand der Begriff Mitte der 80er-Jahre im Dunstkreis einer US-amerikanischen Trash-Metal-Band mit dem allessagenden Namen »Stormtroopers of Death«. Heute gehört es selbst auf Konzerten weichgespülter Bands wie den Toten Hosen und Green Day zum guten Ton, einen Moshpit zu initiieren.

Insbesondere männliche Musikliebhaber unter 30 und ohne Angst vor Fremdschweiß fühlen sich von der Möglichkeit angezogen, im Gefecht mit Gleichgesinnten überschüssige Aggressionen abzubauen. Man darf vermuten: Gäbe es den Moshpit nicht, wären in den letzten zwei Jahrzehnten sicher ein paar Kriege mehr ausgebrochen. Der deutsche Blogger und Metalkonzert-Gänger Martin Steinbauer hat vier der wichtigsten Verhaltensregeln des Moshens prägnant zusammengefasst.

1. Pogo heißt Schubsen, nicht schlagen.
2. Sofortiges Aufhelfen von gestürzten Personen.
3. Die Arme wie beim Boxen immer oben halten.
4. Das T-Shirt bleibt an.

Fortgeschrittene raten außerdem zu folgenden Präventivmaßnahmen: Vor Beginn einen Doppelknoten in die Schnürsenkel machen, damit der Teilnehmer eines Moshpits niemals in die Verlegenheit kommt, sich mitten im gewalttätigen Trubel bücken zu müssen. Lange Haare sollten unbedingt zum Pferdeschwanz gebunden werden, nichts ist ekliger als klebrige lange Haare, die einem Fremden gehören (mit dem man nicht beabsichtigt, Sex zu haben). Letzter Rat: Den Mund geschlossen halten und während des Pogos nicht mitsingen – sonst besteht leider die Gefahr, sich bei Zusammenstößen die eigene Zungenspitze abzubeißen. Lecker.

LOHNT ES SICH, BEIM KONZERT »ZUGABE« ZU RUFEN?

Der Moment gehört zu den spannendsten eines jeden Popkonzerts. Sobald die Band von der Bühne gestiegen ist und die Menge will, dass sie zurückkommt, setzen die rhythmischen »Zu-ga-be«-Rufe ein. Manchmal dauert es mehrere Minuten, bis sich die Musiker wieder blicken lassen und das Konzert weitergeht. Als Zuschauer fragt man sich: Wie laut und oft muss man eigentlich rufen, bis sich die Bandmitglieder erbarmen? Und warten die solange hinter der Bühne mit einem Dezibel-Messer, um zu entscheiden, ob die Fans ein weiteres Lied verdienen?

Die Antwort ernüchtert leider. Es macht schlicht keinen Unterschied, wie nachdrücklich das Publikum Nachschlag fordert und wie arg es sich dabei die Hände wundklatscht. Mit Zugaben verhält es sich wie mit Profi-Wrestling oder manchen Spielen der ersten italienischen Fußballliga: Alles ist vorher abgesprochen. Auch wenn die Bandmitglieder noch so überwältigt tun und angeblich gar nicht mehr wissen, was sie jetzt überhaupt noch spielen sollen: Sie haben bereits vor Beginn der Show ausgemacht, wie oft sie auf die Bühne zurückkehren, wie viele Zugaben sie insgesamt geben, auch die Reihenfolge steht fest. Jedenfalls dann, wenn es sich um eine halbwegs professionelle Band handelt und nicht um die lokale Punkformation im kleinstädtischen Jugendzentrum. Das liegt daran, dass Bands heute weniger CDs verkaufen und dafür mehr live spielen müssen. Bei 30 Konzerten hintereinander braucht es Routine, damit nichts schiefläuft. Die Titel der Lieder sind meistens alle ordentlich untereinander in Maschinenschrift auf einen DIN-A4-Bogen gedruckt. Diese sogenannte *set list* haben sich die Musiker vorab auf dem Bühnenboden festgeklebt. Als Fan kann man sie sich direkt nach dem Konzert klauen und dann lukrativ auf eBay versteigern.

Es gibt ein untrügliches Zeichen dafür, dass eine Band sicher noch einmal auf die Bühne kommen wird, ganz egal, ob die Menge wild Zugabe ruft oder nicht: Solange die Scheinwerfer auf der Bühne dunkel bleiben und keine leise Rausschmeißermusik vom Band gespielt wird, geht es garantiert weiter.

WIE BIN ICH EIN GUTES GROUPIE?

Sie haben Angst vor Drogen, kommen nur schwer mit fremden Leuten ins Gespräch und pfeifen auf Experimentierfreudigkeit beim Sex? Dann sollten Sie besser davon absehen, Ihrem Star näher zu kommen. Himmeln Sie ihn einfach weiterhin aus der Ferne an. Damit tun Sie ihm und sich einen Gefallen. Ernsthaften Groupies übrigens auch, denn in der Szene wird mit harten Bandagen gekämpft, und die Gründe dafür sind leicht nachvollziehbar: Die Wahrscheinlichkeit, mit einem Promi intim zu werden, sinkt mit der Zahl der Konkurrentinnen. Nur wenigen gelingt es, tatsächlich in den Tourbus oder ins Hotelzimmer vorzudringen, noch wenigeren ist es vorbehalten, mit dem Star ein Bett zu teilen. Den abgeschüttelten Mitbewerberinnen bleibt die Entourage: Tontechniker, Bodyguards, verschwitzte Roadies. Vielleicht die größte Demütigung, die ein Groupie erleben kann.

Wer tatsächlich dem Promi an die Wäsche darf, muss Regeln beachten, auf deren Einhaltung gegebenenfalls Manager achten, nicht zuletzt aus Sorge um das Image ihres Schützlings. So wäre es zum Beispiel strategisch unklug, gleich nach der Begrüßung zur Kamera zu greifen und die

Begegnung im Bild festzuhalten. Welcher Star will sich schon erpressbar machen? Ebenfalls unklug wäre, im Hotelzimmer oder Tourbus ungefragt zuzugreifen. Der Champagner aus der Minibar ist ohne Erlaubnis ebenso tabu wie das getragene T-Shirt, das achtlos zusammengeknüllt in der Ecke liegt und ein erstklassiges Erinnerungsstück abgäbe. Wer dabei erwischt wird, sich heimlich zu bedienen, setzt sich dem Verdacht unlauterer Absichten aus – letztlich bedeutet einem Star die eigens für ihn angefertigte Rolex eben doch mehr als Sex mit einem Groupie. Entgegen weitverbreiteter Annahmen müssen sich weibliche Fans mit amourösen Ambitionen nicht sofort die Kleider vom Leib reißen und auf die Knie fallen, sobald sie sich ihrem Idol auf zwei Meter nähern. Ein kurzer Small Talk ist meistens drin. Wer dabei eine gute Figur abgeben will, sollte sich mit den biografischen Daten seines Gegenübers grob auskennen. Es reicht nicht, sich an den Namen des Stars zu erinnern – man sollte schon wissen, ob er der Sänger oder Bassist oder Schlagzeuger ist, gerade Künstler sind diesbezüglich sehr sensibel.

Diese Feinfühligkeit steht allerdings oft im Gegensatz zu ihren intimen Präferenzen. Kuschelsex können Promis auch daheim mit der Ehefrau haben. Überhaupt ist experimentelle Offenheit eine Eigenschaft, die ein gutes Groupie auszeichnet. Das Wichtigste: Der Star ist der Star, seine Wünsche und Vorstellungen stehen im Mittelpunkt und nicht die eigene Befriedigung. Hemmungen sind in dieser Situation unangebracht. Gut möglich, dass andere Gespielinnen zugegen sein werden, vielleicht aus Sicherheitsgründen auch ein Bodyguard. Wer mit dem keinen Ärger riskieren will, sollte ihm mit einem Mindestmaß an Anstand gegenübertreten,

arrogantes Verhalten kommt selten gut an. Kondome dabeizuhaben ist ebenfalls nicht von Nachteil. Zwar werden viele
Prominente selbst Vorkehrungen treffen, um zum Beispiel
eine ungewollte Vaterschaft und langjährige Unterhaltszah-
lungen zu verhindern (Stichwort: Löcher im Gummi). Es
soll aber trotzdem genügend Stars geben, die auf Verhütung
verzichten – sich bei einer Berühmtheit mit einer sexuell
übertragbaren Krankheit anzustecken, dürfte nur bei einge-
fleischten Fans als wahre Zuneigungsbekundung gelten. Ein
international erfolgreicher DJ und Dance-Musik-Produzent,
dessen Namen wir aus juristischen Gründen an dieser Stelle
nicht nennen dürfen, hat gleich mehrere solcher Leiden,
thematisiert sie aber nicht und besteht trotzdem backstage
auf ungeschütztem Verkehr.

Allerdings ist das Verhältnis zwischen Stars und Groupies
ambivalent. Vor dem Akt hat der Promi die Macht. Nach
dem Beischlaf verkehren sich die Verhältnisse. Das Groupie
verfügt nun über sensible Informationen, einige von ihnen
finden den Weg ins Internet und landen auf Seiten wie
groupiedirt.com. Dort wird dann unter anderem Steven
Tylors Zungenfertigkeit gelobt und über die angebliche physiognomische Unzulänglichkeit von R. Kelly gelästert. Ausglei-
chende Gerechtigkeit? Vielleicht. Dennoch wissen Musiker
Diskretion zu schätzen. Und Loyalität. »Steel Panther«-Sän-
ger Michael Starr formuliert es so: »Du willst keine Schlampe
haben, die eben noch mit Mötley Crüe rumgemacht hat.«
Wem das Privileg zuteilwird, nach dem Beischlaf bis zum
nächsten Morgen bleiben zu dürfen, ist gut damit beraten,
auch dafür Vorkehrungen zu treffen. Ein gutes Groupie
sollte beispielsweise immer ein Paar Ohrstöpsel dabeihaben,

denn betrunkene Rockstars pflegen zu schnarchen, und zwar ziemlich laut.

DARF ICH IM RESTAURANT DEN TELLER ABLECKEN?

Klar doch, sagt Christian Rach, der Restauranttester aus dem Fernsehen. Weil man so dem Koch zu verstehen gebe, dass es geschmeckt habe. Diese Einschätzung von Rach zeigt vor allem eins: Im TV treten zu viele Ahnungslose auf. Das Ausfahren der Zunge aus der Mundhöhle rangiert in der Liste der Tätigkeiten, die in der Gastronomie vom Gast nicht erwünscht sind, irgendwo zwischen dem öffentlichen Setzen einer Insulinspritze und dem Nachschauen eines Erkälteten, was er gerade ins Taschentuch geschnäuzt hat. Dabei spielt es auch keine Rolle, ob Sie das zarte Zünglein eines Zwergkaninchens oder ein monströses Exemplar wie Gene Simmons besitzen. Zunge ist Zunge ist eklig.

Nicht zu beanstanden dagegen sind das Ausschlürfen von Suppenresten, die Bitte um Doggy Bags und das (auch mehrmalige) Probierenlassen des Partners. Sollte ein Kellner hier mit den Augen rollen, spricht das für fehlende Souveränität und ausgesprochene Uncoolness des Gasthauses. In Sternerestaurants wird Ihnen deshalb jedenfalls keiner Probleme machen. Höher als gedacht ist auch die Anzahl der Speisen, die der Gast sorglos mit den Fingern essen darf. Dazu zählen Hummer, Langusten, Flusskrebse, Austern und Muscheln, gekochte Artischocken, Spareribs, Lammkoteletts, gebackene Hähnchenschenkel, Wachteln, Pommes, in Streifen geschnittene Pizzastücke. Sollte sich dennoch jemand über

Sie beschweren, ist es mit Sicherheit der Klemmi vom Nebentisch, der zu lange im verstaubten Knigge geblättert hat.

In einigen Restaurants bekommt man zu den oben genannten Speisen übrigens kleine Schalen gereicht, in denen eine Zitronenscheibe schwimmt. Dort tunkt man zwischendurch seine Fingerspitzen ein und trocknet sie an einer Serviette ab. Das Fehlen einer solchen Schale bedeutet aber nicht, dass hier auf Besteckbenutzung bestanden wird.

WELCHE BESTECKCODES MUSS ICH BEACHTEN?

Über die geheimen Botschaften, die der Gast im Restaurant durch das Positionieren von Messer und Gabel auf seinem Teller übermitteln kann, haben sich viele Benimm-Experten den Kopf zerbrochen. Und genau hier beginnt das Problem. Denn obwohl eigentlich nur zwei legitime Codes existieren (paralleles Besteck bedeutet: »Ich bin satt, mein Teller kann abgeräumt werden«; über Kreuz gelegtes Besteck bedeutet: »Bitte nicht abräumen, ich mache nur Pause«), haben Wichtigtuer Lügengeschichten von weiteren Geheimzeichen in die Welt gesetzt, die dann von anderen geglaubt und weitererzählt wurden. Diese streng genommen überhaupt nicht existenten Codes sind so populär, dass man inzwischen leider die Möglichkeit einkalkulieren muss, die Bedienung im Restaurant könnte Ihr ohne Hintergedanken abgelegtes Besteck als Zeichen werten.

Wenn Sie also keine ungewollten Signale versenden möchten, sollten Sie sich vor allem vor zwei Kombinationen hüten. Dafür müssen Sie sich den Teller als Uhr vorstellen, wobei

Messer und Gabel jeweils die Rolle von Stunden- und Minutenzeiger übernehmen. Fünf nach halb sieben bedeutet nun, dass Sie mit dem Essen äußerst zufrieden waren. Fünf vor halb sechs heißt dagegen, dass Ihnen schon lange niemand mehr so einen ungenießbaren Fraß vorgesetzt hat wie heute Abend.

Es ist verrückt: Weil viele Gäste und auch Kellner an die Existenz dieser Signale glauben, ist es ratsam, zumindest auf die beleidigende Variante zu verzichten. Andererseits bekommen Sie es zum Glück eh nicht mit, wenn der Kellner aus Rache in der Küche auf Ihren Nachtisch spuckt.

IST SHISHA-RAUCHEN HARMLOS?

Der Qualm aus einer Shisha-Pfeife ist kühler als der von Zigaretten. Er kratzt auch nicht im Mund und schmeckt außerdem nach Banane oder Aprikose. Wie toll! Ungefährlicher ist er deshalb leider nicht: Experten der Weltgesundheitsorganisation WHO haben ausgerechnet, dass beim Genuss einer einzigen Pfeife die Rauchmenge von bis zu 200 Zigaretten inhaliert wird. Die enthaltenen Schadstoffe werden durch das Wasser in der Pfeife nur teilweise gefiltert. Auch das Bundesinstitut für Risikobewertung legte inzwischen eine Studie vor und warnt, dass neben viel Nikotin auch giftiges Kohlenmonoxid sowie die Feuchthaltemittel Propylenglykol und Glycerin von der Lunge aufgenommen werden.

Wer trotzdem ab und an eine Shisha-Bar besuchen möchte: Auch hier gelten Etiketteregeln. Der Schlauch wird nicht direkt an den nächsten in der Runde weitergereicht, sondern erst abgelegt. (Mag albern klingen, hat aber einen simplen

Grund: So kann der Nebenmann ihn jederzeit aufnehmen, fühlt sich aber nicht gedrängt.) Die Pfeife sollte außerdem auf dem Boden stehen, nicht auf einem Tisch. Und solange die Shisha brennt, sollte keiner Zigaretten rauchen, weil ansonsten der Duft im Raum eingetrübt wird. Der allerwichtigste Rat aber lautet: Nicht, niemals und unter keinen Umständen in Eile rauchen.

SOLL ICH BEIM JUNGGESELLENABSCHIED DIE SAU RAUSLASSEN?

Sie sind neben Panflötenindianern, betrunkenen Fußballfans und Scientologen so ziemlich das Nervigste, was man auf Deutschlands Straßen antreffen kann: kleine Gruppen ausgelassen feiernder Männer, von denen einer in der Runde demnächst heiratet und deshalb noch ein letztes Mal als Junggeselle durch die Nacht ziehen soll. Im Prinzip ein legitimes Anliegen, für das man als Außenstehender Verständnis aufbringen könnte. Man könnte es aber auch so formulieren wie die deutsche Bloggerin Frau Schweinemett: »Das abgrundtief Schlimmste, Übelste, Böseste und Verkommenste im gesamten Universum ist dieses asoziale Gewürm, das seinen Junggesellenabschied feiert.«

Der Geburtsfehler solcher Abende ist die Tatsache, dass der zukünftige Bräutigam traditionell nicht in die Vorbereitung einbezogen wird. Er soll schließlich überrascht werden. Daher läuft die Planung immer nach demselben Muster: Einer in der Gruppe behauptet, eine witzige, originelle, womöglich sogar total abgefahrene Idee zu haben – nur um dann exakt dieselbe abgedroschene Prollscheiße vorzuschlagen, die Trashliebhaber bereits aus den Schnapsleichen-Dokusoaps auf RTL2 kennen. Zum Beispiel: Bierbikes mieten und damit grölend den Straßenverkehr verstopfen. Oder: durch die Kneipen ziehen und den Bräutigam zwingen, möglichst viele Frauen um einen letzten Kuss zu bitten.

Der Junggesellin wiederum ergeht es auch nicht besser. Sie muss sich mit umgehängtem Bauchladen in die Fußgängerzone stellen und so lange fremde Männer belästigen, bis die ihr aus Notwehr Kondome oder Apfelkorn abkaufen. Lustig wird das nie, erträglich nur mit einem mittelstarken Pegel, der menschliche Errungenschaften wie Schamgefühl und Geschmacksempfinden außer Kraft setzt.

Es ist kaum vermittelbar, dass ausgerechnet wir Deutsche uns über archaische Rituale wie Blutrache oder Zwangsehen in fremden Kulturen aufregen, solange wir selbst an der für alle Beteiligten demütigenden Tradition des Junggesellenabschieds festhalten. Es gäbe natürlich stilvolle Alternativen wie Hausbootmieten oder Kartfahren oder einen Städtetrip, aber dieses Buch will nicht missionieren. Deswegen bloß die Bitte: Wenn ein Junggeselle oder eine Junggesellin auf der Straße einen Passanten zur Teilnahme an einem dieser debilen Spielchen auffordert und der überraschenderweise aber gar nicht will, sollte das respektiert werden. Und bevor Sie für den Bräutigam eine Stripperin plus Private-Lapdance bestellen oder der Braut ein Krönchen aufsetzen und sie in der Fußgängerzone vorsingen lassen, vielleicht doch kurz vorher nachfragen, ob er oder sie das eigentlich möchte.

DARF ICH MICH AUF DER BETRIEBSFEIER GEHEN LASSEN?

Konventionelle Etikettetrainer raten, bei Sommerfesten und Weihnachtsfeiern auf Alkohol zu verzichten, um bloß jedem Fettnäpfchen aus dem Weg zu gehen. Das ist natürlich Unfug. Niemand möchte einen steifen Langweiler mit Stock im Arsch zum Kollegen. Wer angemessen mitfeiert, hat erstens Spaß und wird zweitens Eindruck hinterlassen.

Der entscheidende Trick ist allerdings, darauf zu achten, dass mindestens ein Kollege noch sehr viel betrunkener ist als man selbst. Soll heißen: Es ist völlig okay, nach Mitternacht auf dem Tisch zu tanzen, solange Frau Möhring aus dem Controlling gleichzeitig die Tanzfläche vollkotzt. Es empfiehlt sich auch, lange vor Ort zu bleiben. Je weiter sich der Kreis der Feiernden lichtet, desto verschworener wird die Gemeinschaft. Morgens um drei werden abteilungsübergreifende Freundschaften geschlossen, die ein ganzes Berufsleben lang Bestand haben können. Wer durchhält, wird außerdem Klatschmunition sammeln, die er dann ein Jahr lang in der Kantine abfeuern kann. War der Müller aus der IT wirklich mit Marketing-Gabi auf der Toilette? Hat sie gequiekt wie ein Schweinchen? Die Kollegen werden an Ihren Lippen kleben.

Leider kommt es auch vor, dass auf Betriebsfeiern Karrieren enden. Denn obwohl diese offiziell gar nicht als Arbeitszeit zählen, sind deutsche Gerichte wenig zimperlich, wenn es darum geht, Kündigungsgründe zu bestätigen. Was unbedingt zu vermeiden ist: Verrat von Betriebsinterna, Kollegenbegrapschen, Sex auf dem Kopierer, das

Anzetteln einer Schlägerei, den Chef einen Wichser nennen oder mit Hitler vergleichen. Keine Gründe zur Kündigung sind dagegen: sich vor allen anderen zum Affen machen, dem Vorgesetzten versehentlich Rotwein auf den Armani-Anzug kippen, beim Engtanz eine Erektion bekommen.

Die Liste der möglichen Betriebsfeier-Fauxpas ist leider noch etwas länger. Bei einer Umfrage in Großbritannien gaben 25 Prozent der Teilnehmer an, schon einmal während einer Betriebsfeier im Suff mehr Lohn gefordert zu haben. Die Erfolgsquote lag bei null. Weitere neun Prozent haben spontan gekündigt. Die weltweit gültige Lebensweisheit »Never fuck the company« ergibt zwar Sinn, wird aber nicht allein von Franz Beckenbauer missachtet. Einer Studie zufolge würde sich heute fast jeder zweite Beschäftigte auf eine Weihnachtsfeieraffäre einlassen. Vorausgesetzt, die Chance ergibt sich.

IM THEATER UNAUFFÄLLIG HUSTEN – NUR WIE?

Es gibt Dinge, die man während einer Aufführung nicht tun sollte. Dialoge laut mitsprechen, dem Vordermann Post-its auf den Rücken kleben, das Bühnengeschehen per Handy live ins Internet übertragen. Husten sollte man nach Möglichkeit auch nicht. Das kommt weder bei den anderen Besuchern noch beim Ensemble gut an. Dennoch ist es ein real existierendes Phänomen, dass Patienten mit ernsthaften Lungenerkrankungen gerne ins Theater gehen und den Rest des Publikums an ihrem Zustand hörbar teilhaben lassen, statt im Bett zu bleiben. Aber auch völlig gesunde Menschen werden während einer Vorstellung auf mysteriöse Weise von spontanen Bronchialleiden befallen. Warum das so ist? Darüber gibt es verschiedene Theorien. Der amerikanische Autor und Liedtexter Alan Jay Lerner glaubte zum Beispiel, Husten sei kein Anzeichen einer Atemwegserkrankung, sondern Ausdruck von Kritik. Auffällig ist der Dominoeffekt, der einsetzt, sobald eine Person damit beginnt – plötzlich scheint jeder zweite Besucher um Luft zu ringen. Manche kämpfen lediglich mit einem Kratzen im Hals, andere mit Zwerchfellspasmen von beängstigendem Ausmaß. Die Lautstärke schwillt mitunter derart an, dass es den anderen Anwesenden kaum möglich ist, dem Stück zu folgen. Aber auch den Schauspielern fällt es unter diesen Umständen schwer, sich auf ihre Arbeit zu konzentrieren. Lars Eidinger fühlte sich einst während einer »Hamlet«-Aufführung von einem dauerröchelnden Besucher derart provoziert, dass er diesen von der Bühne aus aufforderte, doch endlich zu gehen. Was Eidinger nicht ahnte: Der Husten war keine Böswilligkeit, sondern Vorbote eines Herzinfarkts, den der Gast im Theatersaal erlitt. Bis der Mann ärztlich stabilisiert und ins Krankenhaus gebracht werden konnte, musste die Vorstellung unterbrochen werden. Husten ist also nicht gleich Husten. Das weiß auch Thomas Hampson. Der US-Bariton steht seit den 80ern auf der Bühne und hat Hunderte Konzerte gegeben. Ganz nebenbei hat er die verschiedenen Arten respiratorischer Anfälle ergründet. Er unterscheidet fünf Typen:

1. das vergleichsweise harmlose, aber doch sehr ansteckende Räuspern.

2. das vermeintlich vornehme Abonnenten-Husten zwischen zwei Sätzen.
3. das häufig auftretende Entlastungs-Husten nach hochemotionalen Abschnitten.
4. das explosive Stoßhusten.
5. den großen Würgeanfall, der sich aus einem unterdrückten Reizhusten entwickelt.

Grundsätzlich empfiehlt Hampson, in lauten Passagen zu husten, da stört es am wenigsten. Als wirksame Schnellmaßnahme rät er zudem, ein Bonbon zu lutschen oder einen Schluck Wasser zu trinken. Bringen Hampsons Tipps nicht die gewünschte Linderung, sollten Betroffene den Saal verlassen. Am besten, bevor sie dazu von den Künstlern auf der Bühne aufgefordert werden.

WIE SCHAFFE ICH ES, IN DER OPER WACH ZU BLEIBEN?

Zunächst sollte klargestellt werden, wer am Einschlafen während eines Opernbesuchs die alleinige Schuld trägt: die Oper selbstverständlich – weil Regisseure wider besseres Wissen auf Lasershow und Kunstblutorgien verzichten, weil im Pausenfoyer keine Energydrinks verkauft werden, weil jedes beknackte Lied länger als drei Minuten dauert. Ein cleveres Ensemble würde das verstaubte Genre ein bisschen aufpeppen und in die lahme Rahmenhandlung der »Zauberflöte« wenigstens einen Zombie-Outbreak einflechten. Das wagt aber wieder keiner.

Einer nicht repräsentativen Umfrage innerhalb der Berliner Medienszene zufolge muss festgehalten werden, dass der durchschnittliche Feuilleton-Kritiker zusammengerechnet ein halbes Jahr seines Lebens in der Oper verschläft. Der US-amerikanische Autor und Opern-Experte Fred Plotkin nennt das Einnicken während der Vorstellung eine »unvermeidliche Tradition«, die auch am ewigen Dämmerlicht und dem daraus resultierenden Umschalten des menschlichen Gehirns in den Schlafmodus liege. Besonders viele geschlossene Augen will US-Experte Plotkin bei Puccinis »Turandot« beobachtet haben. Seine Hypothese: Erstens ziehe das Stück überdurchschnittlich viele Besucher an, die sich zuvor ein Festessen und Wein gegönnt haben, zweitens spiele die Handlung des gesamten ersten Akts nun mal in der Nacht, und die Bühne müsse daher notgedrungen so dunkel bleiben wie das Herz von Lord Voldemort.

Eigentlich spricht alles dafür, die Opernhäuser dieser Welt großräumig zu meiden. Leider wird man manchmal hingezwungen, zum Beispiel von Menschen, die es nur gut mit einem meinen und die man auch nicht enttäuschen will. Dann sitzt man da und muss drei Stunden Wagner überstehen, und nach der ersten Arie werden die Augenlider schwer. Wer jetzt nicht vorgesorgt und eine Wochenpackung Koffeintabletten mitgebracht hat, muss gegen seinen eigenen Körper kämpfen. Die besten Strategien zum Wachbleiben.

SICH SELBST SCHMERZEN ZUFÜGEN. Hilft enorm. Besonders wirksam sind Kniffe in die schmalen Hautlappen zwischen den Fingern. Während des Zwischenapplauses lässt sich unauffällig ins Gesicht schlagen.

KAUGUMMI KAUEN. Bewegung, und sei es nur die des Kiefers, hält wach.

KREATIVE GEDANKENSPIELE. Das mag jetzt arg geschmacklos

klingen, aber glauben Sie ruhig, es funktioniert. Die Fragestellung lautet: Wenn ich in der Oper Amok laufen wollte – durch welche Tür käme ich idealerweise? Welche Waffen würde ich in welcher Gangreihe einsetzen und wie könnte ich die Leute oben auf dem zweiten Rang erwischen? Wem das zu krank ist, kann auch das Gewicht der dicken Frau auf der Bühne schätzen und im Kopf die Sekunden mitzählen. Hauptsache geistig rege bleiben.

GEILHEIT PROVOZIEREN. Realisierbar durch schmutzige Fantasien, notfalls durch heimliches Stimulieren im eigenen Intimbereich. Sexuelle Gedanken machen bekanntlich munter.

ADRENALINSPIEGEL HOCHHALTEN. Einfach das Handy angeschaltet lassen und so Gefahr laufen, beim nächsten Anruf den Zorn des gesamten Publikums auf sich zu ziehen.

SOLL ICH ALS FRAU MIT KUMPELS IN DIE SAUNA GEHEN?

Viele Saunaanlagen haben inzwischen auch abends geöffnet, manche dekorieren ihre Ruheräume mit Teelichtern und spielen dazu Loungemusik. Das klingt nach reizvoller Abwechslung zu Kneipenbesuch oder Kino mit Freunden, aber empfiehlt es sich auch als Frau in Begleitung männlicher Kumpels?

Allgemein gelten Saunagänger als hilfsbereite wie mitteilsame Menschen, sie werden einen Neuling nur zu gerne in die Kunst des gepflegten Transpirierens einführen. Kluge Ratschläge gibt es reichlich und zuweilen auch ungefragt, zum Beispiel: als Anfänger auf die unterste Bank setzen, niemals eigenmächtig Aroma ins Aufgusswasser kippen, nicht zu viel quatschen und (natürlich) kein Schweiß aufs Holz. Welche Gefahren in der Sauna lauern, das verrät einem dagegen niemand.

Liebe Leserin, jetzt bitte nicht geschockt sein, aber die Wahrheit wurde schon viel zu lange verschwiegen: Ein männlicher, heterosexuell veranlagter Begleiter kann noch so glaubwürdig beteuern, das beiderseitige Nacktsein könne der Freundschaft nicht schaden, beim Saunieren sei sowieso kein Platz für Erotik, allein schon wegen der Hitze, die auf den Kreislauf schlägt. Es mag sogar stimmen, dass dieser Mann dann im Ernstfall zunächst tatsächlich keine akuten sexuellen Gedanken in sich trägt. Sicher ist aber, dass er trotzdem ganz genau hinsieht und seine Beobachtungen in den folgenden Wochen irgendwie verarbeiten muss. Will heißen: Sie werden ihm höchstwahrscheinlich als imaginierte Masturbationsvorlage dienen, vermutlich mehrfach. Weiter ist damit zu rechnen, dass er seine engsten Freunde innerhalb Wochenfrist über Grad und Form der gesichteten Schambehaarung informiert. Die Freunde wiederum werden diese Information langfristig ebenfalls nicht für sich behalten können, beim Weitertratschen tendieren sie dann zur Zuspitzung. Das ist nicht böse gemeint, aber Männer sind so. Sollten Sie also keine Probleme damit haben, dass man Ihnen hinter Ihrem Rücken eine Monchhichi-Muschi, derbe Orangenhaut oder hängende Euter attestiert: viel Spaß in der Sauna. Auch den Lesern sei an dieser Stelle ein Geheimnis verraten. Frauen bekommen es sehr wohl mit, wenn sie angestarrt werden … Ja, auch von der Seite. Und doch, es stört sie.

Bonus-Info: Die Angst davor, eine Erektion zu bekommen,

zu sehen, daran zu denken oder zu haben heißt übrigens Ithyphallophobie. Ganz ausschließen lässt sich das nicht. Wirksamste Gegenmaßnahme: Augen zu oder Handtuch drüberlegen und an Mutter Beimer denken.

WIE KANN ICH MEINE FREUNDE BEIM POETRY-SLAM BEEINDRUCKEN?

Wer die letzten 15 Jahre im Koma lag: Poetry-Slams sind Dichterabende, bei denen sich Freiwillige spontan melden können, um in Kneipenatmosphäre vor größerem Publikum fünf Minuten lang selbstverfasste Lyrik oder Prosa vorzutragen. Danach stimmt eine mehrköpfige Jury ab und bewertet den Teilnehmer nach höchst subjektiven Kriterien. Am Ende wird ein Gewinner des Abends gekrönt, sein Siegerpreis übersteigt selten den Gegenwert von fünf Euro. Inzwischen haben sich in Dutzenden deutschen Städten regelmäßige Poetry-Slams etabliert. Das Charmante an ihnen ist scheinbar, dass hier wirklich jeder mitmachen darf, der sich irgendwie auf zwei Beinen vor dem Mikrofonständer halten und annähernd stotterfrei vom Blatt ablesen kann.

Ist das nicht eine prima Gelegenheit, seine Freunde und überhaupt die ganze Welt vom eigenen, bislang verheimlichten Talent zu überzeugen? Zu Hause ein paar mit Herzblut verfasste Zeilen aus der Schublade zu kramen und sich abends beim Dichterwettstreit feiern zu lassen?

Das Problem ist, dass die Macher ihre Poetry-Slams zwar gerne als trashige, selbstironische Boheme-Veranstaltung inszenieren, dass der amateurhafte Eindruck aber täuscht. Die meisten Teilnehmer haben Bühnenerfahrung, manche reisen quer durch Deutschland von einem Slam zum nächsten. Damit man da als Anfänger nicht allzu stark gegen abstinkt, sollte man zunächst das Vortragen üben. Dilettantismus gilt nur als charmant, solange er unterhält, ansonsten wird es schnell peinlich. Leider begehen Neulinge regelmäßig einen schwerwiegenden Fehler, der das Publikum zu hämischen Kommentaren oder allenfalls mitleidigem Höflichkeitsklatschen treibt: Sie wählen gleich zur Premiere ihre intimsten und ernsthaftesten Texte aus, die sie je verfasst haben. Das wirkt leicht unfreiwillig komisch. Wer es wirklich ausprobieren will, sollte unbedingt mit einem Text anfangen, der sich selbst nicht zu ernst nimmt. Das wirkt sympathisch. Es sollten wenigstens die Worte »Rülpsen«, »Petting« und »Angela Merkel« vorkommen. Und wer zu Hause vor dem Spiegel meint, das sei jetzt aber wirklich definitiv zu albern, sollte mindestens noch einen Furzwitz einbauen. So funktioniert Slam-Poetry.

BEI WELCHEM CASINO-SPIEL KANN ICH GEWINNEN?

Der Gelegenheitszocker Jack Yelton hat einmal gesagt: »Es ist sehr einfach, ein kleines Vermögen aus dem Casino heimzubringen – gehen Sie mit einem großen hin.« Treffender kann man es nicht formulieren. Einen Abend mit Glücksspiel zu verbringen lohnt sich höchstens für den, der auf Nervenkitzel, Abwechslung und etwas Vergnügen hofft. Wer tatsächlich Geld verdienen möchte, sollte sich unbedingt fernhalten, weil Geld im Casino in aller Regel nicht gewonnen, sondern verloren wird. Außerdem droht die Abhängigkeit. In Deutschland gibt es inzwischen bis zu 290.000 Spielsüchtige, das sind etwa so viele wie Heroin- und Kokainjunkies zusammen. Sich fernzuhalten heißt, erst gar nicht in Versuchung zu geraten.

Wer es trotzdem wagt, dem sei gesagt: Die richtige Frage lautet eigentlich nicht »Bei welchem Casino-Spiel kann ich gewinnen?«, sondern »Bei welchem Casino-Spiel verliere ich am wenigsten?«. Chancen und Risiken sind nämlich sehr unterschiedlich verteilt. Das Zauberwort heißt »Auszahlungsquote«. Sie gibt den Prozentsatz des Geldes an, das langfristig von allen Einsätzen der Teilnehmer eines bestimmten Spiels als Gewinn wieder ausbezahlt wird. Den Rest behält das Haus. Die Auszahlungsquote der gängigen Automatenspiele beträgt in vielen Spielhallen magere 60 Prozent, in staatlichen Casinos immerhin rund 94 Prozent. Etwas weniger Verlust macht man durchschnittlich beim Roulette, das hat eine Auszahlungsquote von immerhin 97,3 Prozent. Noch etwas höher, nämlich bei 98 Prozent, kann die Quote beim Black Jack liegen, auch bekannt als »17 und 4«. Allerdings braucht man dafür reichlich Erfahrung und ein raffiniertes Spielsystem. Sobald Croupiers bemerken, dass man nach einem solchen System spielt, riskiert man übrigens Hausverbot. Das Casino achtet darauf, dass es genug an seinen Spielern verdient.

Wer sich entscheidet, einen Abend mit Freunden im Casino zu verbringen, sollte unbedingt eine strikte Regel befolgen: Noch vor dem ersten Spiel festlegen, welchen Betrag man im Laufe des Abends maximal einsetzen will. Sollte der aufgebraucht sein, unter keinen Umständen nachlegen. Wer nicht einmal diesen Grundsatz einhält, sollte sich unbedingt von Casinos fernhalten.

WIE VERHALTE ICH MICH IM STRIP-CLUB?

Ein klassischer Coming-of-Age-Moment im Leben von Männern ist der Besuch eines Strip-Clubs mit Freunden kurz nach dem 18. Geburtstag. Was in der Fantasie wie ein heroischer Akt anmutet, ist in der Realität oft ein Erlebnis mit unbefriedigendem Entertainmentfaktor. Der Anblick blanker Brüste führt bei Männern generell zu absurden Reaktionen. Gerade Neulinge sind entweder überdreht oder eingeschüchtert. Hinzu kommt die Anspannung, als unerfahrener Strip-Club-Besucher Fehler zu begehen. Doch wie kann man das Ganze einigermaßen würdevoll durchstehen?

Wichtig bei der Planung eines solchen Abends ist die Gruppenzusammenstellung und -größe. Der Klassenkasper wird das Blödeln auch in intimer Atmosphäre nicht bleiben lassen, auf seine Gegenwart ist bei der Premiere besser zu verzichten. Mehr als zwei Freunde sollte man ohnehin nicht mitnehmen, denn je größer die Truppe, desto primitiver der Abend. Welchen Verlauf dieser nimmt, entscheidet sich im Club mit der Platzwahl. In der vordersten Reihe ist die Sicht am besten, aber zugleich auch die Gefahr hoch, in die Show einbezogen zu werden. Wer am Ende nicht selbst nackt auf der Bühne stehen will, positioniert sich besser weiter hinten. Doch auch in der vermeintlichen Sicherheit des Halbdunkels empfiehlt es sich, nicht mehr als zwei Bier zum Lockerwerden zu trinken. Andernfalls lässt man sich vielleicht zu Dingen hinreißen, die man später bereut. Zum Beispiel: einer Tänzerin Getränke auszugeben. Wenn die nämlich bei der Bedienung auf Ihre Kosten »ein Gläschen« bestellt, kann das teuer werden. »Ein Gläschen« ist in der

Branche das Codewort für eine Piccolo-Flasche Champagner. Die kostet in solchen Läden gerne mal 200 Euro und mehr. Nur Anfänger fallen auf diesen Trick rein. Generell ist es hilfreich, sich zu vergegenwärtigen, dass es in diesem Gewerbe nicht um Spaß geht, sondern darum, Gästen möglichst viel Geld aus der Tasche zu ziehen. Um die eigenen Ausgaben überschaubar zu halten, sind daher ein Blick auf die Getränkepreise und ausschließlich Barzahlung ratsam. Aber bitte übertreiben Sie es mit der Kostenkontrolle nicht: Münzen haben im Slip einer Stripperin nichts zu suchen. Wer den verführerischen Blicken der Tänzerinnen nicht widerstehen kann und auf ein Date hofft: Im Branchensprech heißt das »Lapdance« und erfolgt im Separée. Der vermeintlich private Moment hat seinen Preis, üblich sind 50 Euro für eine halbe Stunde. Und ja, Anfassen ist auch hier verboten.

IN DER WARTESCHLANGE

WIE WIRKT SICH DIE WAHL DER UHRZEIT AUF DIE LÄNGE DER WARTEZEIT AUS?

Je früher man aufbricht, desto geringer ist die Wartezeit – auf diese Faustregel kann man sich einigen. Wenn ein Club seine Türen um 22 Uhr öffnet, kommt schnell rein, wer bereits um 22 Uhr vor selbigen steht. Manche finden sich sogar schon eine halbe Stunde vorher am Eingang ein, um auf Nummer sicher zu gehen. Meistens sind es Touristen, denn im Ausland beginnen Clubabende in der Regel früher.

Die Frage lautet: Will man wirklich als Erster im Club sein? Was nützt es einem, wenn man zwar lange Anstehzeiten vermieden hat, dafür aber umso länger warten muss, bis die Party überhaupt in Gang kommt? Sicher, manche finden es spannend, dem DJ beim Soundcheck und Aufwärmen der Finger zuzusehen. Oder einen unverstellten Blick auf die Inneneinrichtung zu haben und festzustellen, dass es sich bei dem vermeintlichen Sisalläufer vor der Theke in Wirk-

lichkeit um einen Teppich aus Zigarettenstummeln und Bier-
untersetzern handelt, den die Reinigungskraft zwar gerade
noch schnell beseitigt, der sich aber im Laufe des Abends
erneuert wie das abgetrennte Ende eines Regenwurmes.
Dennoch ist es kontraproduktiv. Die Erklärung: Durch das
Anstehen und Warten steigert sich die Vorfreude. Verschiedene wissenschaftliche Untersuchungen haben das belegt.
Dreißig Minuten in der Schlange, und der Clubabend wird
einem im Nachhinein deutlich besser in Erinnerung bleiben
als jemandem, der ohne Wartezeit reingekommen ist. Ver-
gnügungseinrichtungen wie der Europa-Park Rust nutzen
diesen psychologischen Effekt extra aus. Achterbahnfahren
ohne Anstehen? Gibt es nicht. Die Besucher lässt man selbst
dann eine Viertelstunde warten, wenn es eigentlich gar nicht
nötig wäre.

In der Regel erreicht die Schlange vor dem Club zwei
Stunden nach der Öffnung ihr Maximum. Wartezeiten von
dreißig bis sechzig Minuten sind somit wahrscheinlich.
Man kann sie in Kauf nehmen – oder entsprechend später
kommen. Bei Letzterem bietet sich in Kleinstädten an einem
durchschnittlichen Samstag als Ankunftszeit Mitternacht an,
in Großstädten eine Uhrzeit zwischen halb zwei und zwei.

Dies gilt allerdings nicht für das Berghain in Berlin, das
2009 von einer britischen Fachzeitschrift zum besten Club
der Welt gekürt wurde. Wer hier lange Anstehzeiten vermeiden will, der sollte am besten zwischen acht und zehn kommen. Am nächsten Morgen, wohlgemerkt. Neben der berech-
tigten Aussicht auf schnellen Einlass hat diese Uhrzeit einen
weiteren Vorteil: Die Türsteher, die als die strengsten des
Landes gelten, haben zu diesem Zeitpunkt schon mehrstün-

dige Schichten hinter sich. Bei der Einlasskontrolle dürften
sie nicht mehr ganz so streng – weil allmählich müde – sein.

WIE VERHALTE ICH MICH RICHTIG
IN DER SCHLANGE?

Beim Anstehen, so die landläufige Meinung, kann man
nichts falsch machen. Wie auch? Vor einem befinden sich
Menschen, hinter einem befinden sich Menschen, gemeinsam rückt man der Tür Schritt für Schritt näher, nebenbei
führt man vielleicht noch den einen oder anderen Small
Talk. Was in der Theorie plausibel klingt, erweist sich in der
Praxis oft als nervenaufreibendes Prozedere, begleitet von
der bangen Frage, ob einem der Gralshüter vorne am Eingang überhaupt Einlass gewähren wird. Das muss es nicht
zwangsläufig, wenn man sich die drei Regeln des Anstehens
vergegenwärtigt.

DIE ERSTE UND VIELLEICHT WICHTIGSTE REGEL LAUTET: Auch wenn
die Schlange aus einzelnen Wartenden besteht, so bilden
diese eine Gemeinschaft. Ein solidarisches Klima ist da von
Vorteil, schließlich verfolgt man ein gemeinsames Ziel,
nämlich in den Club reinzukommen. Schubsen, drängeln
oder mobben in der Hoffnung auf eine bessere Warteposition sind tabu. Denn wer mit anderen Besuchern anein-
andergerät, noch bevor die Party anfängt, wird – sofern ihn
der Türsteher nicht aussortiert – später mit ihnen kaum
entspannt feiern können.

DIE ZWEITE REGEL: Zügig aufrücken. Sobald es vorwärts geht,
die Bildung größerer Lücken vermeiden. An dieser Stelle

sei an jene unaufmerksamen Autofahrer erinnert, die sich an Ampeln oder im Stau mit der Reaktionszeit eines Dreifingerfaultiers bei anderen Verkehrsteilnehmern unbeliebt machen. Es geht hierbei nicht so sehr um die tatsächlich vergeudete Zeit, sondern vielmehr um den psychologischen Effekt. Wenn Wartende das Gefühl haben, es geht voran – und seien es auch nur ein paar Zentimeter –, stauen sich weniger Frust und Aggressionen auf.

DIE DRITTE UND LETZTE REGEL WIRD VON VIELEN CLUBGÄNGERN OFT UNTERSCHÄTZT: Small Talks oder angeregte Diskussionen sind in gedämpftem Ton zu führen. Wer in der Warteschlange lautstarke Gespräche führt, macht auf sich aufmerksam, sticht aus der Masse hervor – und rückt ins Visier des Türstehers. Dieser wird sich fragen, warum die drei jungen Herren in zwanzig Metern Entfernung nicht nur sich, sondern auch ihre Mitmenschen unterhalten. Als Grund dafür wird er vielleicht den Konsum größerer Mengen Alkohol oder Drogen vermuten, was dazu führt, dass er die betreffenden Personen genauer überprüfen wird, sobald sie vor ihm stehen.

GIBT ES DINGE, DIE ICH BEIM ANSTEHEN AUF KEINEN FALL TUN SOLLTE?

Ja, jede Menge sogar. Vom Verzehr mitgebrachter Speisen zum Beispiel ist dringend abzuraten. Es soll Menschen geben, die Döner kauend in der Schlange stehen und irritiert sind, wenn sich der Hintermann angewidert abwendet und der Türsteher ihnen schon von weitem zu verstehen gibt, besser nach Hause zu gehen. Wer Hunger hat, ist in einer Imbissbude oder einem Restaurant besser aufgehoben als in einer Warteschlange. Das Gleiche gilt übrigens für Alkoholkonsum. Jeder Türsteher wird die Gruppe von Freunden am Ende der Schlange im Auge behalten, die sich die Wartezeit mit einer Flasche Sekt verkürzt. Merklich Angetrunkene werden ohnehin sofort aussortiert.

Apropos Wartezeit: Keine gute Idee ist es, den Türsteher mit pikiertem Ton darauf hinzuweisen, dass man fast eine Stunde angestanden hat. Einerseits neigen Menschen dazu, Wartezeiten falsch (nämlich notorisch zu hoch) einzuschätzen, andererseits könnte es, so es tatsächlich stimmt, die sinnloseste Stunde seit Langem sein, an deren Ende man sich nicht im Club, sondern auf dem Weg nach Hause wiederfindet. Überhaupt verbietet es sich, laute Bemerkungen über die Einlassgeschwindigkeit abzugeben. Sie würden unweigerlich dazu führen, dass die Türsteher die Wartenden noch langsamer abfertigen, die Personenkontrollen mit buddhistisch-meditativer Entspanntheit durchführen werden – sie haben schließlich Zeit. Ein weiterer Fauxpas in der Warteschlange ist das Belauschen und Kommentieren fremder Gespräche, es sei denn, man wartet auf Einlass in einen Debattierclub. Sollte dies nicht der Fall sein, verbietet es sich, dem Vordermann ungefragt Rat in Beziehungsfragen zu geben, weil der gerade mit seinem Kumpel den Seitensprung der Freundin diskutiert.

IST VORDRÄNGELN UNMORALISCH?

Ja. Um das einzusehen, muss man nicht mal den Moralbegriff von Kant bemühen. Vordrängler sind in etwa so beliebt wie Tierquäler oder Handtaschendiebe. Wer bereits seit einer halben Stunde ansteht, hat ein ausgedünntes Nervenkostüm und reagiert entsprechend sensibel, wenn ein Neuankömmling dreist an ihm vorbeizieht, zielstrebig auf die Spitze der Warteschlange zusteuert und dabei despektierliche Kommentare galant ignoriert.

»Jeder ist sich selbst der Nächste.« Dieses Motto gilt im Nachtleben nicht. Wer ausgeht, will einen schönen Abend verbringen, im Club mit anderen Leuten feiern. Mit ausgestreckten Ellenbogen und einer egoistischen Einstellung ist das nicht möglich. Und deshalb gebietet es der Respekt vor den Mitmenschen, sich in der Schlange hinten anzustellen. In Großbritannien ist das sogar eine Sache der Ehre, ein ungeschriebenes *gentlemen's agreement*, das an Bankschaltern ebenso gilt wie an Bushaltestellen oder eben in Clubs. Vordrängeln wird dort als höchst unsozial und unhöflich empfunden, und deshalb bilden bereits zwei aufeinandertreffende Briten unaufgefordert eine Schlange.

Dass die Frage des Vordrängelns hierzulande immer wieder diskutiert wird, hat vermutlich mit den im internationalen Vergleich längeren Wartezeiten zu tun. Egal, ob in Behörden, Museen, Supermärkten oder eben vor Clubs – in Deutschland ist das Anstehen aus dem Alltag nicht wegzudenken, es hat gewissermaßen Tradition. Das unterstreichen auch die Ergebnisse einer europäischen Studie aus dem Jahr 2008, in der das Beratungsunternehmen Grass Roots Performance die Anstehzeiten an Supermarktkassen untersuchte. Demnach müssen in Deutschland Kunden im Durchschnitt sieben Minuten warten, bis sie abkassiert werden, in Portugal hingegen nur zweieinhalb Minuten, Schlusslicht war Griechenland mit 14 Minuten.

Statistische Erhebungen über die Wartezeiten an Club- und Diskothekentüren gibt es bislang nicht. Das ist auch besser so, denn vermutlich würden konkrete Zahlen moralisch integren Clubgängern das Ausgehen verleiden. Und gewissenlose Vordrängler in ihrem Handeln nur bestätigen.

WIE KANN ICH MEINE POSITION IN DER WARTESCHLANGE UNAUFFÄLLIG OPTIMIEREN?

Es gibt tatsächlich Mittel und Wege, die eigene Warteposition zu verbessern, ohne ins gesellschaftliche Abseits zu geraten. Im Selbstversuch bewährt hat sich eine Strategie, für die sich die Autoren dieses Buches den Begriff »Fusseltaktik« rechtlich schützen lassen wollen. Wie ist dabei vorzugehen? Man weist den Vordermann auf einen Fussel hin, der angeblich auf seiner Rückseite klebt und das Gesamterscheinungsbild unnötig entwertet. Im nächsten Schritt bietet man an, diesen zu entfernen. Dabei ist es unerlässlich, die Person sanft, aber bestimmt ins Licht zu schieben. Noch während man akribisch am Fussel zupft, dreht man sich und den Vordermann um 180 Grad – so dass er am Ende hinter einem steht. Um ihn von dieser Tatsache abzulenken, ist ein kontinuierlicher Gesprächsfluss unerlässlich. Zugegeben: Diese Taktik ist relativ ineffizient, denn sie bringt nur wenige Zentimeter Vorsprung. Aber sie funktioniert.

Wem das nicht genügt, der kann immer noch auf Freunde in der Warteschlange bauen, die sich der Tür bereits bis auf wenige Schritte genähert haben. Bevor man sich zu ihnen gesellt, gibt es jedoch ein paar Dinge zu beachten: Um die Toleranz anderer Wartender nicht überzustrapazieren, sollte man entweder allein oder höchstens mit einer Begleitperson unterwegs sein. Die Wahrscheinlichkeit, dass eine bis dahin friedliche Wartegemeinschaft sich in einen pöbelnden Mob verwandelt, potenziert sich mit jeder zusätzlichen Begleitung.

Des Weiteren ist eine genaue Inspektion der Schlange geboten. Befindet sich unter den Wartenden der Typ, von dem man sich am Vorabend andernorts im Streit und mit den Worten »Beim nächsten Mal gibt's eine aufs Maul« verabschiedet hat, verzichtet man besser auf die Überholspur. Andernfalls ist die Gefahr zu groß, dass der Abend ein jähes Ende findet. Wohldurchdacht sollte die Wahl der Ausreden sein, mit denen man sich einen Vorsprung zu erarbeiten gedenkt. Ein mit nervösem Trampeln vorgebrachter Hinweis, man müsse dringend auf Toilette, mag bei feinfühligen Wartenden Gehör finden. Anders sieht es da schon bei der vermeintlich cleveren Mitleidsmasche aus. Ein wehleidiger Blick und ein mattes Hüsteln verbunden mit »Entschuldigung, aber ich habe gerade das Pfeiffer'sche Drüsenfieber« werden in der Schlange wohl kaum auf Verständnis stoßen. Stattdessen wird man damit die Nachfrage provozieren, warum man in diesem Zustand überhaupt das Haus verlässt. Und das zu Recht.

ZUM DIALEKT STEHEN ODER
LIEBER HOCHDEUTSCH SPRECHEN?

Grundsätzlich sollte jeder Mensch bemüht sein, so anständig wie möglich zu sprechen. Das fällt nicht jedem leicht. Wer bei seinen arabischen Freunden anerkannt sein will, adaptiert – bewusst oder unbewusst – deren sprachliche Sonderheiten. Wider besseres Wissen werden grammatikalische Fehler und Fremdwörter in die eigene Sprache eingebaut, und so hört man aus dem Mund eines Michael Schmidt Sätze wie: »Isch mach disch Messer, Lan!« Dieser Ethnolekt ist jedoch einigermaßen kontrollierbar – sich zu konzentrieren und dem Gruppenzwang zu entziehen kann Wunder bewirken. Schwieriger wird es bei Dialekt. Der regional charakteristische Singsang ist in der Aussprache mitunter so fest verankert, dass ihm nur mit professionellem Sprechtraining beizukommen ist.

Dialekte sind in bestimmten Alltagssituationen verpönt. Im Beruf assoziiert sich mit ihnen eine gewisse Inkompetenz. Einer hochdeutsch sprechenden Bankerin wird man sein Geld vermutlich eher anvertrauen als ihrer sächselnden Kollegin. Alles Vorurteile, logisch. Doch deshalb sitzt bei den Betroffenen die Angst vor Stigmatisierung tief. Mitunter gar nicht mal zu Unrecht. Ein Bayer in Berlin steht automatisch unter dem Verdacht, sich für etwas Besseres zu halten, wenn er in penetranter Gutsherrenart zu seiner Herkunft steht und diese auch beim Sprechen nicht verleugnet. Seit halb Süddeutschland in Prenzlauer Berg wohnt, ist die Befangenheit der Einheimischen gegenüber den Zugezogenen sogar noch gestiegen. Der Hauptstädter seinerseits hat es in Hamburg nicht leicht. Wer austeilt, muss auch einstecken können.

Gerecht geht es an der Tür nur selten zu – die Kriterien, nach denen der eine reingelassen und der andere abgewiesen wird, sind oft nicht nachvollziehbar. Doch den meisten Türstehern kann man eins nicht vorwerfen: dass sie Gästen aufgrund ihres Dialekts den Zutritt verwehrt. Ob die Sprache eines Besuchers schwäbisch, thüringisch oder hessisch gefärbt ist, kümmert den Einlasser in etwa so viel wie die Schuhgröße oder Blutgruppe desjenigen, zumindest legen das die Recherchen zu diesem Buch nahe. Die Gründe dafür sind vielleicht offensichtlich: Sobald man auf der Tanzfläche steht, ist die Musik eh so laut, dass Besonderheiten in der Aussprache kaum noch auffallen.

WIE KOMME ICH AM TÜRSTEHER VORBEI?

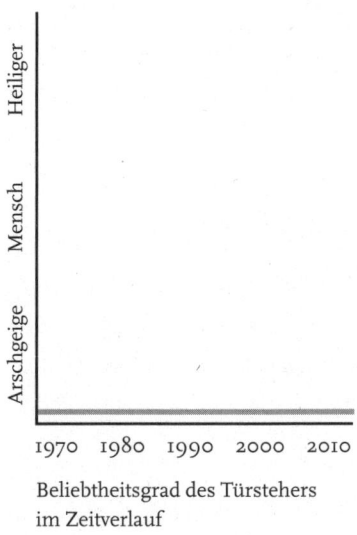

Beliebtheitsgrad des Türstehers im Zeitverlauf

Und das überrascht dann doch: Bei einer Umfrage zu den unbeliebtesten Jobs in Deutschland hat es der Türsteher nicht mal unter die ersten zehn geschafft. Offiziell genießt er also ein besseres Ansehen als Politiker, Versicherungsvertreter und Landwirte. Inoffiziell stimmt das natürlich nicht. Generationen abgewiesener Clubbesucher würden einem Versicherungsver-

treter vermutlich mehr Sympathie und Intelligenz beschei-
nigen als jenen muskelbepackten Männern mit Bomberjacke
und Stiernacken, die ihnen schon mal den Zugang ins Para-
dies verwehrt haben.

Sie können einen vermasselten Abend natürlich auf den vor
Testosteron strotzenden Türsteher schieben, der seinen an-
gestauten Frust an vermeintlich unschuldigen Nachtschwär-
mern ablässt. Das wäre allerdings nur die halbe Wahrheit.
Die andere Hälfte liegt am eigenen Zutun, was naturgemäß
nur schwer einzusehen ist. Wer beispielsweise von einer
Hochzeit kommt, mit Schlips und Anzug und einem Pulk
angeheiterter Freunde im Schlepptau, darf in diesem Aufzug
in einem sogenannten Szeneclub kaum auf Einlass hoffen.
Ähnlich wird es demjenigen ergehen, der in abgewetzten
Jeans und ausgelatschten Turnschuhen in eine schicke Diskothek will, und über die Chancen eines überzeugten Gothic-
Fans an der Tür einer Indie-Disko braucht man gar nicht erst
zu spekulieren.

Wer sich frustrierende Erlebnisse mit Türstehern ersparen
will, der sollte sich also vorher genau überlegen, in welchen
Laden er geht. Dabei kann eine Vorrecherche durchaus
nützlich sein. Vor dem geplanten Abend mit der neuen
Bekanntschaft auszuspähen, nach welchen Kriterien in dem
Club selektiert wird, den man zu besuchen beabsichtigt,
erhöht die Chancen reinzukommen. Das Mädchen mit den
Lackstiefeln und dem übertriebenen Make-up wurde ebenso
abgewiesen wie der junge Mann mit dem Hawaiihemd und
den Cowboystiefeln? Dann verzichten Sie besser auf diese Art
der Aufmachung und legen das auch Ihrer Begleitung nahe.
Grundsätzlich gilt: Eine außergewöhnliche Erscheinung

kann von Vorteil sein, weil sie auf Exaltiertheit und Spaß am Feiern schließen lässt; sie sollte jedoch zum Stil des Ladens passen.

Ein weiterer wichtiger Faktor ist die Größe der Gruppe, mit der man durch die Nacht zieht. Je mehr Leute Sie begleiten, desto geringer die Wahrscheinlichkeit, dass der Türsteher Ihren Tross durchwinkt. Männergruppen haben es schwerer als Frauengruppen, und das natürlich völlig zu Recht. Nicht auszuschließen ist nämlich, dass sich betrunkene Männer irgendwann in den Armen liegen und »Ich bin reich« von den Ärzten singen. Während sich vier hübsche Freundinnen durchaus berechtigte Hoffnungen auf Einlass machen dürfen, gilt das für eine männliche Clique nicht. Weibliche Attraktivität wird im Nachtleben höher bewertet als männliche. Allerdings reicht es nicht, wenn eine Gruppe von fünf Männern die alleinstehende charmante Blondine am Ende der Schlange anspricht, um diese als Alibibegleitung für sich zu gewinnen. Damir Fister, ehemaliger Türsteher der Münchner Promi-Disko »P1«, fasste seine Selektionskriterien einst wie folgt zusammen: »Zwei heiße Hasen durften immer ins ›P1‹, einen scheiß Typ mit zwei heißen Hasen ließ ich auch noch rein, aber zwei scheiß Typen mit einem heißen Hasen, das ging nicht.«

Was sonst noch hilft, um am Türsteher vorbeizukommen? Ein angemessenes Auftreten. Es ist ratsam, dem Einlasser weder arrogant noch demütig gegenüberzutreten – ein freundliches »Hallo«, gepaart mit einem Lächeln kann das Eis brechen. Auch wenn es viele nicht wahrhaben wollen: Türsteher sind nur in seltenen Fällen minderbemittelte Profilneurotiker, die mit jedem abgewiesenen Partygast ihr eigenes Ego päppeln. Tatsächlich halten sie sich meistens nur an die Vorgaben ihrer Chefs, und in diesem Zusammenhang sollte man sich vielleicht ein englisches Sprichwort merken: »Don't hate the player, hate the game!« (»Hasse nicht den Spieler, hasse das Spiel!«).

KANN MAN DEN TÜRSTEHER AUSTRICKSEN?

Schnurrbärte zum Aufkleben, Fantasieausweis, übertriebenes Make-up, das die jugendlichen Gesichtszüge kaschiert – Versuche, den Türsteher auszutricksen, gibt es seit der Erfindung des Nachtlebens. Vor allem was das Alter betrifft, wird viel gemogelt. Mal sind die Tricks von Erfolg gekrönt, mal nicht. Deshalb wird vermutlich noch in 50 Jahren darüber diskutiert, ob Einlasser das Geburtsdatum tatsächlich überprüfen, wenn man ihnen den eigenen Ausweis nur mit genügend Selbstbewusstsein in die Hand drückt, um so den Umstand zu kaschieren, dass man von der Volljährigkeit noch so weit entfernt ist wie ein Erstklässler vom flüssigen Lesen.

Doch auch wer das 18. Lebensjahr längst vollendet hat, steht dem Einlasser oft mit einem bangen Gefühl gegenüber. Wichtig in solchen Momenten: Augenkontakt suchen. Wer seinem Gegenüber nicht ins Gesicht blickt, signalisiert Nervosität und Angespanntheit, jene Gemütszustände also, die der Sache nicht dienlich sind. Offenheit und Selbstbewusstsein strahlt hingegen aus, wer anderen in die Augen schaut. Von ausdauerndem Anstieren ist jedoch dringend abzuraten, denn das könnte einem als Aggressivität ausgelegt werden.

Den effizientesten Trick, um am Türsteher vorbeizukommen, verriet ein älterer Partygänger einst einem Berliner Clubbetreiber. Die beiden kamen zufällig miteinander ins Gespräch, und nach einer Weile war die strenge Türpolitik des Ladens Gegenstand ihrer Unterhaltung. Dabei offenbarte der Herr ein Geheimnis, das ihm nach eigener Aussage Zutritt in jeden Club verschafft hat: Sobald er vor dem Türsteher stand, gab er an, am Vorabend bereits Gast gewesen zu sein, allerdings habe beim Bezahlen der Getränke seine Kreditkarte nicht funktioniert, und deshalb sei er nun gekommen, um die Rechnung zu begleichen. Dieser Trick habe bislang immer funktioniert, betonte der Gast nicht ohne Stolz. Die Gründe dafür leuchteten selbst dem Betreiber sofort ein: Welcher Türsteher wird eine solche Behauptung auf die Schnelle widerlegen können? Und welcher Türsteher würde es übers Herz bringen, den Kollegen von der Bar den Fehlbetrag in der Kasse persönlich ausgleichen zu lassen? Wenn Sie diesen Trick ausprobieren wollen, recherchieren Sie jedoch unbedingt im Voraus, ob der betreffende Laden Kartenzahlung überhaupt akzeptiert.

IST ES SINNVOLL, MIT DEM EINLASSER ZU FLIRTEN?

Bedingt. Dem Einlasser offen und freundlich gegenüberzutreten, erhöht durchaus die Eintritts-Chancen. Welcher Mann kann sich dem charmanten Lächeln einer Frau schon entziehen? Welche Frau ist taub für Komplimente?

Flirten gehört zum menschlichen Miteinander wie Zeugnisse zur Schule, und das nicht ohne Grund. Britische Forscher haben herausgefunden, dass es glücklich macht. Beim Blickkontakt mit einer als attraktiv empfundenen Person werden im Gehirn Areale aktiviert, die Glücksgefühle verursachen. Bei Männern erhöht Flirten sogar den Testosteronwert, den Nachweis dafür haben Wissenschaftler der Universität Chicago erbracht. Dafür baten sie männliche Studenten zum Speicheltest. Eingewiesen in die Versuchsanordnung wurden sie von jungen Frauen. Lächelten diese den Testpersonen zu, stieg deren Testosterongehalt um 30 Prozent.

Ein kleiner Flirt mit dem Türsteher schadet also nicht, vor allem weil Frauen harmloser flirten als Männer, es hat bei ihnen keinen negativen Einfluss auf eine bestehende Partnerschaft. Bei der unbedarften Schäkerei sollte es jedoch bleiben. Die Wahrscheinlichkeit, dass sich aus einem Flirt an der Tür mehr entwickelt, ist gering. Ein nicht unerheblicher Teil der Branche schließt eine Liebelei, die sich am Einlass anbahnt, sogar kategorisch aus. Deshalb lohnt es sich auch nicht, beim Buhlen um die Gunst des Türstehers stärkere Geschütze aufzufahren. Wer glaubt, sich mit einem tiefen Ausschnitt und anzüglichen Bemerkungen einen Selektionsvorteil zu verschaffen, der irrt.

Klug ist ein offensives Anbaggern auch deshalb nicht, weil Frau nicht zwangsläufig davon ausgehen darf, dass der Einlasser im Club ihrer Wahl heterosexuell ist. Gerade in Großstädten ist die Wahrscheinlichkeit hoch, dass er es nicht ist. Ahnungslose Partygängerinnen, die einem schwulen Türsteher fürs Durchwinken sexuelle Gefälligkeiten in Aussicht stellen, machen sich schnell zum Gespött des Personals. Männer sollten bei Türsteherinnen übrigens nie in die Offensive gehen, denn Frauen reagieren auf Anmachen deutlich sensibler, sie fühlen sich schneller belästigt. Ein kategorisches Nein ist daher umso wahrscheinlicher.

LÄSST SICH EIN TÜRSTEHER BESTECHEN?

Offiziell verbietet es der eigene Ehrenkodex dem Türsteher natürlich, Geld von Gästen entgegenzunehmen und ihnen somit Zutritt zu gewähren. Die Realität hingegen sieht anders aus. Immer wieder hört man von Einlassern, die bereitwillig ein Auge zudrücken, sobald unaufgefordert ein paar Scheine in ihre Hand wandern. Diese in den USA durchaus übliche Methode der Sympathiegewinnung findet auch hierzulande immer mehr Anhänger.

Die Wahrheit ist: Einen Club, dessen Türsteher zweifelhaften Gestalten für eine Handvoll Euros Eintritt gewährt, sollte man besser meiden. Zum einen spricht es nicht für die Prinzipien des Ladens, dem daran gelegen sein müsste, sein Publikum vor dubiosen Typen zu schützen. Zum anderen gehört ein gewisser Nervenkitzel zu einem gelungenen Abend dazu. Nichts ist besser als das Hochgefühl, vom Einlasser durchgewunken und als dazugehörig befunden zu werden. Mit Geld lässt sich dieses Gefühl nicht erzeugen.

Wer beim Türsteher einen bleibenden Eindruck hinterlassen möchte, kann das beim Verlassen des Clubs tun. Mit einem kleineren Schein und einem ehrlichen Dankeschön für den schönen Abend. Nicht entstehen darf der Eindruck eines vorweggenommenen Bestechungsversuchs. Vielmehr sollte man betonen, dass es sich um eine Art Trinkgeld handelt,

von dem der Türsteher später auf seinen Feierabend an-
stoßen kann. Wichtig ist: Mit dem Obolus sollte sich keine
Erwartungshaltung verbinden, er ist keine Einlassgarantie
für den nächsten Besuch. Wohl aber eine kleine Gedächtnis-
stütze dafür, dass der Türsteher einen positiv in Erinnerung
behält.

SOLLTE MAN SICH NACH EINEM NEIN GLEICH NOCH MAL ANSTELLEN?

Das ist eine Frage der eigenen Leidensfähigkeit. Eine Abfuhr
ist demütigend, eine zweite ist der Laune nicht unbedingt
zuträglich und sollte daher vermieden werden. An diesen
Grundsatz hält sich jedoch nicht jeder. Tatsächlich gibt es
Menschen, die für den Fall eines Neins Vorkehrungen treffen
– und Wechselsachen im Auto deponieren. Mit dem neuen
Outfit, so glauben sie, wird der Türsteher sie nicht wiedererkennen und ihnen womöglich doch Eintritt gewähren. Da
die Kleidung jedoch nur eines von vielen Kriterien ist, nach
denen am Eingang entschieden wird, nützt das meist nichts.

Auch wenn man es nicht glauben mag: Türsteher merken
sich Gesichter, sie haben ein fotografisches Gedächtnis. Diese
Fähigkeit ist Teil ihres Jobs, dafür werden sie eingestellt. Sie
können Stammgäste von Gelegenheitsbesuchern unterscheiden, Promis von Fußvolk, wichtige von unwichtigen
Gästen. Mitunter merken sie sich nicht nur das Aussehen,
sondern wissen auch über den Beruf, die Freunde und den
finanziellen Status desjenigen Bescheid, der vor ihnen steht,
zumindest grob.

Ein Türsteher, der einen Gast einmal weggeschickt hat, wird sich wenigstens einen Abend lang daran erinnern können. Es ist daher Zeitverschwendung, es nach einem Nein eine halbe Stunde später noch einmal zu probieren. Legitim ist ein neuer Versuch jedoch an einem anderen Abend. Wer eine Zurückweisung in der Vergangenheit einigermaßen würdevoll hingenommen hat, wer vielleicht sogar mit einem charmanten Achselzucken und einem netten »Tschüss« Größe bewiesen hat, dem wird beim nächsten Mal vielleicht Eintritt gewährt. Auf Nachfrage offenbaren Türsteher plausible Gründe dafür, warum sie Gäste abweisen. Einer davon: Passt man überhaupt in den ausgewählten Laden? Ein 30-Jähriger, der in eine Teenie-Disko will, muss sich über eine Abfuhr nicht wundern. Es sei deshalb wichtig zu wissen, wo man hingeht, in welcher Schlange man sich anstellt, sagt ein Türsteher, der namentlich nicht genannt werden möchte. Es gebe Menschen, die sich einfach aus Prinzip am Ende einer Schlange anstellen würden, ohne überhaupt zu wissen, worum es geht. Und die sich dann wundern, wenn sie nicht reingelassen werden. Aber auch wer sich vorher informiert hat, wer mit Skinny Jeans und High Heels vom Stil zum Club seiner Wahl passt, kann vom Türsteher ein Nein kassieren. Einfach weil der Laden schon aus allen Nähten platzt oder weil drinnen schon 150 junge Frauen in Skinny Jeans und High Heels auf der Tanzfläche stehen – und die Partygesellschaft etwas Abwechslung verträgt. In diesem Fall ist eine Abfuhr nicht persönlich gemeint.

DJ Hell, der trotz seines Bekanntheitsgrades an der Tür des Münchner »P1« mehrere Niederlagen verkraften musste, riet daher in einem Interview: »Es ist ein Spiel der Eitelkeiten, und man kommt nicht weit, wenn man sich wichtigmacht vor der Tür.« Wer abgewiesen wird, solle sich höflich verhalten – beim zweiten oder dritten Mal käme man rein.

WIE VERHALTE ICH MICH, WENN ICH SELBST REINKOMME, MEINE FREUNDE ABER NICHT?

Empathie ist nicht unbedingt die Eigenschaft, für die Türsteher bekannt sind, im Gegenteil. Einige scheinen regelrecht Spaß daran zu haben, Paare an der Tür zu trennen, Gruppen zu dezimieren. Meist geschieht das ohne Begründung, was die Sache zusätzlich erschwert. Aber noch schlimmer als diese Tatsache ist nur die Zwickmühle, in der man steckt und aus der man sich innerhalb von Sekunden befreien muss: Auf Verständnis und Nachsicht bei den Abgewiesenen hoffen und sich selbst einen schönen Abend machen? Oder auf selbigen pfeifen und sich solidarisch mit den Freunden zeigen? Vieles spricht für Letzteres. Wer will für ein paar Stunden Spaß auf der Tanzfläche schon freundschaftliche oder partnerschaftliche Verstimmungen riskieren? Den Abgewiesenen zur Seite zu stehen, ist also eine Sache der Loyalität.

Vielleicht hilft es sich vorzustellen, welche Reaktion man sich von seiner Begleitung erwarten würde, wenn es andersrum wäre. Wenn man selbst derjenige wäre, der an der Tür abgewiesen wird. Wer dann auf Beistand und Trost hoffen würde, sollte das auch seinen engsten Mitmenschen entgegenbringen. Wer jedoch von psychisch robuster Natur ist und seinen Freunden eine Nacht unter der Diskokugel nicht verwehren würde, darf so viel Großmut auch im Umkehrschluss erwarten.

Die Praxis zeigt, dass sich diese Logik noch nicht bis zu jedem Partygänger herumgesprochen hat. Türsteher berichten von Frauen, die sich mit einem emotionslosen Kuss von ihren Begleitern verabschieden und im Club verschwinden, noch bevor diese die Situation realisiert haben. Und von Gruppen, die nach kurzen, heftigen Diskussionen getrennter Wege gehen. Fraglich in diesen Fällen ist, ob ein gemeinsamer Abend tatsächlich gewollt war. Oder ob das Nein des Einlassers ein willkommener Anlass war, sich der unliebsamen Begleitung ein für alle Mal zu entledigen.

SOLLTE MAN SICH AM TÜRSTEHER FÜR EIN NEIN RÄCHEN?

Ganz klar: nein. Der Türsteher hat einem den Eintritt verweigert, der Impuls, es ihm für den vermasselten Abend heimzuzahlen, liegt nahe – wer lässt sich schon gerne vor Publikum demütigen. Dennoch sollte man den unmittelbaren Rachereflex unterdrücken. Zum Beispiel, indem man gedanklich die Ausgehalternativen Revue passieren lässt, die einem zur Verfügung stehen. Wer in einem 5.000-Einwohner-Nest lebt, dessen einzige Disko den gesellschaftlichen Dreh- und Angelpunkt des Ortes bildet, der ist schlecht beraten, nach einer Abfuhr an der Tür einen Aufstand zu machen. Ein lautstarkes Wortgefecht mit dem Einlasser, bekräftigt mit ein paar handfesten Argumenten, wird in einem längerfristigen Hausverbot enden – und somit im sozialen Abseits.

Aber auch wer in einer Großstadt wohnt und dutzende Clubs zur Auswahl hat, sollte sorgfältig abwägen, ob er sich mit dem Türsteher anlegt. Handelt es sich um den Lieblingsladen, den man mit Freunden seit Jahren einmal wöchentlich aufsucht, sind die Gründe des Scheiterns an der Tür wohl eher bei einem selbst und dem vierten Wodka-Gurke vor dem Losgehen zu suchen als bei den vermeintlich beschränkten Geistesfähigkeiten des Einlassers. In diesem Fall sollte man ein Nein ohne Widerworte akzeptieren, auch wenn es schwerfällt. Nur so verbaut man sich nicht die Möglichkeit, beim nächsten Mal durchgewunken zu werden.

Von Diskussionen am Eingang ist ohnehin abzuraten. Die Chancen, dass ein Türsteher sein Urteil nach einem kurzen Gespräch mit dem Gast revidiert, sind gering. Auch nützt es nichts, als Abgewiesener auf den zweiten Einlasser einzureden. Da Loyalität in der Branche zum Ehrenkodex gehört, wird dieser an einer bereits getroffenen Entscheidung niemals zweifeln. Verbale Racheakte bedürfen grundsätzlich einer klugen Abwägung. Mit einem in Richtung Türsteher hasserfüllten »Ich werde diesen Laden kaufen und dann wirst du als Erstes gefeuert« läuft man Gefahr, sich vor den anderen Wartenden der Lächerlichkeit preiszugeben. Und auch das Argument, der Einlasser wisse wohl nicht, mit wem er es zu tun habe, wird in der Regel ins Leere laufen, denn offenbar wusste der Einlasser das ganz genau. Ein Klassiker ist auch der Hinweis, dass man den Besitzer des Ladens kenne und sich beschweren werde. Selbst wenn dem so ist: Zwischen Eigentümer und Personal passt nur selten ein Blatt Papier. An der Entscheidung seines Angestellten wird ein Betreiber nicht mal dann zweifeln, wenn es sich bei der abgewiesenen Person um einen sehr guten Freund handelt. Im Zweifelsfall wird der Einlasser sein Handeln gut begründen können.

Nicht gut begründen konnten die Betreiber und Türsteher einer Reutlinger Diskothek die Entscheidung, einem dunkelhäutigen Jugendlichen den Eintritt zu verwehren. Am Einlass soll er mit den Worten zurückgewiesen worden sein, es seien »schon genug Schwarze« drin. Der Jugendliche zog wegen Diskriminierung vor Gericht – und bekam in zweiter Instanz Recht. Die Angeklagten wurden 2011 zu einer Geldstrafe von 900 Euro verurteilt. Rassistische Erniedrigungen sind vielleicht der einzig akzeptable Grund sich zu rächen. Ganz legal, versteht sich.

DARF MAN AM EINGANG NACH RABATT FRAGEN?

Selbstverständlich. Es ist doch so: Ausgehen kostet Geld, meist viel Geld. Die Ausgaben fangen bereits beim Outfit an, und sie hören erst auf, wenn man am Ende einer langen Nacht erschöpft ins Bett sinkt. Bevor es in den Club geht, war man vielleicht noch zum Aufwärmen in einer Bar. Klar, dass nach zwei Rum-Cola das eigene Auto besser stehen bleibt und man auf ein Taxi umsteigt. Zu diesem Zeitpunkt ist also bereits eine ordentliche Summe zusammengekommen, und der Abend hat gerade erst angefangen. Eintritt, Garderobe, Getränke und das Taxi für den Rückweg stehen noch aus.

Es ist daher nur legitim, jede sich bietende Einsparmöglichkeit zu nutzen. Ein kleiner Nachlass am Eingang ist bei vielen Läden drin, tatsächlich haben die Betreiber diesen Umstand in ihrer Kalkulation bereits berücksichtigt: Das an der Tür eingesparte Geld wird in der Regel später an der

Bar ausgegeben, die vermeintliche Ersparnis ist also genau genommen ein Nullsummenspiel.

Wie hoch der Rabatt ausfällt, hängt vom eigenen Verhandlungsgeschick ab. Zu dreist sollte die Forderung nicht sein. Wer mit einer Gruppe von fünf Leuten kommt, aber nur für zwei zahlen will, braucht sich über eine abschlägige Antwort nicht zu wundern. Feinfühlige Menschen formulieren die Frage eher so: »Wir sind zu fünft – geht da vielleicht ein bisschen was mit dem Eintrittspreis?« Lautet die Auskunft allerdings Nein, sollte man nicht diskutieren, sondern den geforderten Betrag anstandslos zahlen.

Der Verweis auf den eigenen Studentenstatus sollte übrigens beim Verhandeln von Rabatt nicht als Argument ins Spiel gebracht werde. Vielerorts wird dafür zwar Nachlass gewährt, im Kino zum Beispiel, in Museen oder Boutiquen – in Clubs und Diskotheken hingegen selten. Und deshalb sollte man auch skeptisch werden, wenn der Türsteher nach dem Studentenausweis fragt. Wer diesen in freudiger Erwartung zückt, kann unter Umständen eine enttäuschende Antwort zu hören bekommen: »Tut mir leid, Studenten lassen wir hier nicht rein.« Einfach aus Trotz, weil zuvor schon 30 Gäste nach Studentenrabatt gefragt haben. Berechtigte Aussicht auf Nachlass haben Partygänger, die besonders spät aufschlagen. Wenn die Veranstaltung schon seit mehreren Stunden läuft, ist die freundlich vorgetragene Bitte um Nachlass nicht nur angebracht, sondern geradezu logisch – beim Bäcker kostet ein Brötchen vom Vorabend ja auch nur noch die Hälfte.

WIE KOMME ICH AUF DIE GÄSTELISTE?

Was manchen Menschen ein Ticket für die Wagner-Festspiele in Bayreuth ist, ist anderen ein Platz auf der Gästeliste im Club der Wahl: Nichts verursacht so viele Glücksgefühle. Wer seinen Namen auf dem sagenumwobenen Blatt Papier an der Kasse stehen hat, erspart sich Stress mit dem Türsteher und gelegentlich auch lästiges Anstehen, denn vielerorts gibt es für Besucher, deren Namen auf der Gästeliste stehen, einen separaten Eingang.

Direkten Zugang zur Gästeliste hat, wer Betreiber, Personal oder DJs des Ladens kennt. Theoretisch. Denn nichts nervt diese Menschen mehr als rituelle Anrufe kurz vor dem Wochenende mit der Bitte um Vermerk auf ebenjener Liste. Das Angebot dazu sollte immer vom Personal kommen. Ein Gästelistenplatz darf nie aggressiv eingefordert werden; bestenfalls sollte man beiläufig danach fragen – und wenn der Gesprächspartner nicht darauf reagiert, nicht weiter nachhaken.

Aber auch, wer die Macher des Clubs nicht persönlich kennt, kann durchaus auf die Gästeliste gelangen. Viele Läden verlosen Plätze per Newsletter oder Facebook, schon allein deswegen ist es ein Muss, sich dafür registrieren zu lassen. Fortgeschrittene Partygänger greifen mitunter zu folgendem Trick: Sie geben sich als Autor irgendeines Online-Mediums oder Blogs aus und lassen sich über die Presseabteilung des Ladens für bestimmte Veranstaltungen akkreditieren. Veröffentlichungsbelege werden im Nachhinein so gut wie nie eingefordert und falls doch, genügt der Link zu einem eilig verfassten Zehnzeiler. Diese Methode hat allerdings den

Nachteil, dass sie sich mittlerweile herumgesprochen hat und daher nicht selten sofort durchschaut wird.

Wer es – wie auch immer – tatsächlich auf die Gästeliste schafft, der darf diesen Umstand nicht ausnutzen. Mehr als eine Begleitperson, das berühmte »plus 1«, sollte man auf seinen Namen nicht mitnehmen. Gerade den Einlassern oder Kellnern stehen nur wenige Plätze auf der Liste zur Verfügung, die sie nicht unbedingt an eine einzige Person und deren Partyrudel abtreten werden. Das sollte auch die Schwester der Schwägerin der Cousine dritten Grades einsehen, die sich einem an die Hacken hängen möchte.

GARANTIERT MIR EIN GÄSTELISTENPLATZ SICHEREN EINLASS?

Nein. Ein Platz auf der Gästeliste ist kein Freifahrtschein, keine Carte blanche. Zwar verspricht er unkomplizierten Einlass – wirklich garantieren tut er ihn aber nicht. Und deshalb müssen auch diejenigen auf angemessenes Auftreten und höfliche Umgangsformen achten, deren Namen an der Kasse hinterlegt sind. Das fängt schon bei der Ankunft an. Wer sich mit ausgefahrenen Ellenbogen einen Weg durch die Menge bahnt und den Türsteher statt mit einem freundlichen »Hallo« nur mit einem rüden »Ich steh auf der Gästeliste« begrüßt, der wird zu Recht erst mal ausgebremst und auf Normalmaß gestutzt. Ist derjenige dann immer noch überzeugt davon, dass ihn ein paar Buchstaben auf einem abgegriffenen Stück Papier zu etwas Besserem machen, ist der Türsteher autorisiert, ihn abzuweisen. Kleiner Tipp: Sich dann noch mal hinten anzustellen und es auf dem normalen Weg zu probieren, ist Zeitverschwendung.

BRINGT ES WAS, MIT EINEM GROSSEN AUTO VORZUFAHREN?

Mein Maybach, meine Rolex, meine heiße Freundin: Statussymbole, die bemüht zur Schau gestellt werden, sind tagsüber schon schwer erträglich, nachts sind sie einfach nur peinlich. Zumal das Auto als Statussymbol ohnehin längst ausgedient hat, wenn man verschiedenen Umfragen zum Thema glaubt. Auf das 400-PS-Gefährt lässt sich daher getrost verzichten, erst recht, wenn es sich um den Wagen der Eltern handelt – niemand ist im Nachtleben unbeliebter als verwöhnte *rich kids*, die auf Papas Kosten einen draufmachen. Aber weil sich das noch nicht überall herumgesprochen hat, trifft man sie immer wieder.

Das Nachtleben funktioniert nach eigenen Codes und Regeln. Zentraler Bestandteil ist ein gewisses Understatement, zudem muss man akzeptieren, dass soziale Hierarchien am Club-Eingang außer Kraft treten. Allein der Türsteher bestimmt darüber, wer rein darf und wer draußen bleibt. Manager, Rechtsanwälte und erfolgreiche Unternehmer haben sich diesem Urteil genauso zu fügen wie Friseurinnen, Aushilfsjobber und Hartz-IV-Empfänger. Daran können weder ein teures Auto noch ein imposanter Begleittross etwas ändern, durch die der eigene Lebensstandard unterstrichen werden soll.

Diese Erfahrung musste einst auch Paris Hilton machen.

In den USA erhält sie für ihr demonstrativ slipfreies Erscheinen in Nachtclubs Unsummen, in Berlin kam sie einst trotz eines imposanten Fuhrparks und einer Armada an Bodyguards nicht am Einlasser vorbei. Statt offener Türen und ausgebreiteter Arme gab es ein knappes: »Sorry!«. Für die anderen Gäste wurde es trotzdem ein schöner Abend.

WAS KANN ICH IN DEN CLUB REINSCHMUGGELN – UND WIE?

Taschenmesser, Schlagringe, Quarzhandschuhe. Für manche Menschen machen diese Dinge einen gelungenen Abend erst aus. Dumm nur, wenn die Security sie ihnen abnimmt. Die Wahrscheinlichkeit, sperrige Gegenstände am Türsteher vorbeizuschmuggeln, ist nicht sehr hoch. In den meisten Läden wird der Inhalt von Taschen und Rucksäcken überprüft, zudem gibt es Bodychecks. Alles, was sich nicht nach Zigarettenschachtel oder Portemonnaie anfühlt, muss vorgezeigt und im Zweifelsfall abgegeben werden. Eddings werden ebenso kassiert wie Teppichmesser, in manchen Läden werden auch Fotoapparate einbehalten. Das Abtasten hat jedoch Grenzen. An die Wäsche dürfen einem die Männer und Frauen an der Tür nicht. Hierin liegt eine Chance. Was sich unauffällig in BH oder Slip verstecken lässt, wird auch nicht eingezogen.

Ganz legal reinnehmen hingegen darf man vielerorts kleine Wasserflaschen aus Plastik. Die Gäste sollen schließlich nicht aufgrund von Flüssigkeitsmangel kollabieren. Ob es sich bei dem Inhalt der Flasche tatsächlich um Wasser und nicht etwa um Wodka handelt, überprüfen die Türsteher nur, wenn es gerade nichts anderes zu tun gibt. Alles, was nicht klar ist, Bier oder Wein zum Beispiel, lässt sich auch in Umschnallbäuchen oder speziellen BHs schmuggeln. Das Prinzip ist einfach: Das Getränk wird in einen Schlauch aus Neopren gefüllt und dann – im Falle des Umschnallbauchs – wie ein Rucksack falsch herum aufgesetzt; beim BH werden die zwei Cups separat befüllt. Bis zu zweieinhalb Liter passen in die Teile, den Inhalt trinkt man über einen Schlauch. Mal abgesehen davon, dass es stilvollere Arten des Betrinkens gibt, gilt es vorab, eine Grundsatzentscheidung zu treffen: Nimmt man Abstriche im Erscheinungsbild in Kauf, nur um ein paar Euro an der Bar zu sparen?

OHNE RHYTHMUSGEFÜHL UNTER DER DISKOKUGEL GLÄNZEN – GEHT DAS?

Sie halten Rhythmus für den kleinen Bruder von Romulus, und »My Body is a Cage« von Arcade Fire ist eines Ihrer Lieblingslieder? Wenn Ihre Begleitung die Tanzfläche stürmt, verziehen Sie sich mit einer Entschuldigung an die Bar oder aufs Klo? Macht nichts, Ihnen kann geholfen werden. Nein, nicht mit der Empfehlung, es doch mal beim »Ugly Dance Worldcup« zu versuchen, jener Meisterschaft der Bewegungslegastheniker, die seit 2009 einmal jährlich in Hamburg ausgetragen wird und bei der über ungelenke Tanzschritte nicht gelacht, sondern gejubelt wird. Sich zum Affen zu machen soll den Teilnehmern dieses Wettkampfs vorbehalten bleiben. Sie hingegen, liebe Leser, wollen sich auf der Tanzfläche einigermaßen akzeptabel zur Musik bewegen. Ihr Körper soll nicht länger der von Arcade Fire besungene Käfig sein, aus dem es kein Ausbrechen gibt.

Tanzen kann man lernen, wirklich. Dafür muss man noch nicht mal einen der klassischen Kurse besuchen, in denen sich hibbelige Gymnasiasten auf den bevorstehenden Abiball vorbereiten. Mit ein paar Trockenübungen vor dem heimischen Spiegel erzielen Sie schnell respektable Ergebnisse und können sich auf der Tanzfläche blicken lassen. Das Wichtigste dabei ist die Einstellung. Ein schlechter Tänzer kann diesen Makel mit genügend Selbstbewusstsein und Engagement überspielen. Martha Graham, die berühmte amerikanische Choreografin, formulierte es einst so: »Niemanden kümmert es, ob du gut tanzen kannst. Steh einfach auf und tanze. Großartige Tänzer sind nicht wegen ihrer Technik großartig, sondern wegen ihrer Leidenschaft.«

Sie brauchen daher keine weiteren Gedanken an komplizierte Schrittfolgen und ausgefeilte Choreografien zu verschwenden. Konzentrieren Sie sich einfach auf die Musik, und machen Sie es wie ein mittelmäßig begabter Volksmusikfan: Klatschen Sie zum Takt. Natürlich nur zu Hause und zu Übungszwecken, denn dadurch bekommen Sie ein Gefühl für den Rhythmus. Wenn Sie den raus haben, hören Sie auf zu klatschen und bewegen statt der Hände die Beine. Keine großen Schritte, keine Variationen. Versuchen Sie einfach, den linken Fuß zur Seite zu setzen und den anderen nachzuziehen. Und dann umgekehrt. Nicht auf den Boden gucken, nicht das Gesicht verziehen, mit den Augen einfach einen Punkt am anderen Ende des Raumes fixieren. Die Arme leicht angewinkelt. Aber wirklich nur leicht. Das Ganze darf nicht an Nordic Walking erinnern, sondern sieht im Idealfall lässig aus. Sobald Sie diese Grundbewegung verinnerlicht haben, arbeiten Sie an Ihrer Hüfte. Diese sollte locker mitschwingen.

Sie sind unschlüssig, ob das gut aussieht? Überprüfen Sie Ihr Spiegelbild. Vollführt es koitusähnliche Stöße, schalten Sie ein paar Gänge runter – Sie sind nicht Elvis Presley. In Clubs und Diskotheken machen Sie sich mit einem allzu exaltierten Tanzstil schnell unbeliebt (siehe auch: »Das ewige Thema: Sollten Männer überhaupt tanzen?«).

Nach ein paar Tagen haben Sie ein Gefühl für das richtige Maß an Bewegung, versprochen. Nein? Trinken Sie einen Schnaps und üben weiter. Das Resultat stellt Sie immer noch nicht zufrieden? Dann liegt es unmöglich an Ihrer eigenen Körperbeherrschung, und dafür liefert ein armenisches Sprichwort die passende Argumentation. Es besagt: Wer nicht tanzen kann, behauptet einfach, der Boden sei schief. Alternativ können Sie sich auch an den großen deutschen Rapper Casper halten. Der empfiehlt in einem seiner Lieder: »Wenn schon scheiße tanzen, dann so, dass die ganze Welt es sieht, mit Armen in der Luft, beiden Beinen leicht neben dem Beat.« Mit genügend Leidenschaft und Selbstbewusstsein wird diesen Stil niemand in Frage stellen.

WIE SEXY DÜRFEN FRAUEN TANZEN?

Wenn sie als professionelle Tänzerinnen in einem Stripclub auf der Bühne stehen, natürlich so sexy wie möglich. Wackelnde Brüste, kreisende Hüften, stoßartige Beckenbewegungen – all das ist unter diesen Umständen legitim. Wer auf der Jagd ist, und sei es nur auf der Jagd nach Geld, darf sich aller zur Verfügung stehenden Waffen bedienen. Aber was für den Stripclub und professionelle Tänzerinnen gilt, trifft noch lange nicht auf die einfache Partygängerin zu, die in ihrer Lieblingsdisko ein bisschen Spaß haben und sich vom Stress der Woche erholen will. Sie möchte beim Tanzen eine gute Figur machen, auch ein bisschen erotisch, aber keinesfalls wie eine nebenberufliche Stripperin wirken. Im Zweifelsfall gilt die Devise: Weniger ist mehr. Spätestens wenn einem Männer die ersten Geldscheine zustecken, sollte man ein paar Gänge runterschalten. Weniger ist mehr, das wird sich vielleicht auch das amerikanische Bikinimodel Kate Upton im Nachhinein gedacht haben. Während eines Shootings ließ sie sich von Fotograf Terry Richardson zu einer kleinen Tanzeinlage überreden, die kurz darauf im Internet kursierte. Zu einem HipHop-Stück vollführte sie überambitionierte Arm- und Beinbewegungen, öffnete rhythmisch ihre Oberschenkel. Selbst wenn sie dabei nicht knapp bekleidet gewesen wäre, hätte es einen Tick zu ordinär, zu nuttig gewirkt. Wie gesagt: Das Video ist im Internet. Einfach nach »Cat Daddy« googeln und sehen, wie es nicht geht.

Wer auf Männerfang ist, braucht sich auf der Tanzfläche körperlich ohnehin nicht komplett zu verausgaben. Es genügt, die Hüften dezent kreisen zu lassen. Das, fand Tanzforscher Peter Lovatt heraus, lässt auf einen niedrigen Gehalt des männlichen Hormons Testosteron schließen und macht einen für das starke Geschlecht besonders begehrenswert. Die Attraktivität von Frauen wird übrigens deutlich höher eingeschätzt, wenn diese sich unter der Diskokugel einigermaßen rhythmisch bewegen können. Um das zu belegen, zeigte Lovatt den Probanden einer Untersuchung zunächst Fotos von Studienteilnehmerinnen und später Videos, auf denen dieselben Frauen beim Tanzen zu sehen waren. Das

Ergebnis: Teilnehmerinnen, deren Beurteilung anfangs schlechter ausfiel, holten deutlich auf, wenn sie gut tanzen konnten.

DAS EWIGE THEMA:
SOLLTEN MÄNNER ÜBERHAUPT TANZEN?

Elvis hatte seinen Hüftschwung, Michael Jackson schenkte der Welt den Moonwalk, John Travolta verführte in »Saturday Night Fever« reihenweise Frauen unter der Diskokugel. Und Christopher Walken zeigte im Video zu »Weapon of Choice« von Fatboy Slim, dass ein Mann mit über 50 im Anzug nichts Cooleres, nichts Lässigeres machen kann, als sich durch ein Hotel zu tanzen. Es gibt viele Männer, die richtig gut tanzen können. Zumindest in Filmen, Videos oder auf Konzertbühnen. Im wahren Leben sieht das leider anders aus. Die meisten Männer bewegen sich auf der Tanzfläche miserabel.

Schlechte Tänzer kann man grob in drei Typen unterteilen: den Überambitionierten, den Ironie-Hampel sowie den emotionslosen Hin-und-her-Treter.

Der Überambitionierte studiert trotz mangelnder Musikalität und fehlendem Rhythmusgefühl komplizierte Choreografien ein und will alle seine Gefühle in Bewegungen ausdrücken. Überschüssige Emotionen wie Freude, Euphorie und innere Zerrissenheit packt er gerne in die Mimik. Das heimliche Idol des Überambitionierten ist Detlef D! Soost, ein Mann, der seine besten Tage vielleicht schon hinter sich hat, was ihn aber nicht davon abhält, im Fernsehen bei jeder erdenklichen Möglichkeit die Tanzschritte aufzuführen, die selbst DJ Bobo zu peinlich sind. Das Gute an Detlef D! Soost:

Er ist nach 30 Sekunden außer Puste. Der Überambitionierte leider nicht.

Nicht unbedingt besser ist es, auf der Tanzfläche an einen Ironiehampel zu geraten. Das Verwerfliche an seinem Verhalten: Er tanzt vorsätzlich schlecht. Sein Parademove ist die Armbewegung, bei der er sich mit gespreiztem Zeige- und Mittelfinger über die Augen fährt. Wie in »Pulp Fiction«. Der natürliche Schutzpatron des Ironie-Hampels ist Oliver Pocher.

Dagegen wirkt der emotionslose Hin-und-her-Treter harmlos. Egal, welches Lied gerade gespielt wird: Sein Körper bleibt steif, das Gesicht ausdruckslos, und seine Füße machen genau einen Schritt nach links und einen nach rechts, selbst wenn Klammerblues angesagt ist. Von allen Schlechttänzern ist er der angenehmste. Bei ihm braucht man keine Angst davor zu haben, einen in die Luft gerissenen Arm ins Gesicht zu bekommen wie beim Überambitionierten. Und auch spontane Hebefiguren mit Umstehenden sind bei ihm nicht zu befürchten. Beim Ironietänzer sind sie nicht auszuschließen.

Nun könnte Mann meinen: Mit dem unauffälligen Hin-und-her-Treten lässt sich der Peinlichkeitsgrad so gering wie möglich halten. Das stimmt, und deshalb ist gerade dieser Stil für Tanzanfänger geeignet. Dauerhaft Eindruck schindet man so beim anderen Geschlecht aber nicht. Paradoxerweise finden es Frauen nämlich attraktiver, wenn Männer mit großen Bewegungen tanzen. Das ergab eine Untersuchung der Herfordshire-Universität unter der Leitung von Peter Lovatt, der sich selbst Dr. Dance nennt. Was oberflächlich betrachtet nicht ganz einleuchtet, macht bei genauerem Nachdenken Sinn. Jemand, der mit ausladenden Bewegungen tanzt, verschafft sich automatisch mehr Platz auf der Tanzfläche – und drängt Konkurrenten an den Rand. Nur zu ruppig, ungeschmeidig und unkoordiniert dürfen Arme und Beine nicht geschwungen werden. Zu viel Platzhirsch-Gehabe verschreckt Interessentinnen. Besonders viel Feingefühl ist in die Bewegungen des Kopfes, linken Handgelenks und rechten Knies zu legen, denn auf diese Stellen, das legen einschlägige Studien nahe, achten Frauen besonders. Aber auch hier ist zu viel des Guten kontraproduktiv. Mit dem Kopf rhythmisch zu kreisen, ist gern gesehen. Wildes Headbanging hingegen wirkt verstörend.

Männer, die sich beim Tanzen unsicher fühlen, sollten anfangs Rave- und Techno-Veranstaltungen vorziehen, im Kunstnebel sieht man weniger lächerlich aus. Schlagerpartys gelten ebenfalls als ungefährlich, dort lacht man miteinander und ist nachsichtig, Coolness wird nicht verlangt. Und eine Polonaise kriegt jeder hin. Ganz wichtig: immer warten, bis die Tanzfläche so voll ist, dass man in der Menge verschwindet. Wenn nur noch der Oberkörper herausragt, muss man sich weniger auf die Beinarbeit konzentrieren. Entscheidend ist aber, die Menschen in der unmittelbaren Umgebung im Blick zu haben. Leert sich die Ecke, in der man steht, ist das kein gutes Zeichen. Und drehen einem die Gäste demonstrativ den Rücken zu, sollte man nach dem Ende des Liedes schnell verschwinden und einen unauffälligen Platz an der Bar suchen. Dass schlechte Tänzer geschnitten werden, ist übrigens nicht unbedingt böse gemeint. Es geschieht vielmehr aus Selbstschutz: Wer neben einem Bewegungslegastheniker steht, übernimmt mit der Zeit unbewusst dessen Schritte.

WOLLEN FRAUEN ANGETANZT WERDEN?

In 99 Prozent der Fälle: nein! Das Problem bei Männern, die einen antanzen, ist, dass man ihnen ansieht, dass sie das Tanzen schnell hinter sich bringen wollen. Sie denken: Die Frau da drüben tanze ich mal ganz schnell an, dann tanzen wir gemeinsam hier ab. Dass sich Frauen, wenn sie tanzen, in der Musik verlieren wollen, dabei an alles Mögliche, meistens an nichts, bestimmt aber nicht an den schwitzenden, ungelenken Kerl schräg links denken, ist dem schwitzenden, ungelenken Kerl schräg links schwer vermittelbar.

DA LIEGT JEMAND AUF DER TANZFLÄCHE – PLANKING ODER EIN FALL FÜR DEN NOTARZT?

Mittlerweile tun sie's sogar in Clubs und Diskotheken. Legen sich ohne Vorankündigung auf den Boden, Bauch und Gesicht nach unten, die Arme seitlich, den Körper steif wie ein Brett. In dieser Position verharren sie so lange, bis Freunde ein Foto geschossen haben, das wenig später im Internet hochgeladen wird. Planking nennt sich dieser Trend, der 2009 in England entstanden ist. Anfangs war es nur ein Spaß unter Freunden, ein Mittel gegen Langeweile. Inzwischen ist es ein Sport geworden, der weltweit immer mehr Anhänger findet. Die Herausforderung besteht darin, sich in möglichst absurden Situationen in Szene zu setzen. Je ungewöhnlicher das Setting, desto größer die Anerkennung innerhalb der Planking-Gemeinschaft. Und deshalb tun es Planker immer und überall: auf Bäumen, Straßen und Autos. Doch genau darin besteht die Gefahr. Weil Planking zu einem Partyspaß geworden ist, der gerne in angetrunkenem Zustand praktiziert wird, ist das Risiko mitunter schlecht abzuschätzen. So starb in Australien ein junger Mann bei einem Planking-Versuch auf einer Balkonbrüstung – er stürzte sieben Stockwerke in die Tiefe. Vorm Posieren auf wackeligem Untergrund, Bahngleisen oder Zebrastreifen wird seither gewarnt, mittlerweile gibt es auch T-Shirts mit dem Aufdruck »Don't drink and plank«.

Ob derjenige, der am Boden liegt, lediglich für ein Foto posiert oder tatsächlich Hilfe braucht, ist mit einem einfachen Schnelltest herauszufinden. Reagiert die Person auf Ansprache, leuchtet in ihrem Umfeld Blitzlicht auf, wirkt sie hoch konzentriert? Ein klarer Fall von Planking. Liegt ihr Gesicht in einer Lache aus Erbrochenem, ist ihr Körper gekrümmt, sind Lippen und Fingerkuppen blau? Dann deutet das auf eine Alkoholvergiftung hin. Hier hilft nur eins: den Notarzt rufen – und nicht in Versuchung geraten, zur Kamera zu greifen und ein Bild zu machen, während der Betroffene auf einer Krankenbahre abtransportiert wird. Das zählt nicht als Planking.

UNTERWEGS MIT DEM FREUND, DER FREUNDIN – WIE VERHALTE ICH MICH ALS PAAR?

Nichts kann einem ja so auf die Nerven gehen wie Paare, die ihre Mitmenschen unaufgefordert und ständig über ihren Gefühlsstatus informieren, Amerikaner bezeichnen dieses Verhalten als *public display of affection*. Damit Außenstehende darunter nicht leiden müssen, hier ein paar Regeln, die das gemeinsame Ausgehen für alle Beteiligten erleichtern:

- Paare sollten natürlich und selbstverständlich miteinander umgehen – das klingt zwar simpel, stellt aber viele immer noch vor große Probleme. Die Erfahrung zeigt: Das wird erst mit den Jahren immer besser.

- Öffentlich zur Schau gestellte Zuneigungsbekundungen sind behutsam zu dosieren. Händchenhalten und gelegentliche Küsse reichen völlig aus, um der Welt zu bekunden, dass man zusammengehört. Wer seinen Partner liebt, der muss das nicht demonstrieren, denn tatsächlich merken das andere Menschen, sie spüren es. Das ist übrigens das schönste Kompliment für ein Paar.

- Wenn die Leidenschaft spontan mit einem durchgeht, sollte man besser die Abgeschiedenheit der eigenen Wohnung oder eines Hotelzimmers suchen, in äußersten Notfällen sind auch öffentliche Toiletten in Ordnung, sofern sie über abschließbare Kabinen verfügen (siehe auch: »Zum Sex aufs Männer- oder Frauenklo?«).

- Knutschen bis zur Bewusstlosigkeit ist in Gegenwart Dritter nur dann akzeptabel, wenn man Teilnehmer eines Erste-Hilfe-Kurses ist und der Kursleiter einen dazu auffordert, um Wiederbelebungsmaßnahmen zu demonstrieren.

- Der Partner darf in der Öffentlichkeit niemals mit Kosenamen angesprochen werden. Niemals. Es ist mehr als wahrscheinlich, dass Prof. Dr. Dr. Andreas Schmidt von seinen Kollegen nicht mehr ernst genommen wird, wenn sie erfahren, dass seine Lebensgefährtin ihn »Schmuseprinz« nennt – auch der coolste Hund wird dann wie ein begossener Pudel dastehen.

- Beziehungsprobleme sollte man ausschließlich unter vier Augen klären. Nichts ist für Außenstehende so unangenehm wie Zeuge von Streitigkeiten zu werden, es sei denn, der Außenstehende ist Paartherapeut.

- Nichts ist verwerflich daran, als eigenständige Person wahrgenommen zu werden. Man muss nicht überall im Doppelpack aufschlagen, nur weil das Leben ohne den anderen keinen Sinn mehr macht. Man muss auch Körpersprache und Outfit nicht synchronisieren, nur weil sich die Hormone im Ausnahmezustand befinden (siehe auch: »Partnerlook?«). Mal alleine auf eine Party gehen? Warum nicht! Das ist übrigens ein guter Tipp für Paare, die schon lange zusammen sind und sich abends auf der Couch vor dem Fernseher nichts mehr zu erzählen haben.

- Es ist außerdem durchaus in Ordnung, wenn beide Partner zwar gemeinsam eingeladen wurden, aber nicht als Paar kommen und auch nicht als Paar gehen. Die Tatsache, dass sie ein Paar sind, hat nicht automatisch zur Folge, dass sie ein Leben in Parallelverschiebung zu führen haben. Manchmal kann der eine früher, der andere später; manchmal ist der andere früher müde, und der eine hält noch eine Stunde durch.

GIBT ES EINE ALTERSGRENZE, AB DER MAN IN CLUBS NICHTS MEHR ZU SUCHEN HAT?

Ja. Wenn der geriatrische Tremor in Händen und Beinen so stark ist, dass er unter der Diskokugel als individueller Tanzstil gerade noch durchgeht, aber das Halten eines Longdrinkglases unmöglich macht, sollte man sich besser nach anderen Arten der Abendgestaltung umsehen. Grundsätzlich ist gegen ältere Clubgäste nichts einzuwenden. So lange sie Spaß haben und sich nicht daran stören, in der Minderheit zu sein, sind sie in Clubs willkommen, ist die Altersgrenze nach oben offen. Es gibt lediglich zwei Dinge, die sie niemals tun sollten. Mit verklärtem Blick von den guten alten Zeiten schwärmen, in denen alles viel besser war. Und sich bemüht jugendlich geben. So wie das Seniorenpaar, das glaubte, in einem amerikanischen Club exzessiv rummachen zu müssen und dabei von irritierten Gästen per Handy gefilmt wurde (Details ersparen wir uns an dieser Stelle, verweisen aber auf die YouTube-Suchanfrage »Old people drunk in the club!!!«).

Die Altersspanne der meisten Clubgänger liegt zwischen Anfang 20 und Ende 30. Danach sinkt mit jedem weiteren Jahr die Zahl der Partygänger. Mit 40 gehen Menschen seltener aus als mit 20. Der Job, die Familie, die nachlassende körperliche Konstitution. Nicht zu vergessen die vielen Clubabende, die Erstere schon erlebt haben und die das Verlangen nach lauter Musik und ausgelassener Gesellschaft verblassen lassen. Die Illusion, dass man beim Ausgehen etwas wirklich Neues erlebt, dass man etwas verpasst, wenn man diesen Abend daheim bleibt, haben sie nicht mehr. Dieses Privileg ist, beneidenswerterweise, allein der Jugend vorbehalten.

IST ES RATSAM, MIT DEM CLUBPERSONAL ZU KLÜNGELN?

Alles spricht dafür. Schnelleres Durchwinken an der Tür, kostenloser Eintritt, vergünstigte Drinks. Diese Privilegien klingen verlockend, allerdings ist es schwer, in ihren Genuss zu kommen. Wer seinen Status als Stammgast mit Sonderrechten weiter aufwerten möchte, muss mit Bedacht vorgehen. Brachialmethoden wie bei der Vergabe von Hausbaukrediten in der niedersächsischen Provinz werden allenfalls in Spelunken geltungssüchtiger Betreiber zu Erfolg führen. In kleineren Clubs gilt es, subtiler vorzugehen. Die Garderobiere wird einen nicht auf die Gästeliste setzen lassen, bloß weil man ihr beim zweiten Wiedersehen zur Begrüßung um den Hals fällt wie einer langjährigen Freundin. Und auch der Barkeeper wird einem nicht automatisch Drinks ausgeben, weil man ihm ungefragt vom Stress mit dem Chef erzählt.

Wer in einem Club oder einer Diskothek arbeitet, will in erster Linie einen anständigen Job machen, er tut das nicht, um neue Freunde zu finden – ein Angestellter bei der Müllabfuhr erhofft sich ja auch keine neue Wohnungseinrichtung, bloß weil er den ganzen Tag lang anderer Leute Krempel entsorgt. Deshalb ist es wichtig, dass der Impuls zum Gespräch, der Impuls zum Kennenlernen immer vom Personal ausgeht. Wenn der Türsteher einen Small Talk anfängt, wenn die Toilettenfrau einen als Stammgast erkennt und freundlich grüßt oder der DJ einem zulächelt – das sind die Türen, die sich einem öffnen und durch die man gehen darf. Allerdings mit dem nötigen Respekt vor der Arbeit des Personals und der gebotenen Würde vor sich selbst. Der Grat zwischen akzeptablem Klüngeln und mitleiderregendem Anbiedern ist schmal, er wird bestimmt durch das richtige Maß von Nähe und Distanz. Wenn man also mit der Frau hinter der Bar ins Gespräch kommt, sollte man sie nicht den

Rest des Abends von ihrer Arbeit abhalten, sondern sich mit ihr nur dann länger unterhalten, wenn es die Situation wirklich zulässt. Aber auch in einer Verschnaufpause, die sich vermeintlich für einen kurzen Plausch eignet, sollte man auf die Signale achten. Beginnt die Barkeeperin plötzlich damit, Gläser zu putzen und ihre Mixutensilien zu sortieren, ist das ein Zeichen dafür, dass sie lieber in Ruhe gelassen werden will. Die schlechteste aller Ideen wäre, jetzt nach einem Date zu fragen. Das gilt übrigens auch bei allen anderen Angestellten. Ein Korb würde die mühevolle Vorarbeit komplett zunichtemachen und sich schnell herumsprechen. Und dann darf man aller Wahrscheinlichkeit nach nicht weiter auf schnelleres Durchkommen an der Tür, kostenlosen Eintritt und freie Drinks hoffen.

DARF ICH JACKE UND TASCHE BEIM DJ DEPONIEREN?

Ein DJ ist für die Musik zuständig und zwar nur für die Musik. Er soll für gute Stimmung sorgen und die Gäste zum Tanzen bringen, dafür wird er bezahlt. Nicht zu seinen Aufgaben gehört es, eine inoffizielle Zweigstelle der Garderobe zu unterhalten. Dennoch belästigen ihn im Laufe eines Abends immer wieder zum Teil wildfremde Menschen mit der Bitte, ihre Sachen hinter seinem Pult deponieren zu dürfen. Sein aus Gründen der Konzentration bedingtes Schweigen verwechseln sie mit einem Ja. Und so landen im Viertelstundentakt Jacken, Mützen, Schals, Pullis, Rucksäcke, Taschen und sonstiger Kram zu seinen Füßen. Dass der Mann respektive die Frau bei so viel Plunder und Unruhe überhaupt noch zum Arbeiten kommt, grenzt fasst schon an ein Wunder. Diejenigen, die sich ihrer Kleidung derart entledigen, sollten sich vielleicht mal fragen, ob sie gerne in einem zugestellten und vollgemüllten Büro arbeiten würden.

Tatsächlich ist es keine gute Idee, Sachen beim DJ abzugeben, nur um die zehnminütige Wartezeit an der Garderobe zu umgehen. Der DJ wird weder Zeit noch Lust haben, das Zeug im Blick zu behalten – er hat schon genug damit zu tun, das nächste Lied auszusuchen und einen anständigen Übergang hinzubekommen. Es interessiert ihn daher nicht, was unterhalb des Mischpults geschieht (es sei denn, seine Genitalien sind involviert). Das ist noch nicht mal böse gemeint. Wenn ein angetrunkener Gast kurz vor dem Gehen in dem Berg aus Klamotten nach seiner Jacke sucht, wird der DJ nicht darauf achten, dass es sich um die richtige handelt. Neben der Verwechslungsgefahr, die das Halbdunkel und die Unordnung mit sich bringen, spricht ein weiterer Grund dagegen, Sachen beim DJ zu deponieren: Zeug, das nicht in die Nähe der Kanzel gehört, versperrt die Lüftung für die Technik. Die Geräte erhitzen schneller und gehen kaputt. Die Garderobe ist also immer schön an selbiger abzugeben. Das ist am sichersten – in jeglicher Hinsicht.

DIE MUSIK IST GRAUENHAFT, ABER DIE BEGLEITUNG FINDET SIE SUPER – BLEIBEN ODER GEHEN?

Natürlich gehen, und zwar sofort. Wenn die Begleitung einen Funken Verstand hat, wird sie mitkommen. Wenn nicht, kann sie gerne dableiben. Gedanken um ihr Wohlergehen muss man sich in diesem Fall nicht machen, denn sie wird unter ihresgleichen sein und daher einen schönen Abend haben. Man selbst fährt unterdessen reinen Gewissens nach Hause. Mit Menschen, die schlechte Musik mögen, sollte man grundsätzlich keinen Umgang pflegen, denn ein schlechter Musikgeschmack lässt auf einen schlechten Charakter schließen. Von solchen Leuten hält man sich besser fern, im Grunde darf es gar nicht erst so weit kommen, dass man mit denen überhaupt ausgeht, diese Tatsache ist nicht einmal durch exzessiven Alkoholkonsum zu rechtfertigen (siehe auch: »Kann man sich einen Menschen schön trinken?«).

Schlimmer als Menschen mit schlechtem Musikgeschmack sind höchstens noch solche mit gar keinem Musikgeschmack, Menschen, die von sich behaupten, »quer durch den Gemüsegarten« alles zu hören – meistens sieht deren Musiksammlung dann auch aus wie ein Gemüsegarten, allerdings ein sehr verwilderter, einer, in dem man kaum was Gescheites findet. Seal für die romantischen Stunden mit der Freundin, David Guetta zum Tanzen und »Das ist nicht die ganze Wahrheit« von den Ärzten als Beleg für eine rebellische Jugend. Denn es heißt zwar: »Böse Menschen haben keine Lieder«, viel schlimmer ist es aber, wenn Menschen böse Lieder haben. Man will sich dann gar nicht vorstellen, was die für Bücher lesen, welche Filme die gut finden und was bei denen im Fernsehen läuft. Und wenn man es sich doch ganz kurz vorstellt, dann scheint eine gemeinsame Zukunft kalt, grau und leer. Glauben Sie nicht? Dann ganz schnell weiterblättern zu: »Worüber rede ich mit meinem Flirtpartner?«

DARF ICH MIR BEIM DJ EIN LIED WÜNSCHEN?

Aber ja. Nur sollte sich der Bittsteller vergegenwärtigen, dass sich ein DJ gerne als Künstler versteht und nicht als Dienstleister. Gute DJs, also jene, die nicht in Großraumdiskotheken die größten Hits der Achtziger, Neunziger und das Beste von heute im Autopilot abspielen, machen sich vor dem Auflegen Gedanken über die Liedauswahl, die Dramaturgie ihres Sets und den möglichen Verlauf des Abends. Sie überlegen sich, was die Veranstalter von ihnen erwarten, was die Gäste hören wollen und wie das mit ihren eigenen Ansprüchen zu vereinbaren ist. Es wäre daher ein Affront, DJs als eine Art Jukebox zu betrachten, zu deren Benutzung man durch die Zahlung des Eintritts berechtigt ist. »Don't be a request pest«, so formulieren es die Engländer und meinen damit: sich ein Lied zu wünschen, ist okay, aber im Zehnminutentakt ans Mischpult zu treten und den DJ mit immer neuen Bitten zu traktieren, ist inakzeptabel. Übrigens: Hören Sie das ersehnte Stück innerhalb der 30 Minuten nicht, wird es vermutlich auch nicht mehr gespielt. Nachfragen? Zwecklos. Clubgänger, die das tun, machen sich unbeliebt. Und werden womöglich zum Gegenstand öffentlichen Spotts in einem der Dutzend Internetforen, in denen DJs über verhaltensauffällige Partygänger und deren Titelwünsche herziehen. Das Lästern über absurde Anfragen ist in der Szene eine Art Volkssport.

Bevor Sie also an die Kanzel treten und um ein Lied bitten, überlegen Sie sich, ob dieses objektiv gesehen überhaupt ins Programm passt. Die Meinung, dass sich ein Eminem-Hit gut in das Techno-Set des DJs einfügen würde, haben Sie wahrscheinlich exklusiv. Und um zu erkennen, dass man sich in einer Indie-Disko mit der Frage nach einem Trash-Metal-Gassenhauer ins Abseits schießt, braucht es kein Musikstudium. Wem partout danach ist, der sollte besser den Club wechseln, statt den DJ zu belästigen und einen Rauswurf zu riskieren. Mindestens ebenso unbeliebt macht man sich mit der Bitte um Durchsagen. Dass Anna heute ihren 26. Geburtstag feiert, zu dem ihr Tobias mit »I'm a slave 4 u« von Britney Spears alles Gute wünscht, wird außer Anna und Tobias niemanden interessieren, vielleicht nicht mal Anna. Den Mann am Mischpult schon gar nicht.

Dass DJs nur weibliche Anfragen berücksichtigen, ist übrigens ein Gerücht, zu dem der Amerikaner Mick Fiction mit seinem populären Blog »No breasts no requests« wesentlich beiträgt. Wenn es sich anbietet, entsprechen DJs natürlich auch männlichen Wünschen. Von schriftlichen Anfragen zur Vermeidung akustischer Missverständnisse ist aber grundsätzlich abzuraten – vor allem, wenn ihnen durch das In-Aussicht-Stellen sexueller Gefälligkeiten Nachdruck verliehen werden soll. Selbst wenn sich ein DJ beispielsweise mit Oralverkehr bestechen ließe – ein ihm zugesteckter Zettel mit einem derartigen Angebot wird mit an Sicherheit grenzender Wahrscheinlichkeit Thema auf »No breasts no requests«. (Mehr zum Thema auch unter: »Ist es ratsam, mit dem Clubpersonal zu klüngeln?«)

DARF ICH DEM DJ MEINEN IPOD AUFDRÄNGEN?

Sollte der Mann hinter dem Mischpult einen gewünschten Musiktitel nicht dabeihaben, kommen Sie niemals auf die

Idee, ihm Ihren iPod zu reichen. Es hat vermutlich seinen Grund, dass er das Lied nicht in seinem Repertoire hat. Dass er erleichtert nach Ihrem MP3-Player greifen und ihn in die Anlage stöpseln wird, um das gewünschte Lied abzuspielen, ist daher unwahrscheinlich.

WIE VERHINDERE ICH FOTOS, DIE MICH AM NÄCHSTEN TAG BETRUNKEN UND DERANGIERT IM INTERNET ZEIGEN?

Irgendeiner kommt immer auf die Idee und greift zur Kamera, wenn die Stimmung gerade irgendwo zwischen »gut drauf« und »fast drüber« ist. Wenn die beste Freundin Sangria aus einem Eimer trinkt. Wenn der Kumpel leidenschaftlich mit einer Fremden züngelt. Oder wenn der Kollege ungelenk auf dem Tresen tanzt. Ein Klick, und der Moment ist festgehalten. Noch ein Klick, und er ist bei Facebook oder Twitter mit einigen hundert, wenn nicht gar tausend Menschen geteilt. Partyfotos gehören zum Ausgehen wie Ernie zu Bert, der Stachus zu München oder der fehlende Slip zu Paris Hilton. Wer heutzutage feiern geht, muss damit rechnen, im Bild festgehalten zu werden. Von Freunden, anderen Partygästen oder eigens von Veranstaltern engagierten Fotografen, deren Beute man sich dann auf Seiten wie virtualnights.com oder lastnightsparty.com angucken kann. Irritierend ist beim nachträglichen Revuepassierenlassen solcher Abende die Diskrepanz zwischen Hochgefühl und Ernüchterung. Hat man wirklich geglänzt wie eine Speckschwarte? Fand man es wirklich lustig, sich fürs Foto an die Brüste fassen zu lassen? War man wirklich so besoffen?

Die einfachste Möglichkeit, solche Bilder zu vermeiden, wäre natürlich, daheim zu bleiben. Nur so lassen sich mit absoluter Zuverlässigkeit Schnappschüsse verhindern, die einen mit verwirrtem Blick und in zweifelhafter Pose zeigen. Aber das Daheimbleiben ist eine Option mit unbefriedigendem Spaß- und Unterhaltungsfaktor. Sie kommt eigentlich nur für Menschen in Frage, die es wie Peter Licht halten, der in einem seiner Lieder singt: »Gesellschaft ist toll, wenn nur all die Leute nicht wären.« Allen anderen ist vielleicht schon mit folgenden Tipps geholfen:

- Veranstaltungen der Piratenpartei, auf denen im gefühlten Fünf-Sekunden-Takt Fotos geschossen und ins Netz gestellt werden, besser meiden.
- Um feierwütige Erasmus-Studenten und englische Pub-Crawler einen großen Bogen machen.
- Ballermann-Motto-Partys aus dem privaten Eventkalender streichen.

Wer sich dem Gruppenbild mit Freunden auf Partys nicht komplett verweigern will, kann auch trotz fortgeschrittener Uhrzeit und fortgeschrittenem Alkoholpegel punkten. Wie geht das? Am besten so: Die Arme nicht an den Körper pressen, denn dadurch wirken sie unnötig dick; den Oberkörper im 45-Grad-Winkel zur Kamera ausrichten, das macht optisch schlanker; den Kopf leicht anheben, so dass ein in Ansätzen vorhandenes Doppelkinn verschwindet (aber nur so weit, dass einem der Mann hinter der Kamera nicht in die Nasenlöcher gucken kann); den Blick seitlich am Objektiv vorbei ausrichten, das verhindert rote Augen; wer das amerikanische Zahnpastalächeln nicht drauf hat, lässt die Lippen einfach geschlossen und zieht lediglich die Mundwinkel einen Tick hoch – das britische It-Girl Alexa Chung hat diesen Gesichtsausdruck in jahrelanger Übung perfektioniert, die amerikanischen Schauspielerinnen Ashley und Mary-Kate Olsen flüstern Gerüchten zufolge für die richtige Mimik im Moment des Abdrückens das Wort *prune,* also »Backpflaume«, eine Technik, die im Selbstversuch akzeptable Ergebnisse brachte.

Auf keinen Fall, wir wiederholen: auf keinen Fall, sollte man versuchen, verführerisch zu gucken. Die zu einem Schmollmund verzogenen Lippen, mit denen sich Frauen wie Männer seit einiger Zeit gerne in Szene setzen und die im Englischen als *duckface,* also »Entengesicht«, bezeichnet werden, lassen einen nüchtern betrachtet nicht sexy, sondern grenzdebil wirken.

Des Weiteren ist die Kulisse, in der das Foto entsteht, zu überprüfen. Auf dem Tisch vor einem stehen Dutzende leere Bierflaschen und Cocktailgläser? Dann sollte der Schnappschuss in einem unverfänglicheren Setting aufgenommen werden. Nicht zu unterschätzen ist zudem die Anordnung der Personen innerhalb einer Gruppe. Diese Erfahrung musste eine junge Frau machen, die sich für ein Foto hinter einer stark übergewichtigen Bekannten in einem armfreien Oberteil postierte. Die Aufstellung war so unglücklich, dass der fleischige Oberarm der vorderen Frau aussieht wie der nackte Körper der hinteren. Wer sich das nicht vorstellen kann, sucht bei Google »Fat arm looks like body«. Erwähnten wir eigentlich schon, dass verdrehte Augen, heraushängende Zungen, vom Leib gerissene Anziehsachen und über den Kopf gestülpte BHs indiskutabel sind? Nein? Dann sei hier mit Nachdruck darauf hingewiesen. Und noch was: Handy-

Apps wie Hipstamatic, Instagram oder Pixlr-O-Matic machen aus Gründen, die wahrscheinlich nur den Entwicklern bekannt sind, immer gute Fotos. Ambitionierte Knipser tun sich, ihren Freunden und deren virtueller Reputation damit einen großen Gefallen.

Wenn all das nichts nützt, dann ja vielleicht das: Die Smartphone-App »Lastnightneverhappened« entfernt kompromittierende Fotos, die man im Delirium auf Facebook oder Twitter hochgeladen hat. Und verschiedene Firmen haben Apps entwickelt, die Bilder von einem selbst dann ausfindig macht, wenn sie nicht beschriftet sind – das Ganze funktioniert über Gesichtserkennung. Automatisch gelöscht werden die Aufnahmen jedoch nicht, man muss sich mit dem Nutzer, der sie online gestellt hat, in Verbindung setzen und ihn darum bitten. Sollte der sich weigern, hilft als Druckmittel vielleicht ein Partyschnappschuss, der ihn sturzbetrunken und sabbernd im Dekolleté einer drallen Blondine zeigt.

DER TYP HINTER DER BAR IGNORIERT MICH. WAS TUN?

Die Tanzfläche ist voll, an der Bar sieht es nicht besser aus. Menschen reihen sich wie Baumringe um den Tresen. Und obwohl Sie schon eine halbe Ewigkeit brav warten, wendet sich der Barkeeper der Frau zu, die eigentlich nach Ihnen drankommen müsste. Verübeln können Sie's ihm nicht, sie ist hübsch. Andererseits: So langsam geht Ihnen die Geduld aus, und die Kehle wird trocken. Was nun? In erster Linie die Fassung bewahren. Nicht ausfallend werden, niemanden wegschubsen und erst recht nicht mit dem Finger schnippen oder pfeifen, denn das mögen Barkeeper überhaupt nicht. Es kann gut sein, dass es dadurch sogar noch länger dauert. Auch wenn es Ihnen schwerfällt: Einfach weiter freundlich bleiben, Augenkontakt suchen, lächeln. So klappt es immer, sagen die, die hinter der Theke stehen. Letztlich wird jeder irgendwann bedient. Um das zu erkennen, braucht man kein Ass in Wahrscheinlichkeitsrechnung zu sein.

Sobald Sie dran sind, nutzen Sie die Chance, einen bleibenden Eindruck zu hinterlassen. Und somit Ihre Wartezeit bei der nächsten Runde zu verkürzen. Am effektivsten geht das, indem Sie ein paar Grundregeln beherzigen. Begrüßt einen der Barkeeper mit den Worten »Wie geht's?«, lassen Sie sich kurz auf die Frage ein und antworten Sie nicht touretteartig mit dem Namen des Cocktails, den Sie trinken möchten. Grundsätzlich ist es löblich, den Vorgang des Bestellens nicht unnötig in die Länge zu ziehen, denn nichts hassen Mixer mehr als Gäste, die durch langes Studieren der Getränkekarte den Verkehr aufhalten. Dennoch müssen ein paar persönliche Worte immer drin sein. Vor allem, weil sich dadurch die Gelegenheit bietet, den Namen der Frau oder des Mannes hinter der Bar zu erfahren – eine Information von unschätzbarem Wert, wenn es wieder einmal darum geht, sich im Gedränge Gehör zu verschaffen.

Was Barkeeper außer Kommunikationsautisten noch nicht mögen? Gäste, die Gruppenbestellungen aufgeben. Zehn Daiquiris zuzubereiten dauert logischerweise länger als zwei. Und weil sich währenddessen die Schlange nicht bewegt, werden die anderen Wartenden leicht ungeduldig. Wer mit Freunden unterwegs ist, sollte das Bestellen also auf mehrere Schultern verteilen.

Aber auch wenn die Drinks vor einem stehen und es ans Bezahlen geht, können einem noch Fehler unterlaufen. Kramen Sie nicht erst nach dem Portemonnaie, wenn der Kellner den Betrag nennt. Und über die Möglichkeit zur Kartenzahlung sollten Sie sich bereits am Clubeingang informiert haben. Übrigens: Über Trinkgeld freuen sich nicht nur Restaurantangestellte. Wer glaubt, sich das bei der Getränkebestellung im Club sparen zu können, darf sich über eine Retourkutsche nicht wundern. Einige Barkeeper rächen sich an knauserigen Kunden, indem sie alkoholfreies statt normales Bier servieren. Oder mehr Eis und weniger Spirituosen in die Drinks tun. Sie waren letztens aus und nach fünf Long Island Iced Tea immer noch erstaunlich nüchtern? Dann schnell zur Frage »Wie viel Trinkgeld muss ich geben?« blättern.

KANN MAN SICH EINEN MENSCHEN SCHÖN TRINKEN?

Aber natürlich, vor allem sich selbst. Je höher der Pegel, desto besser fällt das Urteil über das eigene Spiegelbild aus, wirklich wahr. Um das herauszufinden, baten französische Wissenschaftler in Zusammenarbeit mit Kollegen der Universität Ohio Barbesucher in Grenoble, sich selbst einzuschätzen. Die eigene Attraktivität und Intelligenz, den eigenen Humor. Das Ergebnis: Je mehr Alkohol die Probanden getrunken hatten, desto höher bewerteten sie sich auf einer Skala von eins bis sieben. Das überrascht vielleicht nicht so sehr, denn betrunken neigt man erfahrungsgemäß zu Übermut und Fehleinschätzungen – David Hasselhoff, der ernsthaft glaubt, Silvester 1989 mit einem Auftritt an der Berliner Mauer wesentlich zur Wiedervereinigung von Ost und West beigetragen zu haben, wird das in einem nüchternen Moment sicher bestätigen. Was aber doch überrascht: dass es für den Effekt nicht mal Alkohol braucht. Denn in einem zweiten Teil des Experiments im Labor zeigte sich, dass sich Menschen auch dann hübscher und witziger finden, wenn sie nur glauben, Prozentiges getrunken zu haben, in Wirklichkeit aber keinen Tropfen intus hatten. Die Wissenschaftler erklären das damit, dass Alkohol als eine Art »soziales Schmiermittel« gilt, das die Geselligkeit fördert. Und in wessen Gesellschaft fühlt man sich in der Regel am wohlsten? Natürlich: in der eigenen.

Ob dieser Placeboeffekt auch bei der Beurteilung anderer zum Tragen kommt, ist bislang nicht untersucht worden. Fest steht aber, dass man sich Menschen wirklich schön trinken kann. Unter Alkoholeinfluss verschlechtert sich die Fähigkeit, Symmetrien zu erkennen. Eine Person gilt dann als besonders attraktiv, wenn sie zwei ebenmäßige Gesichts- und Körperhälften hat. Physiognomische Symmetrie deutet angeblich unterbewusst auf eine genetisch bessere Ausstattung und somit auf Fortpflanzungsfähigkeit hin. Wenn nun jemand getrunken hat, fallen ihm körperliche Unregelmäßigkeiten nicht mehr so stark auf. Um das zu beweisen, ließen Wissenschaftler der Londoner Roehampton Universität angetrunkene Versuchsteilnehmer Fotos von verschiedenen Gesichtern beurteilen. Männern – man ahnt es – fielen unebene Gesichtszüge seltener auf als Frauen, das sogenannte starke Geschlecht kann sich sein Gegenüber also besser schön trinken. Mehr zur Vertiefung dieses Themas auch unter »Resteficken – ja oder nein?«.

DIE GETRÄNKEKARTE ALS ERINNERUNGSSTÜCK MITNEHMEN – GUTE IDEE?

Nein. Es sei denn, der Begriff Diebstahl existiert in Ihrem Wortschatz nicht. Soweit der juristisch korrekte Teil der Antwort, kommen wir nun zum wirklichkeitsnahen. Getränkekarten sind ein begehrtes Andenken an einen netten Abend und werden deshalb gerne eingesteckt. Es lohnt sich jedoch, genau hinzugucken, was für ein Teil man da mitnimmt. Manche sind aufwendig gestaltet, in Leder oder Leinen gebunden, mit Gold geprägt und auf handgeschöpftem Büttenpapier gedruckt. Solche Karten kosten schnell mal 50 Euro und mehr. Pro Stück. Entsprechend empfindlich reagieren Betreiber, wenn sie jemanden beim Klauen erwischen. Aus ihrer Sicht ist das keine Bagatelle. Und deshalb wird in solchen Fällen hart durchgegriffen und gerne mal Hausverbot erteilt. Anders verhält es sich bei lieblos kopierten Zetteln oder laminierten Getränkekarten. Deren Verlust ist betriebswirtschaftlich verkraftbar. Trotzdem ist auch hier Obacht geboten, und allzu auffällig sollte man die Dinger nicht in der Tasche verschwinden lassen, denn ein Club ist kein Selbstbedienungsladen, das unterscheidet ihn von einem Supermarkt.

Beliebt sind bei souvenirsammelnden Partygängern auch Gläser und – so vorhanden – Aschenbecher. Am besten natürlich mit dem Namen des Lieblingsclubs oder der Stammdisko drauf. So wird man später seine jugendliche Unbeschwertheit beweisen können, wenn einem Kinder und Enkel die fantastisch anmutenden Geschichten nicht abnehmen wollen. Bevor das nächtliche Mitbringsel aber als zeitgeschichtliches Exponat herhalten muss, dient es als ganz normaler Gebrauchsgegenstand. Es gibt Leute, die in Clubs eine halbe Küchenausstattung für ihre Studenten-WG zusammenklauben und sich so die 79 Cent sparen, die der Sechserpack »Reko« bei Ikea kosten würde. Verübeln kann man es ihnen nicht, denn unabhängig vom Erinnerungswert sind die Humpen mit dem Partysiegel allemal schicker als die Standardschwedenware. Aber auch dabei sollte man nicht gedankenlos vorgehen. Clubs mit ästhetischen Ambitionen kaufen ihre Gläser selbst ein, man erkennt die hochwertige Ware zum Beispiel am aufwendigen Schliff. Andere Läden schließen Verträge mit Getränkeherstellern ab und bekommen die Gläser zum Teil gesponsert. Herrscht Mangel, sorgt der Lieferant für Nachschub. Ein schlechtes Gewissen dem Clubbetreiber gegenüber brauchen hierbei also nur moralisch höchst integere Menschen zu haben. Die anderen müssen damit leben, dass der Schriftzug einer Rum-Marke ihre Beute ziert. Es gibt vermutlich Schlimmeres.

WIE ERKENNE ICH EINEN DEALER – UND WIE REDE ICH MIT IHM?

Vielleicht Folgendes vorweg: Drogen verursachen Hautunreinheiten, dezimieren den Kontostand und lassen einen beim Konsum – jawohl! – lächerlich wirken. Ohne Not würde sich niemand über eine Clubtoilette beugen (siehe auch: »Wie kotze ich richtig auf der Toilette?«) und sich von einem hygienisch fragwürdigen Klodeckel weißes Pulver in die Nase ziehen, selbst wenn das auf einer Unterlage geschieht. Keine Drogen sind aber für viele auch keine Lösung, gerade beim Ausgehen – die vielen Menschen, die laute Musik, die Enge, die monotonen Gespräche lassen sich ohne Stimmungsaufheller mitunter nur schwer ertragen. Doch woran erkennt man diejenigen, die das Zeug verkaufen? Egal, mit welcher Intention Sie den Raum scannen, ob in Kaufabsicht oder bloß, um einen großen Bogen um die Person zu machen: Halten Sie Ausschau nach einem Mann mit Rose im Knopfloch, hochgeklapptem Mantelkragen, tief ins Gesicht gezogenem Hut oder einer Zeitung unterm Arm. Das wird mit Sicherheit k-e-i-n Dealer sein. Bei derart auffälligen Gestalten wird es sich vermutlich um Konsumenten handeln, anhand deren merkwürdigen Verhaltens man vielleicht Aussagen über die Qualität des angebotenen Stoffs treffen kann.

Dealer sehen absolut durchschnittlich aus, das ist bei ihnen Berufsvoraussetzung. Wenn Ihr Blick zufälligerweise an einem verlassen wirkenden Mann in Jeans und schluffigem Poloshirt in wandfarbener Unauffälligkeit hängen bleibt und Sie sich bei dem Gedanken ertappen, wie der es wohl in den Club geschafft hat, seien Sie gewiss: Das ist er. Man erkennt einen Dealer daran, dass er die meiste Zeit allein ein paar Schritte von der Tanzfläche oder der Bar entfernt steht, vergleichsweise desinteressiert wirkt und regelmäßig mit immer neuen Leuten ins Gespräch kommt, wenn auch nur kurz. Sollten Sie etwas von ihm wollen, nähern Sie sich ihm mit den Worten: »Hast du was?« Wichtig ist, die Unterredung aufs Nötigste zu beschränken. Anmerkungen über die Songauswahl des DJs, die Qualität der Longdrinks oder die Länge der Schlange vorm Klo verkneifen Sie sich besser –

höflicher Small Talk ist in dieser Situation nicht gefragt und sogar kontraproduktiv, weil der Dealer Sie für einen Zivilpolizisten halten könnte. Um die Begegnung nicht unnötig in die Länge zu ziehen, halten Sie das Geld gleich parat. Kleiner Tipp: Kartenzahlung ist in der Branche unüblich.

Was Sie in diesem Zusammenhang noch interessieren dürfte: Sollte das Personal des Ladens Sie beim Konsumieren von Drogen erwischen, droht Ihnen Hausverbot, denn die Betreiber riskieren ihre Zulassung. Zudem kriegt man in Clubs kein gescheites Zeug – in der Regel strecken die Dealer den Stoff, und das nicht nur aus Gründen der Gewinnoptimierung. Werden sie geschnappt und juristisch verfolgt, kommt es auf das Nettogewicht der mitgeführten Drogen an. Je geringer das ist, desto niedriger fällt das Strafmaß aus. Deshalb wird zum Beispiel Kokain gerne mit Milchzucker, Backpulver, zerstoßenem Glas oder Medikamenten gestreckt. Ob Sie das schnupfen wollen, bleibt natürlich Ihnen überlassen (mehr zum Thema auch unter: »Welche legalen Drogen wirken tatsächlich?« und »Von welchen legalen Drogen muss ich die Finger lassen?«).

POPPERS PROBIEREN ODER NICHT?

Mit der Droge »Poppers« verhält es sich wie mit der Levis 501 und rasierten Männerachseln: Die Schwulen haben ihre Vorzüge zuerst erkannt. Mit ein paar Jahren Verzögerung hat es dann auch der Hetero-Mainstream begriffen. Poppers sind kurz wirkende Party- und Sex-Drogen, die in flüssiger Form in kleinen Fläschchen verkauft werden. Man trinkt sie nicht, sondern inhaliert bloß ihre Dünste: Deckel abschrauben, unter die Nase halten, einatmen, Deckel zu. Der Rausch setzt bereits nach wenigen Sekunden ein, hält aber maximal zehn Minuten. Beim Tanzen versetzt es einen in Trance, viele werden euphorisch, fühlen sich von Wärme durchflutet. Weil es außerdem enthemmt und aphrodisierend wirkt, schnüffeln es manche gerne beim Sex. Vor allem der Orgasmus wird intensiver, heißt es. Der Schriftsteller Marcel Proust etwa war Dauerkonsument und hat mit Poppers enorme Selbstbefriedigungsorgien gefeiert. In der Schwulenszene ist das Mittel unter anderem deshalb so beliebt, weil es die Muskeln entspannt – auch den Analmuskel.

Soweit die Vorteile. Gefahren gibt es leider auch: Die Flüssigkeit enthält Nitrite, zum Beispiel Amylnitrit. Durch das Inhalieren der Dämpfe weiten sich im Hirn die Gefäße, das bewirkt den Flash. Kurzfristig können Poppers Schwindel, Kopfschmerzen und Übelkeit auslösen, langfristig schädigt die regelmäßige Einnahme das Hirn, Dauerkonsumenten klagen über Konzentrations- und Gedächtnisschwierigkeiten. Möglicherweise sind die Stoffe sogar krebserregend, das ist aber wissenschaftlich nicht bewiesen. Poppers können zusammen mit Viagra außerdem zu einem lebensgefährlichen Abfall des Blutdrucks führen. Auch nicht so toll: Obwohl das Mittel kaum abhängig macht, finden manche Konsumenten den Sex damit so viel besser, dass sie irgendwann nicht mehr ohne wollen und können.

Der Verkauf von Poppers als Rauschmittel ist in Deutschland illegal, deshalb wird das Zeug in Sexshops und über das Internet wahlweise als Raumduft, Leder- oder Tonkopfreiniger angeboten. Ein kleines Fläschchen mit neun

Milliliter Flüssigkeit kostet im Netz zwischen sechs und acht Euro, im Laden mehr als zehn. In frischem Zustand riechen Poppers leicht süßlich – stinken sie dagegen nach alten Socken oder Turnhallenumkleide, sind sie abgelaufen. Der Vollständigkeit halber muss auch darauf hingewiesen werden, dass die Flüssigkeit hochentzündlich ist. Aber die Ratschläge sind eigentlich eh sinnlos. Wenn Sie das Zeug regelmäßig nehmen, werden Sie sich bald sowieso an keine dieser Zeilen mehr erinnern können.

WIE SCHÜTZE ICH MICH VOR K.O.-TROPFEN?

In der Regel läuft es folgendermaßen ab. Sie leeren Ihr Glas, nach 20 Minuten fühlen Sie sich plötzlich euphorisch und enthemmt oder Ihnen wird schwindelig. Vielleicht kommt es Ihnen auch so vor, als wären Sie in Watte gepackt. Sie denken, es liegt am Alkohol. Wiederum ein paar Minuten später werden Sie ohne Vorwarnung extrem müde und möchten sich hinlegen. Wenn Sie wieder aufwachen, können Sie sich an die letzten vier Stunden nicht mehr erinnern. Mit etwas Glück ist bloß Ihre Brieftasche futsch.

Sogenannte K.O.-Tropfen sind der beste Beweis dafür, dass auch böse Menschen Lieder hören. In den vergangenen Jahren hat die Zahl der Fälle deutlich zugenommen, in denen Frauen auf Partys heimlich flüssige Substanzen in ihre Getränke gekippt wurden, um sie gefügig zu machen und schlimmstenfalls zu vergewaltigen. Auch Männer werden mittlerweile Opfer von Übergriffen. Allerdings gibt es nicht die K.O.-Tropfen schlechthin, sondern eine ganze

Reihe von Stoffen, die im Englischen unter dem Begriff *date-rape-drug* (etwa »Droge zur Vergewaltigung des Dates«) zusammengefasst werden. Zu den häufigsten gehören die inzwischen verbotene Gammahydroxybuttersäure (GHB) und das immer öfter verwendete Gamma-Butyrolacton (GBL), das weiterhin als industrielles Lösungsmittel zum Lackentfernen frei verkäuflich ist. GHB wird auch »Liquid Ecstasy« genannt, hat aber mit richtigem Ecstasy nichts gemein. Beide Flüssigkeiten sind farb- und beinahe geruchlos. Anders als oft behauptet, verfügen sie durchaus über einen leichten Eigengeschmack: Beide schmecken seifig, GBL zusätzlich auch sauer, GHB salzig. Aus diesem Grund werden die Stoffe am liebstem in süße Getränke gekippt, so bleibt das Opfer ahnungslos.

Der einzig effektive Weg, um sich vor Attacken mit K.O.-Tropfen zu schützen: Lassen Sie das eigene Getränk nicht unbeaufsichtigt. Wollen Sie tanzen oder müssen Sie auf Toilette, vertrauen Sie es nur besten Freunden an. Die merken im Ernstfall hoffentlich auch, dass mit Ihnen etwas nicht stimmt, und bringen Sie nach Hause (siehe auch: »Besteht eine moralische Verpflichtung, betrunkene Freunde persönlich an der Haustür abzuliefern?«).

Auch in Deutschland werden viele Übergriffe leider nicht zur Anzeige gebracht, manche nicht einmal von den Opfern als solche erkannt. Der Wirkstoff wird vom Körper schnell abgebaut, kann nur zwölf Stunden lang im Urin nachgewiesen werden. Danach allerdings noch wochenlang im Haar. Eine Anzeige lohnt sich also. Immer.

AB WELCHER SCHLANGENLÄNGE VOR DEM DAMENKLO DÜRFEN FRAUEN RUHIGEN GEWISSENS DAS HERRENKLO AUFSUCHEN?

In den USA trug sich tatsächlich folgende Geschichte zu: In San Diego besuchte ein Mann ein Konzert von Elton John und Billy Joel, er trank währenddessen Bier und verspürte irgendwann ein dringendes Bedürfnis. Doch die Herrentoilette war komplett von Frauen bevölkert, sie blockierten die Kabinen und auch das Urinal, und das ohne schlechtes Gewissen, weil sich vor dem Damenklo eine meterlange Schlange gebildet hatte. Eine Verletzung der Privatsphäre, befand der Konzertbesucher. Er verklagte die Stadt und den Getränkelieferanten auf fünf Millionen Dollar. Seine Begründung: Er habe ein emotionales Trauma erlitten. Den Richtern konnte er mit dieser Argumentation nichts vormachen. Sie schmetterten die Klage ab und verdonnerten ihn wegen des albernen Rechtsstreits zu einer Zahlung von jeweils 2.000 Dollar an die Stadt und den Getränkelieferer.

Was lehrt uns diese Geschichte? Dass Frauen die Männertoilette in Notfällen immer aufsuchen dürfen, in den USA sogar mit richterlichem Wohlwollen.

Worin ein solcher Notfall besteht, darüber gibt es verschiedene Meinungen. Kratziges Klopapier, langweilige Gesprächsthemen unter Frauen, die Befriedigung dringender körperlicher Bedürfnisse jenseits des Wasserlassens oder nicht vorhandene Spiegel – alle diese Gründe werden von Männern meist widerspruchslos akzeptiert. Anders formuliert: Es braucht keine Schlange vor dem Damenklo, die das Fremdgehen rechtfertigt. Dennoch ist es nur fair, wenn Frauen beim Grenzübertritt im

Gegenzug ein paar Regeln beachten. In erster Linie gilt es, so wenig Aufsehen wie möglich zu erregen, deshalb sollten Sie sich diskret verhalten – von einem kompletten Outfitwechsel außerhalb der Kabinen ist also besser abzusehen. Diskussionen mit Freundinnen oder Telefonate mit dem Ex gehören zwar zu den Hauptgründen, weswegen Frauen die Toilette aufsuchen, auf fremdem Terrain sind sie jedoch tabu. Ebenfalls verboten ist es, sich dem Urinal mehr als drei Meter zu nähern. Ist das aufgrund der örtlichen Gegebenheiten nicht möglich, wenden Sie der Pissrinne demonstrativ den Rücken zu. Vielen Männer fällt das Wasserlassen auf öffentlichen Toiletten generell schwer, sie stören sich an der Anwesenheit Fremder und haben eine Art Ladehemmung – Frauen würden dieses Problem nur noch verschärfen. Es handelt sich dabei um eine ernst zu nehmende Phobie, die von Medizinern als »Paruresis« bezeichnet wird und bei Betroffenen unterschiedlich stark ausgeprägt ist. Weibliche Gäste sollten sich deshalb auf dem Herrenklo nicht länger als nötig aufhalten. Das gilt übrigens auch für den Fall, dass sie in männlicher Begleitung kommen – und zwar nicht zum Pinkeln. Mehr zu diesem Thema unter: »Zum Sex aufs Herren- oder Damenklo?«

DARF ICH DIE KLOFRAU UM IHR TRINKGELD PRELLEN?

Nur wenn Sie auch Spaß daran haben, Obdachlose zu schlagen und behinderten Kindern ihr Spielzeug zu klauen. Klofrauen – seltsamerweise sind es nie Männer – erledigen von allen Angestellten im Club den miesesten Job, und für viele ist das Trinkgeld die einzige Einnahmequelle. Wenn

Ladenbetreiber ausgerechnet ihre Klofrauen ausbeuten, ist das natürlich eine schreiende Ungerechtigkeit. Daran können Sie als Einzelperson aber leider nichts ändern. Wer also zehn Euro für Eintritt und drei pro Bier ausgibt, sollte wohl 50 Cent für das weiße Tellerchen am Toilettenausgang übrig haben. 20 Cent sind gerade noch akzeptabel, alles darunter gilt als Beleidigung. Es wurden Klofrauen beobachtet, die allzu knauserigen Gästen deren Centmünzen an den Hinterkopf warfen. Gar nicht clever ist übrigens die Ausrede »Ich hab bloß 'nen Schein«. Klofrauen können immer wechseln – und zwar mit Münzen von Gästen, von denen sich statistisch gesehen jeder dritte nicht die Hände gewaschen hat.

Es gibt nur zwei Ausnahmen von der moralischen Zahlungspflicht. 1. Die Toilette sieht aus, als hätte die Klofrau hier seit den Nullerjahren nicht mehr nach dem Rechten gesehen. 2. In manchen Großraumdiskotheken hält inzwischen die Klomafia Einzug, die sich auch bereits auf den Toiletten von Autobahnraststätten und großen Kaufhäusern ausgebreitet hat: Dort dürfen die Putzfrauen das Trinkgeld nicht behalten, sondern müssen es nach Feierabend vollständig an ihre Bosse abführen. Das sollte man nicht unterstützen. Wie Sie erkennen können, ob hier die Mafia am Werk ist? Im Zweifelsfall einfach die Klofrau fragen, ob sie das Geld behalten darf. Sie wird gerne antworten.

ZUM SEX AUFS HERREN- ODER DAMENKLO?

Diese Frage stellt sich logischerweise nur Heteropärchen. Ein Kriterium zur Entscheidungsfindung könnte die Hygiene sein: Wo es sauberer wirkt, lässt sich gepflegter übereinander herfallen. Die Ansicht, Männertoiletten seien grundsätzlich verdreckter, ist aber ein Mythos, der komischerweise vor allem von Männern geglaubt und weiterverbreitet wird. Eine nicht repräsentative Umfrage unter Berliner Reinigungskräften ergab: Frauen sind tendenziell die größeren Verschmutzer. Schon in den Disziplinen Danebenpinkeln, Kloverstopfen und Papierrollen-Fallenlassen liegen sie vorn, hinzu kommen die exklusiven Sauereien, die sich mit Binden und Tampons anstellen lassen. Herrenklobrillen werden außerdem statistisch gesehen weniger bespritzt, weil sich die allermeisten Männer zum Pinkeln vors Urinal stellen.

Das zweite Kriterium ist die Chance auf Ungestörtheit: Frauen müssen öfter aufs Klo und bleiben länger drauf, Warteschlangen sind die Folge. Außerdem verbringen sie mehr Zeit vorm Spiegel. Ein Liebespaar hat auf dem Damenklo garantiert Zeugen.

Nicht zuletzt und allen Postgender-Bemühungen zum Trotz: Ein Mann auf dem Damenklo fällt unangenehmer auf und stellt den größeren Tabubruch dar als andersherum. Logisch gesehen kann es also nur eine vernünftige Antwort geben – ab aufs Männerklo.

WIE KOTZE ICH RICHTIG AUF DER TOILETTE?

Es ist *die* Gewissensfrage aller Betrunkenen auf Clubtoiletten: besser hinknien und gezielt in die Schüssel erbrechen oder sich im Stehen übergeben und Kollateralschäden in Kauf nehmen? In diesem speziellen Fall empfiehlt sich ausnahmsweise purer Egoismus. Niemand kann ernsthaft von einem fühlenden menschlichen Wesen erwarten, sich in einer öffentlichen Toilette tatsächlich auf den Boden zu hocken und mit den Händen auf der Brille abzustützen. Studien haben in den letzten Jahren eindrucksvoll bewiesen, dass nicht bloß die Schüsseln mit einer Vielzahl von Fäkalkeimen kontaminiert sind, sondern – in noch stärkerem Maße – auch die Fußböden. Hinzu kommen Erreger diverser Wurmkrankheiten und Pilze. Wer's nicht glaubt, kann gerne die Begriffe »Fäkalstreptokokke« und »Schmierinfektion« googeln.

Also gilt: Brille hochklappen, breitbeinig über die Schüssel beugen und das Notwendige hinter sich bringen. Falls Zeit bleibt, die Schüssel vorher mit Klopapier auslegen, das vermindert Spritzer. Außerdem bitte unbedingt frontal von vorne über die Schüssel beugen. Wie erfahrene Klofrauen beklagen, machen betrunkene Gäste gerne den Fehler, sich seitlich zur Toilette zu stellen. Dann ist das Drama garantiert.

Die weitaus bequemere Alternative »Waschbecken« kommt übrigens nur in Frage, wenn die eigene Übelkeit ausschließlich dem Alkohol geschuldet ist und in den letzten Stunden garantiert nichts gegessen wurde. Sonst verstopft der Abfluss.

WIE BENEHME ICH MICH IM DARKROOM?

Vorsicht, Verwechslungsgefahr. Hier geht es nicht um die Entwicklung von Analogfilmfotos. In einem Darkroom wird geküsst, gefummelt und, man kann es so sagen, vor allem penetriert. Menschen stellen im Schutz der Anonymität Dinge an, die sie bei Tageslicht nicht mal ihrem besten Freund erzählen möchten. Erfunden wurden die dunklen Hinterzimmer in den 70er-Jahren in der US-amerikanischen Homoszene. Heute findet man sie nicht mehr nur in Schwulen-Clubs und -Bars. Zumindest in Großstädten existieren diese Angebote inzwischen auch für Heteros. Die Adressen müssen Sie sich bitteschön selbst ergoogeln. Skeptiker könnten jetzt einwenden: Was soll der Scheiß? Befürworter loben die Möglichkeit, anonym und unverbindlich zu experimentieren, ohne sich vor irgendwem rechtfertigen zu müssen.

Vielleicht muss man das einfach mal nicht gesehen haben. In jedem Fall gelten auch hier grundlegende Verhaltensregeln.

1. Darkrooms sind, anders als der Name vermuten lässt, keineswegs stockdunkel. Meistens erzeugen Glühbirnen wenigstens ein dürftiges Schummerlicht, sodass man sich a) nirgends den Kopf stößt und b) die Umrisse potenzieller Sexualpartner erahnen kann, um wenigstens die schlimmsten Überraschungen zu vermeiden. Was man dagegen garantiert nicht sieht, sind Feigwarzen und akuter Genitalherpes. Es gilt oberste Kondompflicht.

2. In der Regel betritt und verlässt man den Darkroom angezogen. Kleingeld und Schlüssel vorher gut verstauen. Was dort aus den Taschen fällt, findet man nicht wieder, und am Boden möchte man auch nicht auf gut Glück herumtasten, es sei denn, man schätzt das glitschige Gefühl gebrauchter Kondome.

3. Weiße T-Shirts gelten als extrem ungünstig, weil manche Betreiber mit Schwarzlicht arbeiten. Dann leuchtet man wie Hui Buh, das Schlossgespenst.

4. Die Partnerwahl funktioniert denkbar einfach. Wer sich frontal auf eine andere Person ausrichtet, signalisiert Interesse.

5. Wenn sich im Darkroom zwei Menschen vergnügen, ist es nicht unwahrscheinlich, dass aus dem Duo früher oder später ein Trio, ein Quartett oder eine ganze Bigband wird. Wem das nicht gefällt, muss es deutlich aussprechen. Mimik und Gesten sind wirkungslos, das Wegschieben von Händen wird leicht missinterpretiert. Der Zaubersatz heißt: »Nein, ich will nicht.«

6. Ansonsten wird wenig gesprochen. Positionswechsel-Absprachen sind gestattet, Besprechungen kürzlich gesehener Kinofilme nicht.

7. Hält Ihnen jemand ein kleines Fläschchen hin und fragt, ob Sie dran schnüffeln möchten: Das sind Poppers (siehe Kapitel »Poppers probieren oder nicht?«).

8. Begegnen Sie Männern mit Baseballcaps, können Sie sicher sein: Diese Herren sind schon älter und nutzen die jugendliche Kopfbedeckung als Tarnung.

BLEIB ICH DREI TAGE WACH?

»Verpeilt und verschallert, alle verballert. Druff, druff, druff, druff, druff.« So stellt sich der Münchner DJ Tobias Lützenkirchen vor, wie es sich anfühlt, wenn einer drei Tage wach ist. Zum Beispiel, weil er Freitagabend mit dem Feiern begonnen hat und Montagmorgen auf den Gedanken kommt, dass er jetzt aber mal besser nach Hause oder wenigstens zur Arbeit müsste. In Clubs wie dem Berliner Berghain ist das möglich. Und bei vielen Durchmachern sind offensichtlich böse Drogen im Spiel.

Aber kann einer auch auf legalem Wege wach bleiben, etwa mit ganz viel Koffein – oder ist das gefährlich? In Neuseeland kam eine Frau ums Leben, weil sie angeblich pro Tag acht Liter Cola getrunken hatte. Ihr Freund verklagte den Hersteller, unterlag aber vor Gericht. Die definitiv tödliche Menge Cola liegt für eine 60 Kilogramm schwere Frau nämlich bei sagenhaften 87 Litern an einem einzigen Tag. Ein 85 Kilo schwerer Mann stirbt spätestens bei 112 Litern. Der »Spiegel« hat sich die Mühe gemacht, die garantiert tödlichen Tagesrationen koffeinhaltiger Flüssigkeiten zu berechnen. Dabei fand er heraus, dass es sich mit anderen Getränken deutlich leichter zu Tode saufen lässt: Die 60-Kilo-Frau benötigt wahlweise 192 Tassen Tee, 117 Espressi oder 84 Tassen Kaffee. Vom Energy-Drink Red Bull wären 28 Liter nötig, das entspräche 112 kleinen Dosen innerhalb von 24 Stunden. Wohlgemerkt, hierbei handelt es sich jeweils um die Menge, die einen gesunden Menschen garantiert um die Ecke bringt. Tatsächlich sind weltweit eine Reihe von Fällen dokumentiert, bei denen Menschen mit Herzkrankheiten oder anderen organischen Schäden an einem Bruchteil des Koffeins starben. Meistens wussten die Betroffenen nichts von ihren Vorerkrankungen.

RESTEFICKEN – JA ODER NEIN?

Wer einen One-Night-Stand sucht und bis frühmorgens keinen halbwegs akzeptablen Partner gefunden hat, steht vor der Wahl: frustriert allein nach Hause gehen oder sämtliche

Ansprüche fallen lassen und nehmen, was jetzt noch da ist? Die einen sagen: lieber widerlich als wieder nicht. Die anderen finden schon den Gedanken unappetitlich.

Als beste Zeit, um das sogenannte Resteficken in Angriff zu nehmen, gilt die Phase etwa zwei Stunden vor Zapfenstreich, wenn die ersten Toiletten längst übergelaufen sind und die Tanzfläche vor verschütteten Longdrinks klebt. In der Regel sind die attraktiven Gäste da schon gegangen, die Übriggebliebenen größtenteils alkoholisiert, verschwitzt oder anderweitig derangiert. Gesamteindruck: abgefuckt. Wer es dringend nötig hat, wird jetzt relativ leicht zu überzeugen sein. Trotzdem braucht es Charme. Keiner erinnert sich gerne daran zurück, wie er einst im Schulsport als Letzter ins Team gewählt wurde. Genauso gilt leider auch: Niemand will sich als Rest fühlen, der gleich gefickt wird. Es empfehlen sich daher Schmeicheleien wie folgende: »Unfassbar, dass ich dich jetzt erst entdeckt habe. Gib's zu, du bist gerade erst reingekommen.«

Zuvor sollten Sie sich allerdings darüber klarwerden, ob Sie selbst es überhaupt wollen. Dafür schämen, wie tief Sie gesunken sind, brauchen Sie sich jedenfalls nicht. Auch ein Imageverlust ist nicht zu befürchten, denn alle, die jetzt über Ihre unwürdigen Abschleppversuche lästern und Sie noch jahrelang damit aufziehen könnten, sind sowieso schon zu Hause. Vermutlich im Bett mit einem wirklich gut aussehenden Menschen.

Im Grunde verhält es sich mit Resteficken wie mit Masturbieren, Popeln und dem Hören von Britney-Spears-Platten: Solange Sie keiner dabei beobachtet, schadet es nicht, und Spaß bringt's dazu. Es kann sogar extrem viel Spaß bereiten, denn auch mit der scheinbar falschen Person kann man den genau richtigen Sex haben. Wer immer noch zweifelt, blättere zur Frage: »Kann man sich einen Menschen schön trinken?«

FLIRTEN UND KENNENLERNEN

WORAN ERKENNE ICH, OB SIE INTERESSE HAT?

Lieber Leser, bitte vergessen Sie, was Ihnen Männer-Magazine wie *Playboy* oder *GQ* in Sachen Flirtsignale weismachen wollen. Nichts davon ist wahr. Eine normale Frau schlägt niemals die Beine übereinander oder lässt einen Schuh am Zeh baumeln, um Interesse an Ihnen zu bekunden – so verhalten sich lediglich professionelle Ladys. Auch wird sie nicht absichtlich den Mund leicht öffnen, um auf Sie möglichst erotisch zu wirken. Und schon gar nicht wird sie über Ihre schlechten Witze lachen, nur um Ihnen zu imponieren (siehe auch: »Muss ich über schlechte Witze lachen?«). All diese vermeintlichen Flirtsignale sind ein riesengroßer Schmarren, und Leute, die ihn verbreiten, müsste man eigentlich anzeigen. Klingt brutal? Ja.

Aber um zu verstehen, warum so viel Schonungslosigkeit zwingend notwendig ist, sollten Sie sich Folgendes vergegenwärtigen: Frauen genießen männliche Aufmerksamkeit, sie gibt ihnen ein Gefühl der Bestätigung. Wer ihnen das vermittelt, ob der Adonis mit dem Blick zum Dahinschmelzen oder der tapsige Typ außerhalb des eigenen Beuteschemas, ist zunächst einmal nebensächlich. Aus ebendiesem Grund muss sich ein Mann nichts darauf einbilden, wenn sich eine Frau im Gespräch charmant und offen gibt – es liegt nicht zwingend an seiner Person. Ob ihr Interesse von oberflächlicher oder tiefgründiger Natur ist, lässt sich nur anhand von zwei Indizien herausfinden: Im Gespräch greift sie beiläufig zum Labellostift, um trockene Lippen zu verhindern, und – noch viel wichtiger – in einer klassischen Frau-Mann-Situation bewegt sie sich die entscheidenden Zentimeter auf Sie zu, die es braucht, damit Ihre Lippen ihre berühren. So einfach ist das – und so kompliziert.

WORAN ERKENNE ICH, OB ER INTERESSE HAT?

Liebe Leserin, früher ging es einfacher. Da musste der Mann voranmarschieren, ein Risiko eingehen. Aufreißen! Sein Interesse war offensichtlich. Wen nicht die zittrige Stimme verriet oder die knallroten Ohren, der offenbarte sich ungewollt durch maßlose Angeberei. Die Zeiten haben sich leider geändert. Heute befürchten viele Männer, sie wirkten primitiv und uninteressant, wenn sie zu forsch vorgehen.

Deshalb schmieden sie Pläne, und die sind selten leicht zu durchschauen, weil sie gerne um mehrere Ecken gedacht sind. Es gibt Männer, die begehrte Frauen bewusst ignorieren in der Hoffnung, als Alpha-Männchen daherzukommen und so die eigene Anziehungskraft zu steigern. Es gibt Männer, die sich tagelang absichtlich nicht melden, weil ihnen ein verkorkster Ratgeber einredete: »Willst du was gelten, mach dich selten.« Und es gibt Männer, die sich bewusst mit hübschen Frauen einlassen oder sogar mit Ihrer besten Freundin, obwohl sie doch insgeheim auf Sie stehen. Man mag diese Kerle als fortschrittlich und postmodern loben oder als »Schmerzensmänner« verhöhnen, aber am Ende bleibt die Frage: Wie decodiere ich ihre verworrenen Botschaften?

Auf einer Party empfiehlt sich der sogenannte Move-Test: Sind Sie mit dem Betreffenden ins Gespräch vertieft, unterbrechen Sie ihn und sagen, sie wollten jetzt in ein anderes Zimmer beziehungsweise in einen anderen Teil des Clubs umziehen, er könne sich aber gerne anschließen. Begleitet er Sie, wiederholen Sie die Prozedur nach einer Viertelstunde. Bleibt er dran, haben Sie ihn am Haken.

WELCHE ANMACHSPRÜCHE LASSE ICH BESSER BLEIBEN?

1. Ich bin neu in der Stadt. Könntest du mir den Weg zu deiner Wohnung zeigen?
2. Ich hoffe, du bist gut versichert. Du hast gerade eine Beule in meine Hose gemacht.
3. Ich bin so mies im Bett, das musst du erlebt haben.
4. Hoffentlich kannst du schwimmen! Ich würd dich nämlich gerne mal ins Becken stoßen!
5. Glaubst du an Liebe auf den ersten Blick oder muss ich noch mal reinkommen?
6. Darf ich bitten oder tanzen wir erst noch?

7. Sag, waren wir nicht als Kinder auf verschiedenen Schulen?

8. Du hast Glück! Ich bin Single.

9. Von allen Frauen hier bist du die Viertschönste.

10. Sind deine Eltern vielleicht Architekten? Du bist so verdammt gut gebaut.

11. Du stinkst. Lass uns duschen.

12. Zieh dich aus, ich muss mit dir reden.

13. Würdest du für 500 Euro mit mir schlafen? Ich könnte das Geld gut gebrauchen.

14. Fick mich, wenn ich falsch liege. Aber wollten wir nicht knutschen?

15. Hi, kennen Sie Ted?

WORÜBER REDE ICH MIT MEINEM FLIRTPARTNER?

Im Brockhaus steht: Flirten ist die »spielerische Kontaktaufnahme zwischen den Geschlechtern«. Wer den spielerischen Aspekt vergisst, wirkt schnell steif, verunsichert, verbissen oder angestrengt. Eben wie beim ersten Bewerbungsgespräch nach dem Studium. Klar verspürt jeder den Impuls, sich selbst möglichst interessant zu präsentieren. Als jemanden, den sich näher kennenzulernen lohnt. Besonders Männer reizt es, in den Prahlmodus zu verfallen und wenig subtil die eigenen Vorzüge anzupreisen. Das schreckt ab, ist aber auch völlig unnötig. Rob Gordon, die Hauptfigur in Nick Hornbys großartigem Roman »High Fidelity«, bringt es auf den Punkt: »What really matters is what you like, not what you are like. Books, records, films: these things matter.« (»Es zählt nicht, wer man ist, sondern was man mag. Bücher, Platten, Filme: Diese Dinge zählen.«) Es braucht nur eine Gemeinsamkeit, eine Vorliebe für Miranda Julys Kinofilme vielleicht oder den letzten Murakami, schon ist eine tiefe Verbindung geschaffen, die Hoffnung auf mehr macht. Ganz besonders gilt dies für die Musik. Der US-Psychologe Samuel Gosling und sein britischer Kollege Peter Rentfrow haben jahrelang zu diesem Thema geforscht und konnten belegen, dass auffallend viele Menschen neue Bekanntschaften nach ihrem Musikgeschmack beurteilen – und gleichzeitig davon ausgehen, dass ihre eigenen Hörgewohnheiten weit mehr über ihren Charakter verraten als zum Beispiel Kleidung, Essen oder Filmgeschmack. In den ersten Wochen einer Beziehung ist Musik sogar mit Abstand das häufigste Gesprächsthema.

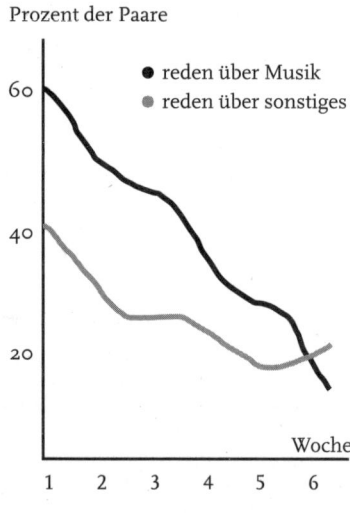

Prozent der Paare

● reden über Musik
● reden über sonstiges

Woche

Themenwahl von Frischverliebten
nach Gosling & Rentfrow

Erst nach durchschnittlich sechs Wochen wird es von anderen Lebensbereichen abgelöst. Also lassen Sie es bitte locker angehen und fragen Sie Ihren Flirt, ob er sich schon die neue Platte von den Shins aus dem Netz geladen hat. Die solle nämlich echt gut sein. Die großen Diskussionen über Weltpolitik und die gesellschaftlichen Risiken der Pränataldiagnostik können warten.

Und fangen Sie um Himmels willen nicht jetzt schon an, Ihre Beziehungstraumata zu sezieren.

SOLL ICH MEINEM DATE SAGEN, WENN ES MUNDGERUCH HAT?

Unbedingt. Und zwar nicht nur aus Eigeninteresse, sondern weil Sie dieser Person damit einen Gefallen erweisen. Vermutlich hat sie das Problem schon länger, vielleicht seit Jahren – und niemand war bisher mutig genug, es ihr zu sagen.

Die menschliche Nase meldet leider ausschließlich Geruchsveränderungen an das Gehirn, aber nicht permanente, konstant starke Gerüche. Das ist der Grund, warum Betroffene ihr eigenes Müffeln nicht bemerken. Dabei wäre es heute ganz leicht, Abhilfe zu schaffen: In 80 Prozent der Fälle lässt sich Mundgeruch mit Zungenschaber, Zahnreinigung und den richtigen Spülungen beseitigen. Weil der Betroffene aber nichts ahnt und sich höchstens wundert, warum ihm Mitmenschen so häufig Kaugummis anbieten, kann er nichts an der Misere ändern. Das ist, als müsste der arme Kerl aus dem Loriot-Sketch sein Leben lang mit einer Nudel im Gesicht herumlaufen, und keiner sagt ihm Bescheid. Ungerechterweise wird dem Überbringer schlechter Nachrichten selten gedankt. Egal, wie schonend Sie es formulieren, Ihr Date wird Ihnen sicher nicht um den Hals fallen. Was natürlich auch besser ist angesichts der aktuellen Duftlage. Erinnern Sie sich noch an das gute Gefühl, als Sie damals als Kind die kranke Taube zum Tierarzt gebracht haben? Es ist wieder Zeit für eine gute Tat. Zumindest werden Sie danach stolz auf sich sein.

WIE ENTLARVE ICH EINEN PROFI-AUFREISSER?

Der Trend kommt aus den USA, aber inzwischen gibt es auch in Deutschland mehrere Tausend von ihnen: Kerle, die das Abschleppen von Frauen explizit als Sport verstehen. Sie nennen sich *Pick-Up-Artists*, kurz PUA, auf Deutsch: »Abschleppkünstler«. Als Vorbild gilt vielen der charmante Aufreißer Barney aus der Sitcom »How I met your mother«, ihre Strategien entnehmen sie Ratgebern wie »The Game«, »Lob des Sexismus« oder »Der Bro Code«. Außerdem tauschen sie sich auf Internetplattformen wie pickupforum.de aus, manche investieren 500 Euro für einen Wochenend-Workshop. Das Ziel eines jeden PUAs ist stets das Gleiche: eine neue Bekanntschaft ins Bett zu kriegen, wenn möglich direkt am ersten Abend. Das nennt er dann *fuck close* – vorsichtig formuliert in etwa »Abschluss mit Beischlaf«. Gelingt das nicht, strebt er zumindest den *kiss close* an – einen »Abschluss mit Kuss«.

Fremden gegenüber werden PUAs es nicht unbedingt zugeben, aber intern benutzen sie ein Vokabular, das leicht sexistisch klingt. Eine umworbene Frau nennen sie *target* (»Zielobjekt«). Wenn sie sich wehrt, liegt das an ihrem *bitch shield* (»Schlampenschild«). Dieses muss umgangen oder ausgeschaltet werden, bevor es Sex geben kann – mit Komplimenten, vorgespielten Gefühlen und anderen Tricks. Blitzen sie bei einer Frau ab, gilt die drollige Regel: FTOW – *fuck ten other women* (»Schlaf mit zehn anderen Frauen«).

Dies soll kein Plädoyer sein, sich grundsätzlich von PUAs fernzuhalten. Aber es scheint hilfreich und nur fair, diese Männer im Nachtleben identifizieren zu können und um ihre wahren Absichten zu wissen. Dann kann jede Frau selbst entscheiden, ob sie sich mit ihnen einlässt. Es geht um Waffengleichheit, nichts weiter. Deshalb hier die wichtigsten Tricks zum Wiedererkennen.

1. In der Philosophie der Verführungskünstler ist der Gesprächseinstieg entscheidend. Sie nennen ihn *opener* (»Öffner«), er soll wirken wie ein Köder beim Angeln. Meistens haben sie Standardsätze einstudiert, mit denen sie Frauen in Diskussionen verwickeln. Einer der gängigsten lautet: »Sag mal, was ich mich gerade gefragt habe: Ist Khaki eigentlich ein Stoff oder eine Farbe?« Klingt bescheuert, hat aber System, weil Khaki eben beides ist und der PUA je nach Antwort das Gegenteil behaupten kann. Das *target* hat angebissen, und schon läuft die Diskussion.

2. Oftmals hat der PUA einen Freund dabei, der zunächst nicht von seiner Seite weicht und dem intern die Rolle des *wingmans* zukommt. Der ist nur dafür da, den PUA in einem möglichst guten Licht dastehen zu lassen. Er wird also kleine und große Heldengeschichten erzählen. Später wird er sich entfernen.

3. Verführungskünstler achten penibel auf ihre *body language* (die »Körpersprache«). Dazu gehört die eiserne Regel, bloß keine aufdringliche Körperhaltung einzunehmen. Ein PUA wird nie seinen Oberkörper in Richtung des *targets* vorbeugen. Und er wird versuchen, um jeden Preis lockerer als die Frau zu wirken. Steht sie im Raum, lehnt er an der Wand. Lehnt sie an der Wand, hockt er auf dem Boden. Außerdem wird er sein Getränk nicht auf Brust-, sondern auf Hüfthöhe halten.

4. Ein PUA wird garantiert bald Körperkontakt suchen, sein Opfer an bestimmten, vermeintlich harmlosen Stel-

len berühren – und zwar scheinbar zufällig. Laut ihrer Philosophie ist das nötig, um Vertrauen zu schaffen. Sie nennen es lustigerweise »Kino machen«. Dabei wird der PUA nicht gleich die Hand seines Opfers berühren. Das hält er für zu intim, er fürchtet, die Frau zu verschrecken. Stattdessen beginnt er mit unverfänglichen Stellen, zum Beispiel dem Unterarm in Nähe des Ellenbogens. Später bearbeitet er vermutlich das Schulterblatt oder wuschelt durchs fremde Haar. Spätestens jetzt ist der Zeitpunkt gekommen, sich zu entscheiden: Will man sich mit diesem Typen einlassen? Zumindest besteht wohl nicht die Gefahr, dass er einen am nächsten Morgen mit einem Heiratsantrag überrascht.

SOLL ICH MEINE NEUE BEKANNTSCHAFT BESSER NACH IHRER TELEFONNUMMER ODER DER MAILADRESSE FRAGEN?

Ist Ihr Flirt ein Mann, macht es keinen Unterschied, also verschwenden Sie Ihre Gedanken lieber an andere Dinge. Sollte es sich jedoch um eine Frau handeln, lesen Sie jetzt aufmerksam weiter. Beim Kontakteknüpfen zu Frauen verhält es sich nämlich wie mit den Reformen der deutschen Pflegeversicherer: Gefragt sind niedrigschwellige Angebote. Das Herausgeben einer persönlichen Information sollte die Frau möglichst keine Überwindung kosten und sie nicht ins Grübeln bringen über die Frage: Wie sehr interessiert mich dieser Kerl eigentlich? Die Hemmschwelle einer Frau, ihre – zumal korrekte – Telefonnummer rauszurücken, ist nicht zu unterschätzen. Sie muss schließlich in Betracht ziehen, dass sich hinter Ihrer hübschen Fassade ein Psychopath oder wenigstens ein nerviger Troll verbirgt, der schon sehr bald 15 Mal am Tag anruft und seine SMS-Flatrate voll auskostet. Fast jede Frau hat in ihrem Leben bereits eine derartige Erfahrung gemacht, oder sie kennt wenigstens eine Freundin, die eine Zeitlang gestalkt wurde. Bei einer Mailadresse ist das Risiko ungleich geringer, schlimmstenfalls wird sie ihren Spamfilter mit einem weiteren Kontakt füttern müssen. Davon abgesehen hat die Frage nach der Mailadresse einen weiteren unbestreitbaren Vorteil: Die nächste Kontaktaufnahme verläuft angenehmer und stressfreier als bei einem Telefongespräch. Es drohen keine Stotteranfälle, keine peinlichen Pausen, kein verzweifeltes Suchen nach neuen Gesprächsthemen. Mailen ist wie Telefonieren mit Sicherheitsnetz und doppeltem Boden. Und bis Sie dann tatsächlich das erste Mal telefonieren oder sich gar wiedersehen, haben Sie Ihren Flirt bereits etwas kennengelernt.

WOHIN BEIM ERSTEN DATE?

Vampirjägerin Buffy rät: »Never kill a boy on the first date« (»Töte niemals einen Jungen beim ersten Date«). Klingt plausibel. Davon abgesehen müssen noch eine Reihe weiterer existenzieller Regeln beachtet werden. Zum Beispiel bei der Wahl des richtigen Ortes.

1. Meiden Sie Umgebungen, die von sich aus bereits eine romantische Atmosphäre erzeugen. Sonst wirkt es leicht zwanghaft, das Treffen verliert an Spannung und Reiz. Ihr

Date würde sich vorkommen, als müsste es die Hauptrolle in einer Romantic-Comedy spielen. Nichts turnt mehr ab als Vorhersehbarkeit.

2. Falls Sie eine Kneipe besuchen möchten, dann bitte eine ohne rote Plüschsessel und Schummerlicht. Wollen Sie die Jukebox anwerfen, entscheiden Sie sich nicht für eine Ballade. Besser Nirvana als Coldplay, besser Henry Rollins als Serge Gainsbourg. Achten Sie auch darauf, dass Sie eine Kneipe auswählen, in der man nicht schreien muss, um sich zu verstehen. Ähnliches gilt für den Restaurant-besuch: Kerzenmeere und großflächige Wandverspiege-lungen sind zu meiden. Haben Sie »Rossini« gesehen? Dann wissen Sie, wo es nicht hingeht.

3. Kino ist prinzipiell geeignet, denn so haben Sie garantiert ein Thema, worüber Sie nach der Vorstellung sprechen können. Auch hier gilt: Liebesschnulzen sind tabu. Se-rienkillerfilme oder Zombieorgien mit spritzendem Ge-därm empfehlen sich, gerade aus männlicher Sicht: Wie die texanischen Psychologinnen Cindy Meston und Penny Frohlich in ihrem Aufsatz »Love at first fright« überzeu-gend dargelegt haben, wirken Männer auf Frauen beim ersten Date tendenziell attraktiver, wenn es gleichzeitig einen Reiz zum Fürchten gibt.

4. Meiden Sie Orte, an denen sich normalerweise sehr viele sehr gut aussehende Menschen treffen (siehe »Wie ver-halte ich mich beim Speed-Dating?«).

5. Versuchen Sie nicht, Ihr Date durch besondere Kreativität bei der Ortswahl zu beeindrucken. Schleppen Sie die Per-son nicht in eine Neonlicht-Minigolfanlage, verzichten Sie auf Basejumping, Streichelzoo und das exotische Restau-

rant mit den gebratenen Heuschrecken in Schokosoße. Führen Sie Ihr Date nicht durch eine mit Streetart verzierte Abrisshalle. Die Begegnung an sich, das Aufeinandertreffen zweier möglicherweise interessierter Personen ist schon Abenteuer genug, da braucht es kein Setting wie aus einem Tim-Burton-Film. Nein, Hochseilgarten ist auch keine Option.

6. Falls Sie sich tagsüber treffen, trinken Sie einen Kaffee und gehen Sie danach spazieren. Je zwangsloser und lässiger, desto wohler werden Sie sich fühlen.

7. Erscheinen Sie nicht zu früh am Treffpunkt. Das wirkt, als hätten Sie sonst kein Leben, als hätten Sie den ganzen Tag Ihrem Date entgegengefiebert. Kommen Sie lieber zwei Minuten zu spät. Entschuldigen Sie sich und behaupten Sie, jemand habe Sie aufgehalten.

WILL MEIN GEGENÜBER BEIM ERSTEN DATE SEX?

Amerikanische Softwareentwickler der Plattform match.com wollten ursprünglich eine Studie erarbeiten, die unser aller Leben verbessert. Dann aber haben sie sich doch umentschieden und erforschten lieber die Korrelation zwischen Smartphone-Gebrauch und Bereitschaft zum Sex beim ersten Date. Sieben Kriterien, mit denen Sie abschätzen können, wie weit Ihre Bekanntschaft am Abend gehen wird.

1. Immerhin 62 Prozent der Benutzer von Android-Smartphones sind zum Sex bereit, iPhone-Besitzer nur zu 57 Prozent, Blackberry-Nutzer zu 48 Prozent.

2. Fans von Nirvana, Metallica, Linkin Park und Kanye West

sind dem frühen Sex deutlich zugeneigter als solche von Radiohead, Rihanna, den Beatles und Kings of Leon. Wer Lady Gaga, Coldplay oder Adele hört, verweigert sich garantiert.

3. Athletische Männer neigen eher zu Premieren-Sex als normal- und übergewichtige. Bei den Frauen lassen sich besonders die großen und übergewichtigen auf das Abenteuer ein.

4. Für Männer gilt: Je höher das Bildungsniveau, desto eher wollen sie Sex. Bei den Frauen ist es genau umgekehrt.

5. Frauen in ihren späten Zwanzigern sind am ehesten bereit. Bei den Männern sind es die frühen Zwanziger.

6. Fahrradfahrende und teetrinkende Frauen sind schwerer ins Bett zu kriegen als geschiedene und Vieltrinkerinnen.

IST FUMMELN VOR FREUNDEN OKAY?

Ja, wenn Sie nicht älter als 16 sind.

ZÄHLT ES, WENN EINER BETRUNKEN »ICH LIEBE DICH« SAGT?

»In vino veritas«, hieß es bei den Römern. »Im Wein liegt die Wahrheit.« Bei uns glauben viele dem Sprichwort »Betrunkene und Kinder sagen die Wahrheit«. Beides ist Unsinn. Das erkennt man schon daran, wie überzeugend und kaltschnäuzig Kinder lügen können. Betrunkene stellen sich meist nicht so clever an, trotzdem sollte man ihnen nicht blind vertrauen.

Zwar senkt Alkohol die Hemmschwelle sowie das Schamgefühl und lässt einen Dinge sagen, die man sich sonst nicht
auszusprechen trauen würde. Die innere Zensur wird abge-
schaltet. Außerdem nimmt die Fähigkeit zur strategischen
Lüge ab – also das berechnende Vortäuschen von Tatsachen,
um ein bestimmtes Ziel zu erreichen. Aber leider verliert
der Betrunkene selbst den Überblick darüber, was für ihn
nun real und was erfunden ist. Seine Wahrnehmung und
Selbstwahrnehmung sind verzerrt, er wird von Emotionen
überwältigt, die nüchtern betrachtet gar nicht existieren.
Auf die überraschende Liebeserklärung eines Betrunkenen
sollten Sie also besser nichts geben. Sie können höchstens
vermuten, dass Ihr Gegenüber in diesem Moment und Zustand gerade tatsächlich so fühlt, wie er behauptet. Abzüglich
des Alkohols bleibt von einem »Ich liebe dich« womöglich
nur ein »Du bist ganz in Ordnung« übrig.

Das gilt natürlich auch für Sie: Haben Sie einem anderen Menschen unter Alkoholeinfluss die drei Wörter ins
Gesicht gesagt, müssen Sie sich am nächsten Tag zu nichts
verpflichtet fühlen. Eine Verlobung lässt sich übrigens
formlos lösen.

WIE VERHALTE ICH MICH BEIM SPEED-DATING?

Sieben Minuten mit einer fremden Person am Tisch hocken,
flirten, bis die Zeit abläuft, sich dann verabschieden und
am Nebentisch gleich ins nächsten Minidate stürzen – da
kann sicher eine Menge schiefgehen, oder? Sollte man sich
nicht besser vorab Gesprächsthemen überlegen und Ant-

worten auf mögliche knifflige Fragen? Die gute Nachricht zuerst: Es besteht kein Anlass zur Sorge. Viel falsch machen kann man nicht, Vorbereitung ist unnötig, außer vielleicht Duschen und Zähneputzen. Die Gespräche während einer Speed-Dating-Veranstaltung verlaufen nämlich weitgehend belang- und anspruchslos, hat Psychologe Lars Penke von der Berliner Humboldt-Universität herausgefunden. Er ist einer der renommiertesten Speed-Dating-Forscher Europas, hat etliche Flirtrunden beobachtet und umreißt die Bandbreite des Fragenspektrums wie folgt: »Wo kommst du her? Warum bist du hier? Was machst du sonst so?« Es bringe auch nichts, sich vorher intellektuell anspruchsvollere Fragen zu überlegen und mit denen glänzen zu wollen. Die zentralen Informationen werden über Körperhaltung, Kleidung und Stimme übermittelt – besonders aber über das Aussehen. Alison Lenton von der Universität Edinburgh glaubt, dies sei biologisch bedingt und letztlich mit dem Paarbildungsverhalten von Primaten und Vogelschwärmen vergleichbar: Je größer die Gruppe und damit die potenziellen Möglichkeiten, desto mehr fokussierten sich die Individuen auf optische Reize. Auffällig ist zudem, dass Männer mehr reden, vor allem über sich selbst und ihre vermeintlichen Leistungen. Frauen stellen mehr Fragen. Ein weiterer Unterschied fiel der Münchner Soziologin Doris Superina bei ihren Speed-Dating-Testreihen auf: Frauen lachen durchschnittlich signifikant öfter, nämlich rund 43 Mal in sieben Minuten, Männer dagegen nur fünf Mal.

Ob ein Wiedersehen zustande kommt, entscheidet übrigens statistisch gesehen die Frau, das hat die Wissenschaft ebenfalls erforscht. Denn Telefonnummern oder Mailadressen werden vom Veranstalter am Ende des Abends nur ausgetauscht, wenn beide Seiten auf ihrem Zettel an der richtigen Stelle ein Kreuz gemacht haben. So lauten die Regeln. Unter den Männern liegt die Ankreuzquote bei 40 Prozent, unter Frauen nur bei 15. Und noch eine Zahl wurde errechnet: Treten zehn Männer und zehn Frauen bei einem Speed-Dating-Abend an, ergibt sich daraus mittelfristig immerhin eine Beziehung.

GIBT ES GELUNGENE ABFUHREN?

Das Grundproblem bei Körben: Entweder sind sie so nett und harmlos formuliert, dass der Zurückgewiesene sie nicht ernst nimmt und einfach weitergräbt. Oder sie geraten zwar unmissverständlich, dafür aber verletzend. Denn eine Abfuhr bedeutet letztlich, dass eine Person eine andere nicht hübsch, interessant oder gebildet genug findet, um sich mit ihr einzulassen. Kurzum: nicht gut genug.

Männer neigen zu umständlichen, oft erschreckend abwegigen Ausreden. Sie tischen Begründungen auf wie »Ich bin noch nicht über meine letzte Beziehung hinweg« oder »Ich muss erst lernen, mich selbst zu lieben«. Keiner dieser Sätze hat je gestimmt. Umso verwunderlicher ist es zu sehen, wie oft Frauen die Lügen glauben und sich weiter falsche Hoffnungen machen. Männer tun dies nicht etwa aus Empathie oder Rücksichtnahme, sondern im Gegenteil aus egoistischen Motiven. Sie scheuen den Konflikt und trauen sich nicht, die Wahrheit auszusprechen.

Frauen haben tendenziell mehr Courage. Sie geben deutlicher zu verstehen, wenn sie sich nicht mit einem Mann einlassen wollen. Was den aber selten daran hindert, sämtliche Signale zu ignorieren und sich seine Lage in Gedanken so zurechtzubiegen, dass es doch vielleicht noch irgendwie klappen könnte – wenn er sich bloß genug Mühe gebe. Es sei denn, die Frau entscheidet sich für wirklich harte Abfuhren: »Du bist nicht mein Typ« oder noch brutaler »Du bist optisch nicht mein Typ«. Das wirkt.

Bleibt also nur die Wahl zwischen Regen oder Traufe? Gibt es keine Abfuhr, die beides ist: unmissverständlich und diplomatisch zugleich? Doch, die gibt es, sie ist tausendfach erfolgreich erprobt und hat wie oft im Leben mit einer kleinen Notlüge zu tun: Behaupten Sie, Sie seien bereits in jemand anderes verliebt – und zwar nicht erst seit gestern, sondern schon seit einer ganzen Weile, am besten seit Jahren. Der Zurückgewiesene wird Ihre Ablehnung nicht als Niederlage empfinden, weil er sie nicht persönlich nimmt. Die äußeren Umstände sind schuld, er selbst hat nichts falsch gemacht, allerhöchstens ist er zu spät gekommen, und das ist nun mal Schicksal.

AUFBRUCH NACH HAUSE

WANN SOLLTE MAN GEHEN?

Es heißt, man soll gehen, wenn's am schönsten ist. Wann genau dieser Zeitpunkt erreicht ist, bestimmt jeder für sich. Der eine hat bereits genug erlebt, wenn er jedem Anwesenden zur Begrüßung persönlich die Hand geschüttelt hat. Der andere ist erst selig, wenn der Alkoholvorrat fast aufgebraucht ist und wenigstens ein kopulierendes Paar in der Ecke liegt. Es gibt weder konkrete Uhrzeiten noch feste Regeln dafür, wann man eine Party zu verlassen hat. Deshalb hier die 20 wichtigsten Indikatoren, die einem anzeigen, dass man sich besser auf den Heimweg machen sollte:

- Wenn sich alles um einen herum dreht, obwohl man keine Pirouetten macht.
- Wenn der Gastgeber zum Besen greift und anfängt aufzuräumen.
- Wenn die neue Bekanntschaft es einem vorschlägt und dabei vielversprechend guckt.

- Wenn Giulia Siegel das DJ-Pult übernimmt.
- Wenn es sich bei dem Mann, den man küsst, um den Freund der besten Freundin handelt.
- Wenn der 20. Flirtversuch in Folge schiefgeht und das Sicherheitspersonal des Clubs sich einem mit entschlossenem Blick und durchgedrückter Brust nähert.
- Wenn einer auf die Idee kommt, mit allen Anwesenden eine Polonaise zu tanzen.
- Wenn man sich auf der Toilette in einer regen Diskussion befindet, ohne zu merken, dass es sich bei dem Gesprächspartner um das eigene Spiegelbild handelt.
- Wenn man mit dem Gedanken spielt, sich im Nebenraum nur mal kurz hinzulegen.
- Wenn es an der Bar keine Getränke mehr gibt.
- Wenn auf einer Privatparty einer vorschlägt, Strip-Poker zu spielen, man aber vor dem Losgehen keine frische Wäsche angezogen hat.
- Wenn der DJ »Wind of Change« von den Scorpions spielt.
- Wenn die Eltern oder WG-Mitbewohner des Gastgebers fragen, ob man mit frühstücken will.
- Wenn der beste Freund, mit dem man gekommen ist, zu einem sagt: »Kennen wir uns eigentlich?«
- Wenn man der Einzige ist, der noch steht.
- Wenn man seine Schuhe wiedergefunden hat.
- Wenn der Chef schon fünf Mal auf dem Handy angerufen hat.
- Wenn einem beim Tanzen wildfremde Männer Geld in den Ausschnitt stecken.
- Wenn man plötzlich neben dem sogenannten Partykönig Michael Ammer sitzt.

- Wenn der Gastgeber einen auffordert, sich an Miete und Nebenkosten zu beteiligen.

WIE VERABSCHIEDE ICH MICH RICHTIG?

Besonders höfliche Menschen verabschieden sich auf einer Privatparty natürlich nicht nur vom Gastgeber, sondern von jedem einzelnen Anwesenden persönlich mit ein paar netten Worten und – je nachdem, in welchem Verhältnis sie zu ihrem jeweiligen Gegenüber stehen – mit einem Händeschütteln oder einer Umarmung. Dummerweise ist das nach mehreren Stunden geselligen Beisammenseins nicht mehr jedem möglich. Manch einer ist zu fortgeschrittener Stunde nicht mal mehr in der Lage, zusammenhängende Sätze zu sprechen, geschweige denn geradeaus zu laufen. Von einer Umarmung sollte in diesem Zustand unbedingt abgesehen werden. Zu hoch ist das Risiko, dass sie in ein Abstützen ausartet und derjenige, von dem man sich verabschieden will, unter den ungelenken Bewegungen und der Last des Köpergewichts zusammenbricht. Zudem besteht die Gefahr, dass sich der eigene Mageninhalt auf der fremden Schulter entleert (siehe auch: »Wie lasse ich eine Party eskalieren?«). Ein guter Gastgeber ist konstitutionell angeschlagenen Gästen gegenüber nachsichtig und wird gegebenenfalls selbst dafür sorgen, sie ohne großes Aufsehen und unbemerkt von den anderen in ein Taxi zu setzen.

Was auf kleineren Privatpartys angemessen ist, gilt jedoch nicht automatisch für große Zusammentreffen. Hier genügt es, sich nur bei den wichtigsten Leuten zu verabschieden, sprich: bei demjenigen, der einen eingeladen hat, und bei Anwesenden, mit denen man persönlich bekannt ist oder sich im Laufe der Party länger unterhalten hat. Wichtig ist, die Verabschiedung kurz zu halten und sie nicht ausufern zu lassen. Das würde sich negativ auf die Partydynamik auswirken und wäre dem Gastgeber gegenüber unhöflich, weil es ihn von seinen Verpflichtungen abhalten würde. Sitzen mehrere Menschen in einer größeren Runde zusammen, genügt ein joviales Klopfen auf den Tisch.

In Clubs und Diskotheken hingegen ist der sogenannte polnische Abgang ohne jegliche Form der Verabschiedung durchaus vertretbar. Das Zusammensein ist hier unverbindlicher; dass Leute zur Party dazustoßen und wieder verschwinden, ist normal. Sich ohne ein Wort zu verabschieden erscheint unter diesen Umständen geradezu folgerichtig, alles andere könnte zu Komplikationen führen (siehe auch: »Besteht eine moralische Verpflichtung, betrunkene Freunde persönlich an der Haustür abzuliefern?«). Wichtig bei dieser Art der Verabschiedung ist, sich unauffällig zu verhalten und einen günstigen Moment abzupassen. Wenn sich der nicht ergibt, sind auch Notlügen legitim. Die Behauptung, man müsse dringend mal aufs Klo, erfolgt nicht unter Eid und wird daher im Nachhinein nicht justiziabel sein. Wer keine unnötigen Anrufe oder SMS riskieren will, sollte sein Handy unbedingt ausschalten. Das ist berechnend und egoistisch? Mag sein. Dass der polnische Abgang gesellschaftlich akzeptiert ist, belegt jedoch die gleichnamige Facebook-Gruppe, der knapp 90.000 Mitglieder angehören. Wer dennoch Skrupel hat, kann den sogenannten tschechischen Abgang wählen und seinen Freunden ankündigen, sich ohne Verabschiedung davonmachen zu werden.

BESTEHT EINE MORALISCHE VERPFLICHTUNG, BETRUNKENE FREUNDE PERSÖNLICH AN DER HAUSTÜR ABZULIEFERN?

Eindeutig ja. Zumindest wenn der Grad der Alkoholisierung so weit fortgeschritten ist, dass der Freund nicht mal annähernd in der Lage wäre, einem Taxifahrer seine Adresse vollständig und akustisch halbwegs verständlich mitzuteilen. Wer fahrtüchtig ist, setzt sich ohne großes Aufheben einfach selbst ans Steuer und spielt Chauffeur. Wer schon drei Bier und zwei Wodkashots intus hat, sollte wenigstens so viel Anstand besitzen und den herbeigerufenen Taxifahrer genau instruieren. Im Idealfall kommt man natürlich selbst mit und vergewissert sich persönlich, dass der Freund nicht nur pflichtgemäß vor der Haustür abgesetzt wird, sondern dass er wirklich in seiner Wohnung, seinem Bett ankommt. Das hat nichts mit übertriebener Fürsorge zu tun, sondern ist eine Geste, die unter guten Freunden selbstverständlich ist.

Nicht selbstverständlich hingegen ist, dass man jedes Wochenende routinemäßig und unausgesprochen zum Fahrer auserkoren wird. Um Missverständnissen vorzubeugen, ist es schlau, vor dem Ausgehen klarzustellen, ob man später als Chauffeur zur Verfügung steht oder nicht. Generell gilt: Menschen, die sich in einem leicht angetrunkenen – gemeinhin auch als *easy angetoucht* bezeichneten – Zustand befinden, sind durchaus selbst imstande, heil nach Hause zu kommen. Wirkt Ihr Freund vollkommen hinüber, obwohl er nur zwei Bier hatte? Dann könnte er womöglich Opfer eines K.O.-Tropfen-Anschlags geworden sein. In dieser Situation hilft kein Lamentieren. Bringen Sie ihn nach Hause, sofern Sie dazu in der Lage sind. (Mehr zum Thema: »Wie schütze ich mich vor K.O.-Tropfen?«)

WIE VIELE PROMILLE HABE ICH EIGENTLICH?

Um zu entscheiden, ob Sie mit dem Auto nach Hause fahren können, müssen Sie erst wissen, wie viel Promille Sie überhaupt gerade im Blut haben. Ausrechnen können das die wenigsten. Dabei ist es gar nicht so schwer, es braucht nur ein Handy mit Taschenrechnerfunktion – oder Papier und Stift, falls Sie in der Schule mal so etwas wie Kopfrechnen hatten.

1. Zuerst müssen Sie die Menge reinen Alkohols summieren, die Sie im Laufe des Abends getrunken haben. Ein Bier hat entweder 13 Gramm (0,33 Liter) oder 20 Gramm (0,5 Liter), Wein und Sekt haben durchschnittlich jeweils 9 Gramm pro 100 ml. Bei den hochprozentigen Spirituosen mit bis zu 40 Prozent Alkohol (Wodka, Whisky, Ouzo, Dry Gin, Doppelkorn, Metaxa, Pernod, Grappa, Cointreau) rechnet man pro 20 ml 6,5 Gramm, bei den schwächeren (Eierlikör, Baileys, Martini, Apfelkorn) sind es bei derselben Menge 2,5 Gramm. Alles zusammenzählen, die Summe ergibt Ihre Zahl X.

2. Auch Ihr Geschlecht spielt eine Rolle. Frauen haben relativ zum Körpergewicht einen durchschnittlich etwas

höheren Fett- und dafür einen etwas geringeren Wasseranteil, das führt dazu, dass die Alkoholkonzentration im Blut bei gleicher getrunkener Menge bei der Frau höher ist als bei einem gleich schweren Mann. Das muss man nicht verstehen, aber einberechnen: Männer multiplizieren ihr Körpergewicht mit der Konstante 0,68, Frauen mit 0,55. Sie erhalten die Zahl Y.

3. Dividieren Sie X durch Y.
4. Zum Schluss dürfen Sie noch für jede Stunde, die seit Ihrer ersten Alkoholaufnahme verstrichen ist, 0,1 Promille abziehen. So viel baut der Körper in dieser Zeitspanne nämlich mindestens ab. Das Ergebnis ist Ihre aktuelle Blutalkoholkonzentration. Achtung: Ganz exakt gelingt die Berechnung nicht, weil bei jedem noch individuelle Faktoren hinzukommen. Sie eignet sich aber gut zur Orientierung.
5. Die Berechnung ist Ihnen zu kompliziert? Dann benutzen Sie den Alkoholschnelltest, den es demnächst in Apotheken für ein paar Euro zu kaufen geben soll. Ins Röhrchen pusten, Wert ablesen, Gewissheit haben.

DARF ICH BETRUNKEN IM AUTO ÜBERNACHTEN?

Zur Erinnerung: Schon ab 0,5 Promille im Blut gilt Autofahren als Ordnungswidrigkeit, ab 1,1 Promille ist es sogar eine Straftat – ganz egal, wie fehlerfrei einer seinen Pkw steuert. Wer allerdings Schlangenlinien fährt oder einen Unfall baut, wird sogar schon ab 0,3 Promille strafrechtlich belangt. Außerdem kann sich die Versicherung weigern, für den Schaden aufzukommen. Besonders streng ist das Gesetz bei Anfängern in der Probezeit und bei allen Fahrern unter 21 Jahren. Die dürfen bei Polizeikontrollen überhaupt keinen Alkohol im Blut haben.

Es lohnt sich also, im Zweifelsfall das Auto stehen zu lassen. Aber darf man sich reinlegen und dort seinen Rausch ausschlafen – oder muss man mit dem Taxi nach Hause fahren und den Wagen am nächsten Tag umständlich abholen? Es kommt darauf an: Grundsätzlich ist das einmalige Übernachten im Pkw erlaubt. Allerdings darf man keinesfalls in Verdacht geraten, den Wagen »in Betrieb nehmen zu wollen«. Also bloß nicht auf den Fahrersitz setzen, Beifahrerseite oder Rückbank sind unproblematisch. Und unter keinen Umständen den Schlüssel ins Zündschloss stecken, auch nicht, um die Heizung anzuwerfen oder Radio zu hören. Deutsche Richter haben solche Fälle schon als Fahrversuch gewertet.

DARF ICH BETRUNKEN RAD FAHREN?

Nein, und auch hierbei können Sie Ihren Führerschein verlieren, so Sie einen haben. Allerdings gilt für Fahrradfahrer ein höherer Grenzwert als für Autofahrer: Erst ab einem Alkoholanteil von 1,6 Promille im Blut wird bei Polizei-Kontrollen »absolute Fahruntüchtigkeit« angenommen – das ist immerhin ein halbes Promille mehr als beim Pkw. Die Konsequenzen bleiben dieselben: Geldstrafe, sieben Punkte in Flensburg und in der Regel sechs Monate Führerschein-entzug. Oft wird zusätzlich eine Medizinisch-psychologische

Untersuchung (also known as »Idiotentest«) gefordert, verweigern Sie die, droht Radfahrverbot. Bis zu dem Wert von 1,6 Promille dürfen Sie auch nur dann Rad fahren, solange Sie keine Ausfallerscheinungen zeigen (Schlangenlinien, Kreiseziehen, Klingelorgien). Verschulden Sie einen Unfall, werden Sie wie ein Autofahrer behandelt.

Inlineskater gelten dagegen als Fußgänger. Sie können sich mit jedem Promillewert auf dem Bürgersteig bewegen, solange sie kein »Verkehrsrisiko« darstellen. Betrunken Autoscooter fahren ist übrigens auch nicht erlaubt, gefährdet aber wenigstens nicht den Führerschein, weil das Straßenverkehrsrecht auf der Kirmes nicht gilt.

DIE MUSIK IM TAXI NERVT MEINE BEGLEITUNG UND MICH. MÜSSEN WIR SIE ERTRAGEN?

Welche Musik auf dem Weg nach Hause im Taxi läuft, beeinflusst maßgeblich den Ausgang der Nacht. Peter Maffay in Konzertlautstärke erstickt erotische Ambitionen im Keim, Paul Kalkbrenner macht müde Knochen wieder munter, während Chris de Burgh sofortigen Brechreiz und anhaltende Ekelgefühle auslöst. Insofern ist die Dramaturgie eines ausklingenden Abends nicht einem bräsigen Taxifahrer zu überlassen. Gleichzeitig gilt es jedoch, vor der Begleitung die Contenance zu wahren und nicht als pöbelnder Flegel rüberzukommen, wenn es darum geht, den Mann hinterm Steuer zum Wechseln des Senders zu bewegen.

Formal gesehen ist die Ausgangssituation folgende: Taxifahrer sind Dienstleistungsanbieter, sie haben sich nach den

Wünschen der Kunden zu richten, zumindest im Großen und Ganzen, und das nicht nur hinsichtlich des Fahrziels. Wenn der Gast findet, es zieht, sollte der Taxifahrer das Fenster schließen. Wenn dem Gast der Weg zum Ziel zu umständlich erscheint, sollte der Taxifahrer der vorgeschlagenen Route folgen. Und wenn dem Gast die Musik nicht gefällt, sollte der Taxifahrer den Sender umstellen. Um dem Mann aber nicht das Gefühl zu geben, bloßer Befehlsempfänger zu sein, ist ein angemessener Tonfall Voraussetzung. Er signalisiert auch der Begleitung, dass sie es mit einem kultivierten, in allen Bereichen des Lebens versierten Sitznachbarn zu tun hat. Abfällige Bemerkungen hinsichtlich des laufenden Titels sind unangebracht, selbst wenn es sich um »Cotton Eye Joe« von Rednex handelt. Die höflich gestellte Frage »Macht es Ihnen was aus, den Sender umzustellen?« wird einem niemand abschlagen können. Klüger ist es jedoch, darum zu bitten, die Lautstärke zu reduzieren. Wenn jemand ohne Zwang schlechte Musik hört, ist ihm das Gefühl für wenigstens akzeptable Bands vermutlich abhandengekommen. Sprich: Das, was nach dem Umstellen aus den Lautsprechern kommt, wird vermutlich nicht wesentlich besser klingen als das, was vorher lief.

Menschen, in deren Planung der perfekte Soundtrack für die Heimfahrt eine zentrale Rolle spielt, setzen daher besser auf das eigene Auto und die akribisch durchdachte Playlist auf dem iPod. Aber auch hierbei geht es nicht ohne Feingefühl. Titel wie »Sexy and I know it«, »Put it in your mouth« oder »Voulez-vous coucher avec moi ce soir?« mögen zwar der eigenen Erwartungshaltung an das weitere Beisammensein entsprechen, offenbaren ihre Intentionen jedoch so behutsam wie ein Vorschlaghammer.

WIE WEIT DARF ICH MIT DER NEUEN EROBERUNG IM TAXI GEHEN?

Alkoholkonsum und moralische Standards verhalten sich bekanntlich diametral zueinander. Konkret bedeutet das: Je mehr man trinkt, desto weniger Hemmungen hat man. Meldet sich dann auch noch der nicht zu unterdrückende sexuelle Trieb, kann die Situation schnell eskalieren – Taxifahrer können ein Lied davon singen. Mit selbstvergessenen Pärchen, aufgeheizten Körpern und scheinbar nicht länger aufzuschiebenden Bedürfnissen sind sie jedes Wochenende konfrontiert. Oft lassen sich die Beteiligten selbst durch Sprechfunk in Staubsaugerlautstärke oder einen spritzigen Fahrstil inklusive zackiger Bremsmanöver nicht abhalten. Die meisten Fahrer nehmen das mit Gleichmut hin oder tun so, als würden sie nichts mitbekommen.

Juristisch betrachtet ist Sex im Taxi eine Grauzone. Um Erregung öffentlichen Ärgernisses handelt es sich dann, wenn Passanten den Akteuren durchs Fenster zugucken können. Nachts oder bei getönten Scheiben ist das nicht der Fall. Daher liegt es letztlich beim Fahrer selbst, das Treiben auf der Rückbank zu dulden oder zu unterbinden. Letzteres wird er tun, wenn er sich beim Anblick kopulierender Körper sexuell belästigt fühlt oder wenn – etwa durch besonders waghalsige Stellungen – die Fahrsicherheit nicht mehr gewährleistet ist. Gemeinhin gehört großzügiges Ignorieren bei Taxifahrern zum Berufsethos. Zumindest in Deutschland und in den meisten Ländern Westeuropas. Von Fummeleien jeglicher Art abzusehen ist hingegen in Dubai. Dort erstatten Taxifahrer gerne mal Anzeige gegen liebestolle Paare. So geschehen bei einer 29-jährigen Britin und ihrem Begleiter. Die zwei saßen erst fünf Tage in Untersuchungshaft und wurden später zu drei Monaten Haft mit anschließender Ausweisung verurteilt. Insofern sollte man sich vielleicht auf Folgendes einigen, nur vorsichtshalber: Von jeglichen Zuwendungen, die das Auspacken von Körperteilen zur Folge haben, ist abzusehen. In Dubai – und auch im westlichen Europa.

AUF DEM HEIMWEG NOCH SCHNELL ZU MCDONALD'S?

Warum genau einen gegen Ende einer Partynacht die Hungerattacken packen und warum es dann ausgerechnet Fast Food sein muss, gehört zu den unerklärlichen Mysterien des Lebens. Bei allen Argumenten, die man als globalisierungskritischer, postmoderner Mensch ansonsten gegen McDonald's vorbringen kann – morgens um fünf weichen sie einer unbändigen Gier nach labbrigem Brot, Ketchup und Fleischbergen.

Die gute Nachricht lautet: Niemand braucht sich zu schämen. Tatsächlich kann die ernüchternde Trash-Atmosphäre dort den perfekten ästhetischen Abschluss einer durchfeierten Nacht ermöglichen. In einem typischen Fast-Food-Restaurant trifft man frühmorgens auf ein Panoptikum schräger Kreaturen, eine Versammlung der Fertigen und Verstrahlten, der torkelnden Druffis und Technoleichen, eine Schauparade der Augenringe und großen Poren. Wer hier einkehrt, ahnt: Das Leben ist eines der härtesten. Und Sie stecken mittendrin.

Leider erfreut sich zu dieser Uhrzeit auch ein Volkssport großer Popularität, der zwar noch keinen offiziellen Namen hat, sich aber grob umreißen lässt mit den Worten: McDonald's-Mitarbeiter verarschen. Grundsätzlich ist das nicht sehr nett, weil man mit seinem asozialen Verhalten ja nie den Großkonzern trifft, sondern eben den einfachen Schichtarbeiter mit fragwürdigem Stundenlohn. Deshalb gilt es, von besonders bösen Praktiken Abstand zu nehmen. Getränke absichtlich zu verschütten ist ebenso unmoralisch wie das Gurkenschnippen an die Decke oder der Trick, seinen Burger aufzuessen, Pommes in die Schachtel zu legen und sich dann zu beschweren, das sei ja wohl eine Frechheit, so etwas zu verkaufen. Und schließlich noch: In Blumenbottiche pinkeln geht gar nicht. Wer unbedingt Quatsch anstellen will: In Gedichtform ordern. Nach Ronald fragen. Einen Mac Gyver und einen Shaggy bestellen.

DURCHMACHEN ODER NICHT?

Wenn man an einem Punkt angekommen ist, an dem man sich diese Frage ernsthaft stellt, ist es ohnehin zu spät. Die einzig gültige Antwort lautet daher: durchmachen!

DER ONE-NIGHT-STAND

LOHNT SICH EIN ONE-NIGHT-STAND?

Hier verhält es sich wie mit dem Ansehen der Fernsehserie »The Wire«: Wer sich dafür entscheidet, sollte Geduld aufbringen und es unbedingt mehrmals probieren, bevor er sich ein endgültiges Urteil erlaubt. Meist halten die ersten Versuche nämlich nicht, was man sich vorher ausgemalt hat. Anfänger neigen zu Unsicherheit und Nervosität, sind häufig betrunken, sie müssen sich in kürzester Zeit auf einen fremden Körper einstellen. Da fällt es schwer, locker zu werden. Und ohne Lockerheit gibt's keinen guten Sex. Erst mit einiger Übung kommt der große Vorteil des One-Night-Stands zur vollen Entfaltung: die Möglichkeit, sich im Bett Dinge zu trauen und Fantasien auszuleben, die man einem Menschen, den man tendenziell wiedersehen muss, eher nicht vorschlagen würde. Das muss nicht gleich der Strap-On im Katzenkostüm sein. Man kann sich langsam rantasten an die eigene Experimentierfreude.

Wissenschaftler behaupten, dass Männer einen erlebten

One-Night-Stand durchschnittlich besser bewerten als Frauen. Laut einer Studie der britischen Durham-Universität liegt die Chance, dass ein Mann sein Sexabenteuer anschließend »durchweg positiv« findet, bei sagenhaften 80 Prozent. Es steigert sein Selbstbewusstsein und wird als »sexuell befriedigend« erlebt, heißt es. Frauen dagegen äußern sich deutlich skeptischer: 58 Prozent bereuen die Nacht im Nachhinein. Die Leiterin der Studie, Psychologin Anne Campbell, vermutet dahinter alte, nicht überwundene Rollenklischees: Frauen sorgen sich um ihren Ruf und fürchten, nach der Ausschweifung als Schlampe zu gelten. Eine unnötige Sorge, die es dringend zu überwinden gilt, könnte man hier einwenden. Aber so simpel ist es nicht. Die negative Gesamtbewertung hat laut Campbell nämlich oft noch eine weitere Ursache: Viele Frauen fühlen sich durch den One-Night-Stand schlicht nicht sexuell befriedigt, sogar benutzt. Ob das am Unvermögen des Durchschnittsmannes oder an spezifischen weiblichen Bedürfnissen liegt, hat die Wissenschaft noch nicht erforscht. Jedenfalls soll es Frauen geben, die nach dem Sexabenteuer über zwanghafte Versuche des Mannes klagen, sein gesamtes Repertoire an Stellungen vorzuführen. Hauptvorwurf: ein einziges Hin-und-her-Gedrehe.

ZU MIR ODER ZU IHM/IHR?

Beim einmaligen Sex gelten andere Gesetze als beim Fußball. Heimspiele sind grundsätzlich nicht zu empfehlen. Bereits auf dem Weg nach Hause würden Sie womöglich Gedanken daran verschwenden, ob Sie in letzter Zeit das Bad geputzt oder wenigstens das durchgeschwitzte Bettzeug gewechselt haben. Sollte Ihr Gast Hunger bekommen, wird er vor dem Sex möglicherweise Ihren Kühlschrank plündern. Vor allem aber wird es schwer, ihn im Falle einer enttäuschenden Vorstellung schnellstmöglich wieder loszuwerden. Auch das diplomatischste »War schön mit dir, aber eigentlich bin ich mehr so der Typ Alleine-Schläfer« geht nur mit einiger Übung über die Lippen, ohne verletzend zu klingen. Außerdem kennt der andere dann Ihre Adresse. Es gibt Kletten, die absichtlich ein Kleidungsstück »vergessen« und so einen Vorwand haben, um am nächsten Abend erneut auf der Matte zu stehen. Umgekehrt können Sie als Gast jederzeit das Weite suchen. Noch besser: Sie werden während Ihres Kurzbesuchs eine Menge über Ihren Sexpartner in Erfahrung bringen – und besser beurteilen können, ob dieser Mensch wiedersehenswert ist (siehe »Was verrät das Zimmer meines One-Night-Stands?«).

Falls Sie sich nicht sicher fühlen, geben Sie einem Freund Bescheid, wo Sie hingehen. Und weiß Ihr angehender Sexpartner ebenfalls um die Vorzüge des Fremdschlafens und drängt zu Ihnen nach Hause, helfen Notlügen. Zum Beispiel: Das Klo ist kaputt, die Wohnung liegt in der Vorstadt, die kleine Schwester ist gerade zu Besuch. Tödlichstes Totschlagargument: Behaupten Sie, Sie wohnten leider noch mit Ihrem Ex-Partner oder Ihren Eltern zusammen.

WIE ÖFFNE ICH IHREN BH MIT EINER HAND?

Die großen Demütigungen im Leben eines Mannes: wenn die Kopfhaare ausgehen. Wenn die Prostata das Wasserlassen erschwert. Wenn er gezwungen wird, sich »Wedding Planner« oder »Der Pferdeflüsterer« anzusehen. Gleich dahinter kommt der erniedrigende Moment, wenn er in einer intimen Situation beim Versuch scheitert, den Büstenhalter einer Frau zu öffnen. Dabei klappt es mit der richtigen Technik sogar einhändig. Es gibt zwei zuverlässige Methoden.

1. **DIE ENERGISCHE.** Eine Hand zur Faust ballen und die Frau anbrüllen, endlich das Scheißding auszuziehen. Nee, nur Spaß.

2. **DIE CHARMANTE.** Die Frau von vorne umarmen, hinter ihrem Rücken den Zeigefinger und Daumen mit etwa drei Zentimeter Abstand auf beide Seiten des Verschlusses legen, leichten Druck ausüben und die Finger dann zusammenziehen. Achtung: Wer den Trick spontan und ungeübt ausprobiert, wird kläglich scheitern. Funktioniert erst mit etwas Routine, dann aber beeindruckend flott. Einem 39-Jährigen aus Oberbayern gelang mit dieser Technik der Weltrekord. Er öffnete 56 Verschlüsse in einer Minute.

WAS VERRÄT DAS TATTOO AUF DEM KÖRPER MEINER EROBERUNG?

Spätestens beim leidenschaftlichen Entkleiden können überraschende Tätowierungen zum Vorschein kommen, die es rasch zu deuten gilt – denn sie geben Aufschluss über Charakter und womöglich sogar sexuelle Vorlieben Ihres Gegenübers. Ein Crashkurs in Zeichensprache:

BLUME. Der Träger dieser Tätowierung besitzt einen Sinn für Ästhetik. Könnte eine angenehme Nacht werden.

FEE, EINHORN ODER SCHMETTERLING. Poetischer Typ. Wenn Sie nicht aufpassen, bekommen Sie nach dem Sex zum Einschlafen aus »Der kleine Prinz« vorgelesen.

ANKER. Einst Must-have jedes dickbäuchigen Seemanns. Heute besonders beliebt bei Hipstern mit feinem Gespür für Großstadtironie. Sein Träger versteht es, zu reflektieren und in Metaebenen zu denken. Es sei denn, Ihr One-Night-Stand ist tatsächlich ein dickbäuchiger Seemann.

INTIMTATTOO (EGAL, WELCHES ZEICHEN). Sehr wahrscheinlich, dass die Person in Ihrem Bett die Tätowierung in der Vergangenheit bereits einer Menge anderer Leute zeigen wollte. Kondompflicht hoch drei.

18. Der Zahlencode steht für Adolf Hitler. Schnell weg, Ihr One-Night-Stand ist ein Nazi, und mit Nazis schläft man nicht.

81. Dieser Code steht für Hells Angels. Schnell weg, falls Sie ein Bandido sind.

VORNAMEN. Kommt darauf an. Handelt es sich um den eines Ex-Partners, sind Sie vermutlich an eine naive Person geraten, die einst an die ewige Liebe glaubte. Jetzt wohl nicht mehr. Handelt es sich um den Namen eines verstorbenen Haustieres, droht Blümchensex.

CHINESISCHE SCHRIFTZEICHEN ODER INDIANER. Der Träger hält sich für tolerant und weltoffen, hat einen offensichtlichen Hang zur Exotik. Was immer Sie im Bett schon einmal ausprobieren wollten: Heute ist der richtige Zeitpunkt dazu.

STERNE. Zeitloses, klassisches Motiv. Wer es trägt, weiß genau, wie und dass er gut aussieht.

BARCODE IM NACKEN. Kapitalismuskritischer Hipster.

TOTENKOPF. Sein Träger will nur böse wirken, ist in Wahrheit aber ein liebenswertes Sensibelchen.

TRIBAL. Wer sich ein geschwungenes Fantasie-Ornament stechen ließ, gibt sich selbst gerne individuell und ein bisschen mystisch. Ist bereit für Abenteuer.

ARSCHGEWEIH. Das waagerechte Tribal direkt überm Steißbein steht entweder für eine Jugendsünde oder für ungeheure Geschmacklosigkeit. Auf jeden Fall hat sein Träger in der Vergangenheit mindestens einmal zu selten »Nein« gesagt. Ästhetische Empfehlung für die Nacht: Missionarsstellung.

ROSEN AUF DEN KNIEN. Achtung, Russenmafia.

AUF WELCHE SEXPRAKTIKEN SOLLTE ICH MICH NIEMALS EINLASSEN?

Das Gute an einem One-Night-Stand ist: Man kann, wie erwähnt, Dinge ausprobieren, die man sich sonst vielleicht nicht trauen würde. Es geht um bedingungslosen Sex, nicht mehr, aber auch nicht weniger. Keine Erwartungen, keine Versprechungen. Nur diese Nacht, das ist der Deal. Experimente mit Kerzenwachs auf der Haut, Natursekt und Kaviar, die verschiedenen Stellungen des Kamasutra durchvögeln – warum nicht.

Trotzdem gibt es ein paar Praktiken, zu denen man sich beim One-Night-Stand besser nicht überreden lässt. Die Befürchtung, als prüde zu gelten, sollte dabei keine Rolle spielen. Wenn der einem unbekannte Partner etwa anfängt, eine Videokamera aufzubauen, muss man Einspruch erheben. Alles andere ist virtueller Selbstmord. Unkomplizierter Sex darf keine komplizierten Folgen haben. Für gewisse Spielarten braucht es einiges an Erfahrung und Routine, das richtige Anlegen der Fesseln beim Bondage zum Beispiel. Das mit einem womöglich ebenfalls ungeübten Fremden erstmalig auszuprobieren, ist keine gute Idee. Zumal man tatsächlich gefährliche Abquetschungen und eingeklemmte Nerven riskiert, wenn die Schnürung nicht sachgerecht angelegt wird. Handschellen sind allerdings auch keine Alternative, sofern man nicht derjenige ist, der die Verfügungsgewalt über den Schlüssel hat. Wer dennoch mit solchen Spielchen liebäugelt: Es gibt auch Modelle mit Klettverschluss. Vorsichtshalber.

Vermeintlich weniger riskant ist das Einbeziehen von Lebensmitteln ins Liebesspiel – Mickey Rourke und Kim Basinger haben es in »9½ Wochen« vorgemacht. Oliven, Kirschen, Erdbeeren, und alles direkt aus dem Kühlschrank. Man muss kein Hygienefanatiker sein, um darauf hinzuweisen, dass Obst vor dem Verzehr unbedingt abzuwaschen ist. Auf Gemüse trifft das übrigens auch zu. Selbst dann, wenn es nicht gegessen, sondern in verschiedene Körperöffnungen eingeführt werden soll. Schon klar, im Eifer des Gefechts ist der Gang zum Waschbecken ein echter Lustkiller. Aber 30 Sekunden sollte einem die eigene Gesundheit schon wert sein, um eine Ansteckung mit Hepatitis A zu vermeiden. Wenn es doch schneller gehen muss, tut es in der Not – kein Scherz! – ein Kondom über der Gurke. Was sonst noch gegen Sexspielzeug aus dem Kühlschrank spricht: die medizinisch nicht abschließend geklärte Annahme, kalte Gegenstände würden beim rektalen Einführen Hämorrhoiden verursachen. Sicher zutreffend hingegen ist, dass es in Darm und Vagina keine Temperaturrezeptoren gibt. Wird etwas zu

Heißes eingeführt, merkt man das viel zu spät und kann sich gefährliche Verbrennungen zuziehen.

Ohnehin sollten Gegenstände nur nach sorgfältiger Abwägung in den Körper gesteckt werden. Naturfreunde, die statt einem Dildo einen Tannenzapfen verwenden wollen, sollten auf dem Nachttisch das Telefon mit der Nummer der Rettungsstelle griffbereit haben. Beim Einführen in die Scheide saugen sich die Schuppen mit Feuchtigkeit voll und öffnen sich. Ohne ärztliche Hilfe ist der Zapfen dann nicht mehr zu entfernen. Nicht weniger bedenklich sind übrigens anal verwendete Tampons. Der Darm produziert im Gegensatz zur Vagina weniger Feuchtigkeit. Der Wattepfropfen kann an der Schleimhaut festkleben, so dass es beim Herausziehen zu Verletzungen kommt. Das dann einem Arzt zu erklären, ist vielleicht nicht die Art von Nachspiel, die einen One-Night-Stand zu einem glorreichen Erlebnis werden lässt.

Unter allen Umständen und ausnahmslos verboten ist *ass to mouth*. Wem das nichts sagt, umso besser.

WELCHE SÄTZE DARF MAN AUF KEINEN FALL SAGEN?

- Warte, ich leg uns für die Stimmung noch die neueste Rosenstolz-CD auf.
- Meinetwegen kann der Fernseher ruhig anbleiben.
- Ich liebe dich.
- Und ich dachte schon, ich würde nie wieder Sex haben.
- Danke für den Blowjob.
- Sex wird doch immer wieder überschätzt.
- Angezogen sahst du irgendwie besser aus.

- Bestehst du drauf, dass ich die Socken ausziehe?
- Vom Geruch her habe ich ihn mir größer vorgestellt.
- Er ist zwar nicht besonders groß, aber dafür schön dünn.
- Macht's dir was aus, wenn ich lieber meinen Vibrator benutze?
- Mama!
- Lass uns das Ganze besser abbrechen.
- Und jetzt kommt der Nachtisch.
- Ach so funktioniert das?!
- War ich gut?
- Besser als der Typ gestern.
- Bist du gekommen?
- Lustig, ich hab nur zwei Brustwarzen.
- Du hast doch nichts gegen Wildwuchs?
- Doch, er ist schon drin.
- Meine Ex war enger gebaut.
- Na gut, ausnahmsweise doch *ass to mouth*.
- Mehr hast du nicht drauf?
- Das ist mein Bauchnabel, du Trottel.
- Erster!
- Dauert's bei dir noch lange?
- Macht dann 60 Euro.
- Das ist Theo, der will nur zugucken.
- Ich geh kurz Zigaretten holen.

VIAGRA ZUM SPASS NEHMEN?

In »Matrix« entscheidet sich Neo für die rote Pille. Zur Strafe muss er drei Filme lang gegen Computerprogramme und schießwütige Maschinen kämpfen. Vielleicht hätte er doch besser die blaue genommen? Seit 20 Jahren ist das Potenzmittel Viagra jetzt auf dem Markt, es hat Millionen älteren Männern zu neuem Sexleben verholfen, einige nutzen es so exzessiv, dass sich ihre genervten Ehefrauen die Erfindung eines Gegenmittels wünschen. Neben Langzeiterektionen haben Forscher inzwischen noch verschiedene andere Wunderwirkungen dokumentiert: Viagra hilft gegen Jetlag bei Hamstern, Bluthochdruck bei Hunden und als Düngemittel, um Schnittblumen länger frisch zu halten. Dazu einfach den Bruchteil einer Pille in die Vase werfen. Kein Scherz. Außerdem wird Viagra zunehmend auch von jüngeren Männern eingeworfen, die eigentlich überhaupt nicht über Erektionsprobleme klagen – weil es den Sex angeblich besser macht. Aber stimmt das?

Definitiv wahr ist, dass der enthaltene Wirkstoff Sildenafil auch gesunden Männern mehrstündigen Sex ermöglicht. Der Orgasmus wird hinausgezögert, und das Überraschende: Nach dem Höhepunkt erschlafft der Penis nicht automatisch, er wird auch nicht von einer Sekunde auf die nächste schmerzempfindlich, der Mann kann einfach weitermachen. Als Erstes gemerkt hat das mal wieder die Pornoindustrie. Weil längere Erholungspausen wegfallen, können jetzt deutlich mehr Szenen pro Tag gedreht werden. Erste Darsteller klagen schon über die Ausbeutung ihrer Arbeitskraft und wollen eine Gewerkschaft gründen. Außerdem hat Viagra ein völlig neues Genre mit dem ziemlich großartigen Namen »Reverse-Gangbang« ermöglicht: eine Pille, ein Mann, mehrere Dutzend Frauen.

Definitiv wahr ist leider auch, dass Ärzte dringend davor

warnen, die Tabletten ohne medizinisches Problem zu schlucken. Einerseits wegen möglicher Kopfschmerzen und Schwindelanfälle, andererseits wegen der gefährlichen Wechselwirkungen mit weiteren Substanzen. In Kombination mit anderen, nitrathaltigen Präparaten besteht Lebensgefahr (siehe Kapitel »Poppers probieren oder nicht?«). Auch junge Menschen mit Herzerkrankungen und Thrombosepatienten sollten auf jeden Fall die Finger davon lassen, es gab schon Todesfälle. Erblindung ist auch möglich.

Man mag nun einwenden, einen Herzstillstand und fehlendes Augenlicht könne ein Mann ruhig in Kauf nehmen für richtig guten Sex. Aber das Folgende wird nicht mal lustig finden, wer damals über »American Pie« gelacht hat. Nach dem Viagra-Schlucken kann es passieren, dass die Erektion länger als vier Stunden anhält. Und dann droht, Achtung festhalten: Priapismus. Das Blut kann nicht mehr aus den Schwellkörpern abfließen, und wenn der Stau nicht sofort vom Notarzt behandelt wird, gibt es drei mögliche Folgen: Penisverkrümmung, dauerhafte Impotenz oder Verwesung. Falls es jemand überlesen hat, hier nochmal in deutlich: V-e-r-w-e-s-u-n-g. Am lebenden Penis. Haben Sie verstanden?

KANN SICH AUS EINEM ONE-NIGHT-STAND ETWAS ENTWICKELN?

Selbstverständlich. Selbst wenn der Sex richtig mies war. Selbst wenn *er* keine 30 Sekunden durchhielt und *sie* hinterher kotzen musste. Theoretisch ist alles möglich. Soweit der optimistische Teil der Antwort.

Allerdings können sich Männer deutlich mehr Chancen auf ein Wiedersehen ausrechnen als Frauen. Das ist nicht sexistisch gedacht, sondern statistisch erwiesen: Frauen haben signifikant häufiger ein Interesse zur Fortsetzung und Vertiefung der flüchtigen Bekanntschaft. Die Begründung ist recht simpel: Für die Aussicht auf einen One-Night-Stand sind Männer gerne bereit, ihre Ansprüche extrem zu senken. Frauen aber nicht. Für den männlichen Leser bedeutet das: Nimmt Sie eine Frau für eine Nacht mit nach Hause, gefallen Sie Ihr bereits so gut, dass sie Sie unter anderen Umständen auch so gerne kennenlernen würde. Das kann man umgekehrt leider nicht behaupten: Wie ein internationales Forscherteam um den Psychologen Achim Schützwohl von der Londoner Brunel-Uni herausfand, spielt es für Männer mit konkreter Aussicht auf einen One-Night-Stand im Eifer des Gefechts keine gewichtige Rolle, ob sie ihre Partnerin »mäßig attraktiv« oder gar »eher hässlich« finden. Das gilt übrigens nicht nur für britische Männer, für die Studie wurden auch deutsche Probanden herangezogen. Das Problem: Am nächsten Morgen gilt dann wieder der gewohnte Standard, und viele Frauen fallen leider durchs Raster.

WAS VERRÄT DAS SCHLAFZIMMER MEINES ONE-NIGHT-STANDS?

Sehr viel mehr, als manchem lieb ist. Und hier soll nicht die Rede sein von so offensichtlichen Warnsignalen wie Hakenkreuzflaggen an der Wand, ausgestopften Antilopenköpfen oder U2-Postern. Auch deutlich subtilere Zeichen können zuverlässig Auskunft über den Charakter des Zimmerbewohners geben – und helfen so bei der Beantwortung der entscheidenden Frage, die es in den wenigen Stunden vor dem Abschied idealerweise zu klären gilt: Lohnt es, diesen Menschen wiederzutreffen – oder bleibt der Sex besser einmalig?

Aussagekräftige Details finden sich in jedem Zimmer. Nur fallen sie dem Laien meistens nicht gleich ins Auge. Der britische Psychologe Samuel Gosling hat intensiv zum Thema geforscht. Er schickte Probanden in fremde Zimmer, damit die sich ein Bild des unbekannten Bewohners machen konnten. Anschließend überprüfte Gosling die Vermutungen der Tester auf ihren Realitätsgehalt und fand Erstaunliches heraus: Wer sich ein bisschen Zeit nimmt und das Zimmer aufmerksam scannt, errät fast intuitiv Charaktereigenschaften wie Offenheit, Bescheidenheit, Heiterkeit und Gewissenhaftigkeit, aber auch Bequemlichkeit des Gastgebers. Sein Forschungsfeld nennt der Brite *snoopology* – aus dem Herumschnüffeln *(»to snoop«)* wurde also eine Wissenschaft. Hier einige zentrale Erkenntnisse aus der Wohnpsychologie:

EINE WARNUNG VORAB. Absurde Stilkombinationen erlauben laut Samuel Gosling keinen Rückschluss auf einen exzentrischen, wilden oder sprunghaften Charakter. Meist ist es dem Bewohner einfach bloß egal, ob etwas zusammenpasst oder nicht.

BÜCHER. Ehrliche, authentische Menschen haben mindestens ein paar Bücher im Regal, für die sie sich in der Öffentlichkeit vermutlich schämen würden (Sexratgeber, Dieter-Bohlen-Bio, Susanne Fröhlichs »Moppel-Ich«). Sie sind bereit, Schwächen einzugestehen. Hat einer dagegen ausschließlich Hochliteratur im Schrank, sollte das zu denken geben – vor allem, wenn diese ungelesen wirkt. Hier lohnt unauffälliges Nachhaken, denn laut Samuel Gosling könnte es sein, dass der Bewohner sich selbst inszeniert und die Bücher zur gezielten Imagepflege einsetzt. Legendär war in diesem Zusammenhang der Hausbesuch eines RTL-Teams beim deutschen Busenwunder Kader Loth: Stolz zeigte sie ihr prallgefülltes Bücherregal, bis der Reporter nachfragte und herausfand, dass die Schinken eher zu Dekorationszwecken dort standen. Ihren Camus hatte sie noch nicht gelesen, den Kafka brach sie nach eigener Aussage nach ein paar Seiten ab, weil sie sich »nicht mit dem Inhaltsverzeichnis identifizieren« konnte. Epic fail.

CD-SAMMLUNG. Die Bedeutung der Popmusik für die Persönlichkeit wurde bereits in Frage »Worüber reden?« erläutert. Auch hier gilt: Ehrliche, vertrauenswürdige Menschen besitzen wenigstens eine CD, die ihnen peinlich ist (Bryan Adams, Die Prinzen, BSB, Ballermann-Hits). Psychologe Gosling fand zudem heraus: Jazz-Alben in der Sammlung deuten auf einen weltoffenen, liberalen Freigeist hin.

POSTER. Konsensmotive wie »Forrest Gump« oder »Frühstück bei Tiffany« lassen auf eine ausgeprägte Mainstream-Affinität und damit auf eine Person schließen, die auf positives Feedback ihrer Umgebung angewiesen ist. Das hat der Münchner Wohnpsychologe Uwe Linke herausgefunden. Mehrere Sportposter in Kombination mit allgemeiner Sauberkeit lassen dagegen auf eine konservative Grundeinstellung schließen.

KAHLE WÄNDE. Ein weiteres Missverständnis, dass die Snoopologen richtigstellen: Eine minimalistische Einrichtung ohne Fotos, Poster oder ugandische Holzmasken ist nicht etwa Indiz für einen langweiligen Bewohner ohne eigene Interessen oder Kunstgeschmack. Im Gegenteil handelt es sich um einen sensiblen, introvertierten, reflektierenden Denker, den zu viele optische Reize ablenken würden.

DIE FOTOWAND. Hat der Bewohner auffallend viele Bilder von sich selbst aufgehängt, noch dazu in künstlichen Posen oder gar im Fotostudio, signalisiert das Narzissmus. Bilder der Eltern lohnen eine nähere Betrachtung, sie geben Auskunft über Qualität des Genmaterials, verraten spätere Glatzen- oder Faltenbildung. Die Frage, die es zudem zu stellen gilt: Kann man sich theoretisch vorstellen, solche Leute jemals zu duzen?

BLICK UNTERS BETT. Zeigt Ihnen zuverlässig, was Sie erwartet, wenn Sie mit Ihrem One-Night-Stand eine Beziehung eingehen und der nach zwei romantischen Monaten aufhört, sich zu verstellen.

FARBEN. Sind zu vernachlässigen, spielen nach Uwe Linke nur eine Rolle, wenn eine Farbe sehr konzentriert auftritt und den Raum dominiert. Dann gilt: Orange verrät eine Sehnsucht nach zwischenmenschlicher Wärme und Kommunikation, Braun steht für Sicherheitsbedürfnis und Natürlichkeit, Blau oder Grün für den Wunsch nach Ruhe.

TAGEBUCH. Hände weg. Denken Sie nicht mal dran.

WIE VERABSCHIEDE ICH MICH?

Das hängt stark davon ab, wie es war. Wer sein Sexabenteuer am liebsten schnell vergessen und den anderen unter keinen

Umständen wiedersehen möchte, ergreife die nächstmögliche Gelegenheit zum Abflug, ohne dabei grob unhöflich zu wirken. Also nicht fliehen, sondern den geordneten Rückzug antreten. Ein »Danke für die schöne Nacht« wird Ihrem Gegenüber schmeicheln, und sollte er von sich aus um eine Telefonnummer oder gar ein Wiedersehen bitten, antworten Sie freundlich: »Würde ich gern, aber das geht leider nicht.« Das sollte reichen. Nur Taktlose oder Anfänger haken nach. Behaupten Sie dann einfach, Sie steckten in einer Beziehung und hätten letzte Nacht einen großen Fehler gemacht. Ihr One-Night-Stand wird sich nicht gekränkt fühlen, viel eher wird er stolz sein. Schließlich haben Sie für ihn eine Beziehung aufs Spiel gesetzt. Was dagegen gar nicht geht: falsche Telefonnummer hinterlassen oder heimlich rausschleichen, während der andere schläft. Sie sind schließlich nicht mehr 15 (falls doch, sollten Sie sowieso keinen One-Night-Stand haben).

Komplizierter wird es, falls Ihnen der Sex oder jedenfalls der Sexpartner gefallen hat und Sie jetzt mehr wollen. Die Prämisse Ihres Abenteuers hieß Einmaligkeit, und wenn Sie im Nachhinein die Spielregeln ändern möchten, müssen Sie behutsam vorgehen. Haben Sie sich über Nacht ein bisschen verliebt: Behalten Sie es für sich. Würden Sie gerne noch tagelang in diesem Bett liegen bleiben: Behalten Sie es für sich. Könnten Sie schreien vor Euphorie: Nehmen Sie eine kalte Dusche und behalten Sie es für sich. Klassische Ratgeber empfehlen an dieser Stelle, auf ein gemeinsames Frühstück hinzuwirken und dabei herauszufinden, ob der andere vielleicht übertrieben höflich, schweigsam oder abweisend ist. Das funktioniert aber nicht zuverlässig, wahrscheinlich würden Sie Dinge hineininterpretieren. Wenn Sie wochenlanges Rätselraten, Zweifeln und falsch interpretierte Signale vermeiden wollen, gibt es nur einen ultimativen Test, der Ihnen rasch Klarheit bringt: Fragen Sie nicht nach der Telefonnummer Ihres Sexpartners, sondern hinterlassen Sie Ihre. Meldet er sich nicht innerhalb der ersten Woche, wird er sich niemals melden.

WIE ÜBERLEBE ICH DEN *WALK OF SHAME*?

Zerzauste Haare, ein übler Geschmack im Mund, dunkle Schatten unter den Augen. Und dazu ein Outfit, mit dem man wenige Stunden zuvor noch König oder Königin der Nacht war, das aber tagsüber völlig unpassend wirkt und zu allem Übel nach kaltem Rauch riecht. Wer sich nach einem exzessiven Partyabend zu einem ungeplanten Auswärtsspiel bei einer Spontanbekanntschaft hat hinreißen lassen, braucht für den Heimweg am nächsten Tag viel Selbstbewusstsein oder ein dickes Fell, am besten beides. Zum wahren Spieß-rutenlauf wird das Ganze, wenn man Freunden, Familien-mitgliedern oder Kollegen begegnet und sich für seinen mitgenommenen Zustand rechtfertigen muss. Es gibt nicht viele Situationen im Leben, die peinlicher sind als das, was in den USA umgangssprachlich *walk of shame* genannt wird. Dieser »Weg der Schande« ist so ziemlich das Gegenstück zum ruhmreichen »Walk of Fame« der Stars.

Wie lässt sich die Tortur minimieren? Mit Sicherheit nicht, indem man die Anziehsachen vor dem Verlassen der frem-den Wohnung auf links dreht und schnell noch ein Haar als

Zahnseide missbraucht. Als probates Mittel zur Schadensbegrenzung bietet sich zunächst der Gang auf die Toilette an, wo man mit an Sicherheit grenzender Wahrscheinlichkeit Seife und Zahnpasta finden wird. Letztere lässt sich auch ohne Bürste benutzen – was allemal besser ist, als komplett auf die morgendliche Mundhygiene zu verzichten. Improvisationskünste sind auch bei der Frisur gefragt. Mit ein paar Handgriffen lassen sich die Haare zumindest soweit richten, dass man sich vor die Tür trauen kann. Nicht zu bändigende Unregelmäßigkeiten sind, sofern Erklärungsnot besteht, mit dem zeitlosen Out-of-Bed-Look zu rechtfertigen.

Ob man sich mit dem Outfit vom Vorabend vor die Tür traut oder sich für den Heimweg von seinem Lieblingsmenschen der vergangenen Nacht ein paar Anziehsachen leiht, hängt von der eigenen Schmerzgrenze und Leidensbereitschaft ab. Es gibt Gründe, die gegen das Tragen eines kurzen Paillettenkleids mit dem tiefen Ausschnitt bei Tageslicht sprechen. Es gibt aber ebenso gute Gründe, auf die geborgten Jeans und den Kapuzenpulli zu verzichten. Nicht weil der sogenannte Boyfriend-Style im Ansehen mittlerweile Plateauturnschuhen der Marke Buffalo den Rang abläuft, sondern weil das Ausleihen der Sachen ein Wiedersehen mit dem Besitzer nach sich zieht. Diese Tatsache gilt es unter Umständen zu vermeiden. Besonders vorausschauende Menschen sind daher für den Notfall vorbereitet – mit einem kleinen Set, das sie in die Hand- oder Jackentasche stecken. Je nach Hersteller enthält es Unterhosen, T-Shirts, Reisezahnbürsten und Zahnpasta oder Zahnputzpillen. Die Deluxe-Version wartet sogar mit einer Sonnenbrille auf und ist all jenen zu empfehlen, die bei der Lektüre dieses Buches die Frage »Die Sonnenbrille – daheim lassen oder vorsichtshalber einpacken?« übersprungen haben. So gerüstet fühlt sich der Heimweg nur noch halb so schlimm an.

DER NÄCHSTE MORGEN

MYTHOS KONTERBIER: WAS IST DRAN?

Wenn Sie morgens mit einem Kater aufwachen, bedeutet das zunächst einmal, dass Sie Kapitel Drei nicht aufmerksam genug gelesen haben (siehe »Wie vermeide ich einen Kater?«). Immerhin können Sie nun versuchen, die Symptome zu lindern. Hartnäckig hält sich die Vorstellung, dass eine neuerliche Zufuhr von Alkohol jetzt Leiden mindere. Ganz falsch ist das nicht. Durch den Nachschub werden vorübergehend die Blutgefäße erweitert, das verschafft einem ein angenehmes Gefühl. Kopfschmerzen, Schwindel und Schlappheit können tatsächlich zurückgedrängt werden – allerdings nicht endgültig beseitigt, sondern nur verschoben auf den Zeitpunkt, wenn die Wirkung des nachträglich zugeführten Alkohols wieder abklingt. Das Konterbier ist also nicht wirklich hilfreich. Besser, Sie versuchen Folgendes:

1. Viel trinken, um den Flüssigkeitsverlust auszugleichen. Nein, keinen Alkohol. Melissentee und ein bisschen

Tomatensaft werden empfohlen. Forscher der Uniklinik Freiburg haben die Wirksamkeit von Espresso mit Zitrone nachgewiesen. Angeblich regt Artischockensaft den Stoffwechsel der Leber an, auch Orangensaft mit einem Teelöffel Salz gilt als heilsam, aber jeder muss selbst wissen, was er sich antut.

2. Ordentlich essen, um den Mineralmangel auszugleichen. Ein Klassiker ist der Rollmops, also der in Essig und Salz eingelegte Hering. Gerne auch Sauerkraut, saure Gurken, Salzstangen, Eier mit Speck sowie Früchte und Honig.

3. Lüften. Falls möglich einmal draußen um den Block spazieren.

4. Wenn ein Schmerzmittel nötig ist, am besten Ibuprofen statt Paracetamol oder Acetylsalicylsäure nehmen. Das gilt als besser verträglich.

NOCH ZUR AFTERHOUR?

Nach der Party ist vor der Party, das ist das Prinzip der Afterhour, einer Art Nachschlag für besonders Feierfreudige. Für gewöhnlich beginnt sie in den frühen Sonntagmorgenstunden und dauert bis zum Nachmittag. Wer dann immer noch nicht genug hat, begibt sich zur Afterafterhour und kehrt eben erst Montagmittag heim, was soll's. Weitertanzen, das Ende der Nacht, den Beginn der neuen Woche hinauszögern, auf bürgerliche Morgenrituale wie Frühstück mit frischen Brötchen, Kaffee und Zeitung pfeifen – das ist Sinn und Zweck dieses Formats.

Das Gute an der Afterhour: Die Stimmung ist nicht mehr so angespannt wie zu Beginn einer Party, die Leute sind ausgelassener, die DJs musikalisch wagemutiger. Das hat unterschiedliche Ursachen, die wichtigsten sind Alkohol und Drogen. Gemein ist den Besuchern eine gewisse Hemmungslosigkeit. Auf der Tanzfläche richtig abgehen, einen Zombie auf ex trinken oder das rothaarige Mädchen da drüben ansprechen – auf der Afterhour kann man das bedenkenlos tun. Und wenn die Kräfte zwischendurch nachlassen, legt man einfach in einer ruhigen Ecke ein kurzes Nickerchen ein und macht anschließend weiter. Fertig ist man erst, wenn man wirklich fertig ist, das ist die Prämisse. Und zugleich auch das Problem. Denn die Afterhour gilt als Treffpunkt von Wochenendjunkies und Trinkern, Sammelstelle zum kollektiven Ausnüchtern und Abwrackplatz für erloschene Gestalten. Zombie ist eben nicht nur der Name eines Cocktails mit Unmengen Alkohol, sondern auch die Zustandsbeschreibung der Gäste, die sich hier herumtreiben. Das Tageslicht bringt das in aller Deutlichkeit zum Vorschein. Ihr Anblick ist erschreckend, die Haare sind durcheinander, die Kleidung verschwitzt und fleckig, das Make-up zerlaufen, zu vollständigen Sätzen sind die meisten nicht mehr in der Lage. Anständige Menschen wollen so was weder sehen noch wollen sie selbst in diesem Zustand gesehen werden. Aus diesem Grund meiden sie die Afterhour. Es sei denn, Sie wollen Ihren inneren Weltekel befeuern. Zu diesem Zweck erscheinen Sie jedoch besser ausgeschlafen und ausgenüchtert.

WAS KANN ICH
AUCH MIT EINEM KATER
WUNDERBAR TUN?

Später Sonntagmittag, Sie gelangen allmählich wieder zu Bewusstsein, aber der Schädel brummt. Kein Grund, den Tag komplett abzuschreiben. Zehn Dinge, bei denen ein Kater nicht hinderlich ist:

- aufgrund seines Zustands gute Vorsätze fassen: nicht mehr rauchen, weniger trinken, kein Sex mehr mit Fremden.
- Tier-Dokumentationen im Fernsehen schauen.
- mit den Pennern am Bahnhof auf Augenhöhe über den Sinn des Lebens philosophieren.
- die Wirksamkeit von Kopfschmerztabletten testen.
- zu einem Filmcasting gehen, bei dem Alkoholiker-Darsteller gesucht werden.
- im Andenken an den großen Harald Juhnke laut »My Way« singen.
- sich auf die Aftershowparty einer Filmpremiere einschleichen, ein gewisser Pegel ist hier Zutrittsvoraussetzung.
- sich als Protagonist für eine RTL2-Doku zur Verfügung stellen.
- verkleidet als Sue Ellen eine »Dallas«-Motto-Party besuchen.
- ohne schlechtes Gewissen haufenweise fettiges Essen in sich reinstopfen und sich einreden, dass es den Alkoholabbau ankurbelt.

AB WELCHEM RESTALKOHOLPEGEL DARF ICH ZUM BRUNCH, UND WANN SOLLTE ICH BESSER DAHEIM FRÜHSTÜCKEN?

Ein Brunch ist grundsätzlich eine fragwürdige Angelegenheit, kulinarisch wie gesellschaftlich. Der Anblick eines prall gefüllten Büfetts führt bei den meisten Menschen zum Aussetzen von Verstand und Manieren. Mit Ellenbogen werden Futterkonkurrenten zur Seite gedrängt, mit Tricks, für die es auf dem Fußballfeld eine rote Karte gäbe, wird an Wurstplatten und Salatschüsseln um die Poleposition gekämpft. Beim Brunch geht es bisweilen hemmungsloser zu als bei der Neueröffnung eines Media-Markts, und der Andrang ist mindestens ebenso groß. Warum, leuchtet nicht ein, denn was ein Brunch sein soll – Frühstück oder Mittag –, ist nicht ganz klar. Und so landen auf dem Teller Speisen, für deren Zusammenstellung jeder Koch-Azubi sofort gefeuert würde. Würstchen mit Milchreis, überbackene Nudeln mit Birchermüsli, Obstsalat mit Lachshappen: Kombinationen wie diese bestellt man beim Essen à la carte nie, beim Brunch sind sie jedoch erprobt und akzeptiert, bisweilen sogar in rauen Mengen.

Mag sein, dass ein Brunch ab einem gewissen Restalkoholpegel erst erträglich wird. Wahrscheinlicher aber ist, dass man das Prozedere mit brummendem Kopf und misanthropischer Stimmung nicht durchsteht. Insofern sollte man besser daheim frühstücken. Das gilt übrigens auch für Menschen, die am Sonntagmorgen komplett nüchtern sind.

WAS HILFT WIRKLICH GEGEN AUGENRINGE?

Wie man Augenringe wirksam bekämpft, scheint eines der letzten Rätsel der Menschheit zu sein. Die Kosmetikindustrie hat eigens für dieses Problem Dutzende Cremes entwickelt. Deren Wirksamkeit wird jedoch allein durch die vielen neuen, vermeintlich noch besseren Produkte jedes Jahr aufs Neue in Frage gestellt. Nicht weniger kurios sind bisweilen die Tipps sogenannter Experten in einschlägigen Magazinen und Internetforen. Einst galten kalte Teebeutel, Eiswürfel und Hämorrhoidensalbe als Mittel der Stunde. Doch weil deren Erfolg sich offenbar in Grenzen hält, schwören Betroffene neuerdings auf Kartoffeln. Die rohe Knolle reiben, die Masse in ein Mulltuch wickeln und 20 Minuten auf die unteren Lider legen. Angeblich enthält die Kartoffel ein Enzym, das eine hautaufhellende Wirkung besitzt und wegen dieser Eigenschaft seit Jahren regen Einsatz in Kosmetikprodukten findet.

Dass man am Morgen nach einer langen Partynacht mit Schatten unter den Augen aufwacht, liegt einerseits am mangelnden Schlaf, andererseits am Alkohol, der den Körper dehydriert. Das Blut wird dadurch zähflüssiger, und weil die Haut unter den Augen sehr dünn ist (und im Alter immer dünner wird), werden die feinen Adern deutlicher sichtbar und erzeugen den gefürchteten, unvorteilhaften Schimmer. Insofern gibt es nur zwei Dinge, die man gegen Augenringe tun kann: reichlich Wasser trinken und sich noch mal hinlegen. Nach der zusätzlichen Runde Schlaf kann man immer noch Kartoffeln reiben – für Röstis zum Mittag. Was dann an Schatten noch nicht verschwunden ist, kann nur mit Abdeckstift oder Sonnenbrille kaschiert werden.

SOLL ICH EINEN SEITENSPRUNG BEICHTEN?

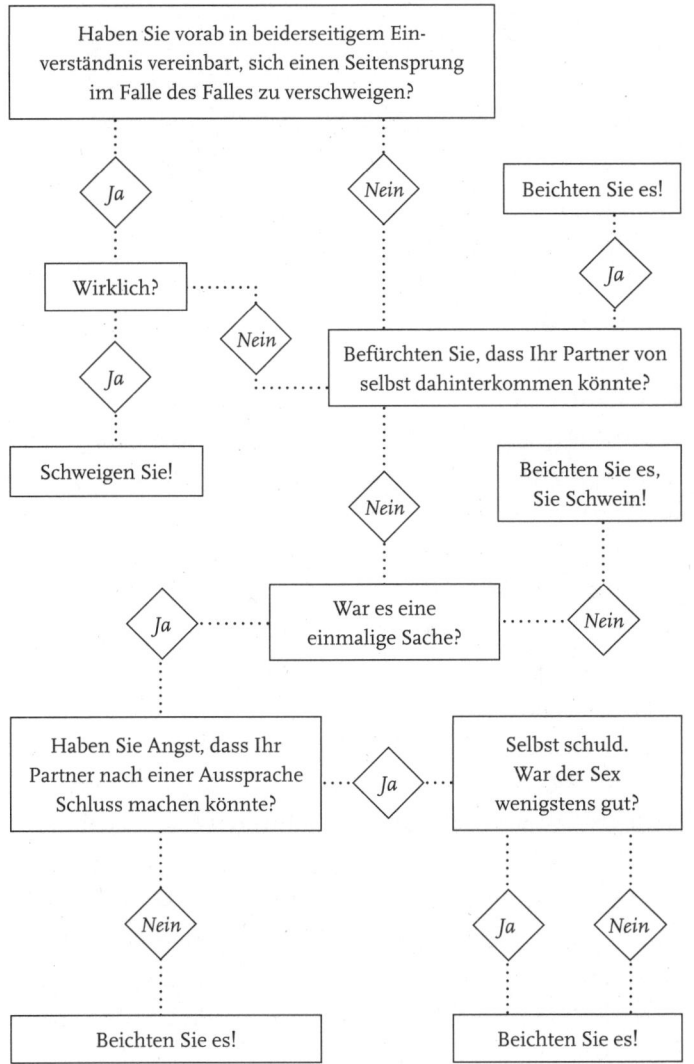

Haben Sie vorab in beiderseitigem Einverständnis vereinbart, sich einen Seitensprung im Falle des Falles zu verschweigen?

Ja

Nein

Beichten Sie es!

Wirklich?

Ja

Nein

Befürchten Sie, dass Ihr Partner von selbst dahinterkommen könnte?

Schweigen Sie!

Ja

Nein

Beichten Sie es, Sie Schwein!

War es eine einmalige Sache?

Ja

Nein

Haben Sie Angst, dass Ihr Partner nach einer Aussprache Schluss machen könnte?

Ja

Selbst schuld. War der Sex wenigstens gut?

Nein

Ja

Nein

Beichten Sie es!

Beichten Sie es!

ICH HABE EINE DUMMHEIT BEGANGEN UND
NICHT AUF EINEM KONDOM BESTANDEN.
WAS JETZT?

Es gibt Dinge, von denen man denkt, die sind so doof, die tut keiner. Zum Beispiel: gegen Elektrozäune pinkeln, S-Bahn surfen, sich Colaflaschen anal einführen. Dennoch passieren sie. So verhält es sich leider auch mit ungeschütztem Geschlechtsverkehr, mehr als drei Jahrzehnte nach Entdeckung des HI-Virus. Und es trifft nicht nur 13-Jährige, denen die Eltern die *Bravo* verboten haben. Eine nichtrepräsentative Umfrage unter Freunden, Bekannten und ehemaligen Mitbewohnern der Autoren dieses Buches ergab, dass sagenhafte 100 Prozent der Angesprochenen wenigstens einmal in ihrem Leben in einer kritischen Situation aufs Kondom verzichtet haben.

Früher hieß es: Wer zur Sicherheit die »Pille danach« einwerfen möchte, muss am nächsten Tag, allerspätestens aber vor Ablauf des dritten Tages, einen Arzt aufsuchen. Im Herbst 2009 wurde in Deutschland allerdings der Wirkstoff Ulipristalacetat zugelassen, der eine nachträgliche Empfängnisverhütung innerhalb der ersten 120 Stunden, also fünf Tage, ermöglicht. Die Erfolgschancen betragen 98,7 Prozent, wer es gleich am ersten Tag nimmt, erhöht sie sogar auf 99,1 Prozent.

Was nur wenige wissen: Es gibt die »Pille danach« inzwischen auch gegen den HI-Virus. Wer im Nachhinein glaubt, ungeschützten Verkehr mit einer Risikoperson gehabt zu haben, sollte sich schnellstmöglich ans nächste Krankenhaus wenden. Je früher man mit der Einnahme beginnt, desto größer die Chance, eine Ansteckung zu verhindern. HIV-Postexpositionsprophylaxe heißt das Verfahren, kurz HIV-PEP. Drei Medikamente müssen über einen Zeitraum von 40 Tagen hinweg eingenommen werden, sie verhindern, dass sich der Virus in Zellen einnisten und ausbreiten kann. Beginnt man innerhalb der ersten 48 Stunden nach dem Sexkontakt, wird das Ansteckungsrisiko um 80 Prozent gesenkt. Allerdings kann der Pillencocktail diverse Nebenwirkungen haben, unter anderem Übelkeit, Durchfall und Antriebslosigkeit. Vor allem kostet die Behandlung 1.500 Euro, und die Krankenkassen entscheiden sehr unterschiedlich darüber, unter welchen Umständen sie die Summe übernehmen. Das soll jetzt nicht besserwisserisch klingen, aber für dieses Geld bekommt man eine Menge Kondome.

HILFE, DA UNTEN IM SCHRITT KRABBELT WAS. GRUND ZUR PANIK?

Wer die Themenkomplexe Kotzstellungen und Resteficken bisher mit Interesse verfolgt hat, sollte jetzt unbedingt weiterlesen. Zwei fremde Menschen, die sich für eine Nacht das Bett teilen, laufen leider auch Gefahr, noch ganz andere Dinge miteinander zu teilen, nämlich Viren, Bakterien, Parasiten und Pilze. Und bei wem sich am nächsten Tag kein Gefühl von Verliebtheit einstellt, sondern bloß ein Jucken im Genitalbereich, dem sei gesagt: Geschlechtskrankheiten sind wieder auf dem Vormarsch. Gerade weil es heute bessere Behandlungsmöglichkeiten gibt, um das HI-Virus in Schach zu halten, wiegen sich viele Leute fälschlicherweise in Sicherheit und werden unvorsichtig. Das hat Folgen. Die meisten davon sind höchst unappetitlich. Eine kleine Orientierungshilfe.

ES JUCKT. Im Bereich der Schamhaare rötet sich die Haut, wird nach und nach mit linsengroßen Flecken in den Farben grau bis blau-schwarz übersät. Das sind Einstichstellen der kleinen Biester, die Sie befallen haben und bloß Ihr Blut wollen: Filzläuse – *Phthirus pubis*, umgangssprachlich auch »Sackratten« oder »Mastmatrosen« genannt – werden 1,5 Millimeter groß, man kann sie mit bloßem Auge als Punkt erkennen (unter dem Vergrößerungsglas sehen sie aus wie Monsterkrabben). Wer nichts unternimmt, wird sich bald noch sehr viel öfter kratzen. Filzlausweibchen legen täglich neue Eier, schon nach 20 Tagen ist der Nachwuchs geschlechtsreif und hilft bei der Ausbreitung der Population. Abhilfe schaffen zwei Insektizide, aber auch eine Intimrasur.

WEISSLICHER AUSFLUSS. Sieht ein bisschen wie übrig gebliebenes Sperma aus – das allerdings erst Tage nach dem Geschlechtsverkehr aus Penis oder Vagina tropft. Das Wasserlassen schmerzt. Schuld ist vermutlich das Bakterium *Neisseria gonorrhoeae*, das sich in der Harnröhre, bei Frauen zusätzlich im Gebärmutterhals ausbreitet. Die Krankheit heißt Tripper und gehört zu den weltweit häufigsten Geschlechtskrankheiten, bis zu 20.000 Deutsche fangen sie sich jährlich ein. Allerdings könnte es sich auch um eine Chlamydien-Infektion handeln, deren Symptome denen des Trippers recht ähnlich sind und bei Männern wie Frauen zur Unfruchtbarkeit führen können. In jedem Fall dringend zum Arzt gehen, der verschreibt Antibiotika.

Falls der Ausfluss weiß-bröckelig ist, können Sie Glück und sich bloß eine Pilzinfektion eingefangen haben.

ES KRIBBELT ODER BRENNT. Wenn sich an den gereizten Hautstellen im Schritt mehrere helle Bläschen mit einem roten Rand bilden, oft in kleinen Gruppen eng beieinanderliegend: nicht anfassen, es handelt sich um *Herpes genitales*. Der Arzt verschreibt Tabletten zur Symptombehandlung, das Virus bleibt aber wie beim Lippenherpes lebenslang im Körper und kann jederzeit wieder aktiv werden. Eine Langzeittherapie kann die Häufigkeit von Rückfällen deutlich herabsenken.

GERÖTETES GESCHWÜR. Drei bis vier Wochen nach dem Geschlechtsverkehr bildet sich an einer Stelle im Schritt oder der Mundhöhle ein (meist schmerzloses) Geschwür. Dessen Ränder sind verhärtet, außerdem sondert es eine farblose, ansteckende Flüssigkeit ab. Gratulation, Sie haben Syphilis. Zum Glück befindet sich die Krankheit noch im ersten Stadium, die sonderbare Stelle wird zwar wieder verschwinden, dafür folgen grippeartige Beschwerden und ein übler Hautausschlag. Langfristig werden die inneren Organe befallen, und am Ende einer jahrelangen Krankheit steht die Zerstörung des Nervensystems. Syphilis muss unbedingt mit Antibiotika behandelt werden, je früher, desto besser!

KLEINE WARZEN. Frühestens einige Wochen nach dem Sex bilden sich in der Genitalregion oder am After mehrere stecknadelkopfgroße, rötliche oder bräunliche Hautwucherungen, die eng beieinanderliegen und scheinbar miteinander verklumpen. Sie heißen Feigwarzen und werden oft spät bemerkt, weil sie nur in manchen Fällen jucken oder brennen. Ein Arzt kann sie mit dem Laserstrahl verbrennen oder wegätzen, auch Cremes helfen. Der Arzt muss auch prüfen, welches Virus die Warzenbildung ausgelöst hat (manche Viren erhöhen nämlich die Krebsgefahr).

VERWIRRUNG. Keines der beschriebenen Krankheitsbilder passt, aber es kribbelt/schmerzt/blutet trotzdem? Das liegt vielleicht daran, dass Krankheiten bei jedem Individuum leicht unterschiedliche Ausprägungen haben können. Befragen Sie unbedingt Ihren Arzt. Echt jetzt.

MUSS ICH DIE FREUNDSCHAFTSANFRAGE EINER PARTYBEKANNTSCHAFT ANNEHMEN?

Nein, natürlich nicht. Vor allem dann nicht, wenn die Bekanntschaft von flüchtiger Natur war. Sie sind in der Nacht zuvor beim Anstehen vor dem Klo mit Ihrem Vordermann kurz ins Gespräch gekommen? Jemanden, der Sie aufgrund dieser Tatsache bei Facebook in seine Freundesliste aufnehmen will, brauchen Sie nicht ernst zu nehmen. Das Aufstocken der virtuellen Kontakte nimmt bei manchen Menschen bisweilen manische Züge an. Ihr Ego steigt mit der Zahl der Personen, die sie in ihrem Profil als Freunde ausweisen können, egal, ob sie diese nun wirklich kennen oder nur als Statisten missbrauchen, um ihrer eigenen Existenz etwas Relevanz zu verleihen. Auf ein solches Spiel brauchen Sie sich nicht einzulassen. Wo kämen Sie denn hin, wenn jeder Idiot mit Ihnen befreundet sein dürfte? So eine Haltung erfordert allerdings auch Konsequenz: Die Anfrage aus Höflichkeit erst annehmen, sich ein paar Wochen später aber heimlich wieder aus der Liste streichen lassen, zeugt von mangelndem Rückgrat.

WAS DARF ICH MEINEN MITMENSCHEN AM MONTAG VOM WOCHENENDE ERZÄHLEN?

Souverän wäre es natürlich, wenn man seine Wochenenderlebnisse für sich behalten würde. »My day is the anonymous day of mine«, sang einst Soffy O., und im Grunde trifft das auch auf die Nacht zu: Jeder sollte das, was er erlebt, für sich behalten dürfen. Zumindest in der Theorie. Denn in der Praxis kommt man mit dieser Einstellung nicht weit. Der Erlebnisabgleich unter Freunden und Kollegen gehört zum Wochenanfang wie die Currysauce zur frittierten Wurst und die Sonnenbrille zu Karl Lagerfeld. Bescheidenheit ist dabei fehl am Platz. Die vermeintlich beiläufig gestellte Frage »Und wie war dein Wochenende so?« ist vielmehr der Startschuss für ein Kräftemessen in Sachen Coolness. Statt um »mein Haus, mein Auto, mein Boot« geht es um Partys, Drogen, Eroberungen. Ganz nach dem Motto: Meine Nächte sind schöner als deine Tage. Wer in den genannten Kategorien nichts Erwähnenswertes vorzuweisen hat, gilt schnell als Langweiler. Das muss nicht sein. Mit ein bisschen Fantasie und Auslegungstoleranz lässt sich selbst die Familienfeier zu Omas 80. Geburtstag als gesellschaftliches Großereignis verkaufen, die dabei von einem Alleinunterhalter abgedudelte Volksmusik als Soundtrack für Nerds und der ausgeschenkte Eierlikör in Schokobechern als ironische Neuinterpretation eines Spirituosenklassikers, der bestimmt bald auch Gegenstand entsprechender Themenpartys in Berlin, Hamburg, Köln und München sein wird.

Wer jedoch tatsächlich ein ereignisreiches Wochenende hinter sich hat, ist gut beraten, mit Details behutsam umzugehen. Denn ebenso wenig, wie man als Langweiler dastehen möchte, will man im peripheren Bekannten- und Kollegenkreis als promiske Partymaus oder drogenfressender Aufreißer gelten. Die erste Kokserfahrung auf der Clubtoilette, die Schlägerei mit dem Typen, der einem die Freundin ausspannen wollte, oder die aus dem Ufer geratene Nacht mit einem Unbekannten (siehe auch: »Auf welche Sexpraktiken beim One-Night-Stand sollte ich mich niemals einlassen?«) dürfen im Detail höchstens mit dem besten Freund, der besten Freundin diskutiert werden. Alle anderen müssen sich mit einer groben Zusammenfassung der Ereignisse unter Aussparung intimer Einzelheiten begnügen. Eventuelle Nachfragen sind mit dem Hinweis auf Gedächtnislücken abzuschmettern.

Nur der Vollständigkeit halber sei an dieser Stelle erwähnt, dass Twitter-Meldungen und Facebook-Status-Updates selbstredend tabu sind. Während des Ausgehens und auch am Tag danach. Andernfalls kann es einem wie einer gewissen Tracy ergehen, die es im Internet zu zweifelhaftem Ruhm brachte. Aus Freude darüber, nach einer langen Durststrecke endlich mal wieder Sex gehabt zu haben, schickte sie auf Facebook ihrer neuen Bekanntschaft eine persönliche Nachricht, verbunden mit einer dauerhaft geltenden Einladung in den »Liebeskäfig zwischen meinen Beinen«. Zumindest hielt sie die Botschaft für eine persönliche Nachricht. Tatsächlich war sie ein öffentlich sichtbarer Status-Update, dem Dutzende hämische bis schockierte Kommentare folgten.

NACHWORT – ALLE NACHT DEM VOLKE

Manche Ausgeh-Abende sind, diplomatisch formuliert, ganz nett. Andere wiederum sind so grandios, dass man von ihnen noch Jahre später schwärmt. Von der charmanten Begleitung, um die einen Außenstehende beneideten. Von den guten Drinks. Von den unterhaltsamen Gesprächen mit Freunden und Unbekannten. Von der herrlich heruntergekommenen Bar. Von der Musik, die Herzen zum Hüpfen und Menschen einander näherbrachte. Von der Dunkelheit, die einen einhüllte wie ein wärmender Mantel. Von den magischen Momenten, wie man sie nur nachts erleben kann.

Wann genau ein Abend grandios und wann nur durchschnittlich wird, kann man leider nie vorhersagen. Was die Nacht bringt, steht vorab nicht fest. Der Augenblick entscheidet, und genau darin liegt der Reiz. Das Einzige, was man tun kann, um die Weichen in eine günstige Richtung zu stellen: dafür sorgen, dass die Rahmenbedingungen stimmen. Dazu muss man die besten Kneipen und angesagtesten Clubs ebenso kennen wie die ungeschriebenen Regeln und Codes, die im Nachtleben gelten. Mit diesem Buch haben wir Ihnen, liebe Leserin, lieber Leser, eine hoffentlich umfassende Orientierungshilfe an die Hand gegeben. Der Rest hängt leider von diesem unberechenbaren Biest namens Zufall ab.

Es gibt nur cool und uncool und wie man sich fühlt, wussten schon Tocotronic. Das trifft auch aufs Weggehen zu. Tausend Mal gehört, aber nach wie vor wahr: Der Spaß sollte zählen, sonst nichts. Das schickste, nach allen Etikettevorschriften zusammengestellte Outfit nützt nichts, wenn man sich darin verkleidet vorkommt. Eine Motto-Party wird nie gelingen, wenn einem die Vorbereitungen dafür lästige Pflicht sind. Und ohne die Lust an der gepflegten Ekstase hinterlässt keiner auf der Tanzfläche einen bleibenden Eindruck.

»Versuch und Irrtum«, nach diesem Prinzip hat das nächtliche Feiern jahrelang funktioniert. Mitunter nahm das absurde Züge an, wie das Beispiel eines Paares belegt, das aus Angst, dem gängigen Dresscode nicht zu entsprechen, gleich nackt an der Tür eines bekannten Berliner Clubs erschien. Der Türsteher verwehrte ihm den Zugang mit dem Hinweis, barfüßig könne er niemanden reinlassen. Aus Sicherheitsgründen. Wegen möglicher Glassplitter auf dem Boden. Einige Wochen später kam das Paar wieder. Erneut nackt, aber diesmal mit Schuhen. Es durfte rein und verließ den Laden erst am nächsten Morgen.

Nackt brauchen Sie nirgendwo aufzuschlagen. Und auch das Prinzip »Versuch und Irrtum« gehört künftig der Vergangenheit an. Vorausgesetzt, Sie haben »Nachts sind alle Katzen blau« aufmerksam gelesen. Und jetzt stellen Sie sich einfach vor, es ist Donnerstag. Sie treffen mit Freunden eine Verabredung für Samstag. Erst ein bisschen vorglühen, dann in die Diskothek Ihrer Wahl. Der Gedanke an den Türsteher löst bei Ihnen keine Angstzustände aus, denn Sie wissen, was zu tun ist, um an ihm vorbeizukommen. Sie kennen auch die Tricks, mit denen man einen vielversprechenden Flirt startet. Ein gemeinsamer Absacker mit der neuen Eroberung. Dann steht die Frage im Raum: Zu dir oder zu mir? Mit der richtigen Antwort im Hinterkopf machen Sie sich auf den Weg. Das Stern-Tattoo auf dem Unterarm Ihrer Begleitung wissen Sie zu deuten. Und auch die Dieter-Bohlen-Biografie und das U2-Poster in der fremden Wohnung. Für die Nacht und den nächsten Morgen haben Sie Vorkehrungen getroffen. Kondome für die Sicherheit und die Sonnenbrille für den Weg nach Hause. Daheim angekommen machen Sie sich einen Melissentee und lassen die vergangenen Stunden Revue passieren. Mit einem seligen Grinsen im Gesicht. Kopfkino statt »Tatort«. Die beste Art, ein Wochenende ausklingen zu lassen.

Klingt gut? Dann nichts wie ran an die Planung.

DANKSAGUNG

It's nice to be important, but it's more important to be nice. Deshalb bedanken wir uns ganz herzlich für die Unterstützung, Ideen, Einblicke und vielen sachlichen Hinweise bei:

Alexander Schack, Anna K., Annette, Axel, Burkhard, Christoph, Dennis, Hannes Heine, Till Harter, Steffen Hack, Heinz Gindullis, André Langenfeld, Michael Tsokos, Jonna und Lucas Zanotto, Ingo, Micha, José, Marko, Olli, Jan Korte, Felix Denk, Florian Ernst, Kai Duhn, Katja Schmitz-Dräger, Kristian Brakel, Medi, Lorenz Maroldt, Markus Hesselmann, Norbert Thomma, Frank Jansen, Elisabeth Binder, Franziska Klün, Robert Stranz, Friedrich Krämer, Jens, Jens Mühling, Elena Senft, Julia Prosinger, Moritz, Emma, Sophie Guggenberger, Ingo Bach, Tilmann, Jochen, Udo, Uta aus dem Magnet, Petra I., Juan, Patricia Wolf, Conrad, Julius K., Gino, Benny, Valeria, Alex M., Nastja, Magnus, Vera, Andrea, Philipp, Jessica L., Timo, Harald, Frank Blümel, Steffen Z., Frank B., Conny, Sascha, Robert C., Nigel, Juliane W., Timo, Maria, Christop M., Johannes F., Becki, Lydia, Ines, Judith,

Tamara, Jana K., Nele, Manuel, Verena, Gerrit, Bastian, Gustav, Swantje, Paulina, Daniel, Simon, Lukas, Hendrik, Sophia A., Friederike, Kai, Sophie R., Georg, Charlotte, Nina, Jonas, Björn H., Katrin, Mathilda, Said, Ben, Vincent, Janis, Stefan, Max, Bernadette, Kaspar Heinrich, Constantin, Sebi, Valentina, Christine, Constanze Bilogan, Björn Stephan, Gizmo and all the other DJs all over the world.

Unser besonderer Dank gilt Marko Jacob, Karin Graf, Rebekka Göpfert sowie Julia Stolz und Doreen Fröhlich. Und, natürlich, Matthias.